世界首创曲线管幕+水平控制冻结组合支护双层公路隧道

KEY UNDERCUT TECHNIQUES FOR
SUPER LARGE DOUBLE-DECKER CROSS
SECTIONS IN GONGBEI TUNNEL

拱北隧道双层超大断面暗挖关键技术

王启铜　周先平　著

人民交通出版社股份有限公司
北京

内 容 提 要

港珠澳大桥珠海连接线拱北隧道创新性地采用业内首创的长距离曲线管幕+水平控制冻结组合工法。本书系统地总结了拱北隧道超大断面双层隧道暗挖施工关键技术管理与创新经验。全书共7章，主要包括浅埋超大断面暗挖法隧道开挖方案数值模拟初步比选分析、五台阶十部开挖方案离心机试验、五台阶十部开挖方案三维数值模拟、五台阶十四部理论分析研究及施工、五台阶十四部施工阶段监测数据分析、五台阶十四部工法暗挖定额研究等内容。

全书内容丰富、资料翔实、重点突出，可供城市高风险工程、重难点工程和相关工程的建设、设计、科研、施工、监理等相关人员学习借鉴，也可供相关院校隧道工程专业师生参考使用。

图书在版编目（CIP）数据

拱北隧道双层超大断面暗挖关键技术 / 王啟铜，周先平著 . — 北京：人民交通出版社股份有限公司，2021.12

ISBN 978-7-114-17547-3

Ⅰ. ①拱… Ⅱ. ①王… ②周… Ⅲ. ①公路隧道—大断面—浅埋暗挖—隧道施工—珠海 Ⅳ. ①U459.2

中国版本图书馆CIP数据核字(2021)第156610号

Gongbei Suidao Shuangceng Chaoda Duanmian Anwa Guanjian Jishu

书　　名：	拱北隧道双层超大断面暗挖关键技术
著 作 者：	王啟铜　周先平
责任编辑：	王　丹
责任校对：	席少楠
责任印制：	张　凯
出版发行：	人民交通出版社股份有限公司
地　　址：	（100011）北京市朝阳区安定门外外馆斜街3号
网　　址：	http://www.ccpcl.com.cn
销售电话：	（010）59757973
总 经 销：	人民交通出版社股份有限公司发行部
经　　销：	各地新华书店
印　　刷：	北京盛通印刷股份有限公司
开　　本：	787×1092　1/16
印　　张：	21.5
字　　数：	368千
版　　次：	2021年12月　第1版
印　　次：	2021年12月　第1次印刷
书　　号：	ISBN 978-7-114-17547-3
定　　价：	188.00元

（有印刷、装订质量问题的图书由本公司负责调换）

PREFACE 序言

  创新是引领发展的第一动力。

  顶管与定向钻、盾构并列为当今三大非开挖技术。因其施工对环境影响小、周期短、成本低，被广泛地应用于穿越公路、铁道、河川、地面建筑物、地下构筑物以及各种地下管线等施工中。随着工程建设的发展，在单管顶进的基础上发展了管幕法，并在国内外涌现出一大批经典工程。

  港珠澳大桥珠海连接线项目作为港珠澳大桥五大独立建设主体之一，是港珠澳大桥海中桥隧主体与国家高速公路网连接的"唯一通道"。拱北隧道作为该项目的关键控制性工程，在国际上首创"曲线管幕＋水平控制冻结"组合工法，穿越国内第一大陆路口岸——拱北口岸；隧址区位于珠海与澳门分界处，地理位置特殊，政治意义敏感，地质条件复杂多变。因此其设计和施工难度极大。

  项目在充分调研的基础上，通过理论分析、数值模拟、模型和现场试验、技术研发等手段，解决了复合地层长距离组合曲线顶管及管幕形成精准控制、临海环境高水压下超长水平控制冻结止水和冻胀融沉控制、复杂环境下浅埋超大断面隧道暗挖变形控制、临海环境下隧道结构防水、异形结构隧道通风及防灾救援等技术难题。形成了包括创新理论、重大技术、新型装备和材料的"曲线管幕＋水平控制冻结法的浅埋超大断面暗挖隧道成套建设技术"成果。这些成果大幅度提升了我国软弱富水地层浅埋超大断面隧道暗挖工法的科技含量和设计施工水平，为今后类似工程提供了借鉴，同时为环境要求苛刻的地下空间开发利用提出了新的思路和解决方案，社会与经济效益显著，推广应用前景广阔。

建设方案在极大创新的同时，给项目建设管理带来了前所未有的难度与挑战。本丛书从技术管理、设计方案、曲线顶管管幕设计与施工、管幕控制冻结设计与施工、超大断面软土隧道暗挖设计与施工、异形结构隧道通风及防灾救援等关键技术方面，对工程建设近十年的技术管理经验进行了全面总结与提升，展示了技术上的突破及设计、施工与管理中的创新思维方式与方法，可为今后创新工程管理及"精品工程"创建提供借鉴。

拱北隧道的顺利建成是我国隧道建设又一项具有里程碑意义的重要成果，标志着"曲线管幕+水平控制冻结"工法的技术创新突破，为中国隧道在这一领域领跑增添了光彩，做出了巨大贡献。我衷心希望隧道建设行业的同仁们戒骄戒躁，进一步提炼总结科技成果，形成行业技术及装备制造标准，同时深度参与国际隧道施工技术规则与标准制定，大力推动人才交流输出，为"交通强国"战略提供技术人才支撑，更进一步提升我国交通建设国际话语权。

国家最高科学技术奖获得者 钱七虎 院士

2019 年 10 月 28 日于北京

PREFACE 前言

港珠澳大桥全长 55km，由海中主体工程、三地连接线（香港、珠海、澳门）、珠澳口岸人工岛组成，其关键控制性工程为穿越澳门关闸口岸与珠海拱北口岸之间的拱北隧道及长 6.7km 的海底沉管隧道。拱北隧道全长 2741m，按照"先分离并行，再上下重叠，最后又分离并行"的形式设置，包括海域人工岛明挖段、口岸暗挖段及陆域明挖段等不同结构形式和施工工法。其中，口岸暗挖段采用 255m 曲线管幕＋水平控制冻结法施工，是世界上首座采用该工法施工的公路隧道，其顶管管幕长度和水平冻结规模均创造了业内新纪录。

拱北隧道堪称"地质博物馆"和"隧道施工技术博物馆"，地质复杂多变，外部干扰极大，施工风险极高。由于口岸特殊的地理位置和地质环境，该隧道口岸暗挖段设计为大断面双层浅埋暗挖隧道，是目前业内高速公路断面最大的双层曲线隧道（隧道开挖面积 336.8m^2）。几乎所有传统隧道施工工法，如盾构法、钻爆法、浅埋暗挖法、沉管法、明挖暗盖法等均无法适用该隧道。经前后 3 年多的调研，对单双层隧道结构、明暗挖方案以及不同线位、不同工法等 10 多个设计方案进行深度技术论证和比选后，最终确定采用业界首创的曲线管幕＋水平控制冻结法施工。即先从口岸两端施工现场开挖工作井，然后通过工作井，水平顶入 36 根直径为 1.62m 的曲线顶管，形成高宽分别为 24m 和 22m 的超前支护管幕群，再通过冷冻法将管幕周围的土体冻结形成冻土止水帷幕。在确保管幕四周土体中地下水完全封闭的情况下，采用五台阶十四部法，分层、分块开挖隧道。

由于拱北隧道周边建筑密集，地下管线众多，地质条件复杂，要在确保口岸正常通关的同时，顺利完成该隧道的建设任务，其设计和施工难度极大，对技术风险、施工风险以及安全风险的控制均提出了极高的要求。

拱北隧道的曲线管幕工程处在澳门关闸口岸与珠海拱北口岸之间仅30多米宽的狭长地带，两侧建筑桩基和地下管线"星罗棋布"。面临土层软弱、饱和含水、渗透性强、承载力低等十几种复杂不良地质，顶管施工像穿越"潘多拉魔盒"一样。管幕顶部覆盖土层厚度不足5m，其上即为我国第一大陆路口岸——拱北口岸（日均客流超40万人次、车流超1万车次）；管幕左侧距澳门联检大楼桩基仅1.5m，右侧距拱北海关出入境风雨廊桩基最近处仅0.46m。顶管施工精度要求控制在50mm范围内，不亚于在地下用绣花针穿线。

冻结工程中水平冻结长度达255m，其规模为业内之最。冻结管路布置在顶管管幕内，冷量通过顶管传递至周围土体，使顶管周围土体冷冻形成冻土，将顶管管幕包裹形成2.0～2.6m厚的冻结圈，利用顶管管幕＋冻土将隧道开挖区域完全封闭，阻止顶管外侧地下水在隧道开挖期间进入隧道。由于水结冰形成冻土时会挤压周围土体，对周围环境影响较大。积极冻结既要达到封水的目的，又不能影响周边环境，因此，对精准控制冻结的要求极高。

在顶管管幕＋冻结止水帷幕的支护下，如何实施超大断面暗挖施工，同样具有极大的挑战性。

拱北隧道暗挖段拱顶埋深仅4～5m。隧道掌子面基本上处于表层海相、海陆交互相沉积层，地质条件复杂。该段穿越的土层主要有人工填土、中砂、粉质黏土、砾砂、淤泥质粉质黏土、粉质黏土、粉土、砾质黏性土等，层厚为28～35m。

经过反复比选，采用五台阶十四部开挖法。开挖宽度为18.8m、高度为21.0m，开挖断面面积为336.8m²（顶管管幕扰动面积为412.3m²），三次复合衬砌支护。各台阶以机械开挖为主,人工开挖为辅;初期支护与二次衬砌紧跟掌子面,其中二次衬砌第1台阶为喷射混凝土,以下台阶为模筑混凝土。待第5台阶二次衬砌达到设计强度后,开始自下而上依次施作三次衬砌(仰拱、侧墙、中板、拱顶)。

经过近10年艰苦卓绝的技术攻关,港珠澳大桥珠海连接线项目率先完成建设任务。与此同时,取得了诸多技术成果,成功解决了复合地层长距离组合曲线顶管施工及管幕形成控制技术、临海环境高水压下超长冻结止水帷幕施工关键技术、复杂环境下浅埋超大断面隧道施工变形控制技术、临海环境下隧道结构防水技术及其应用、高风险公路建设项目施工阶段安全风险管控研究、异形结构隧道通风及防灾救援关键技术等世界性技术难题。

本书为"拱北隧道建设系列丛书"之四,系统地总结了拱北隧道超大断面双层隧道暗挖施工关键技术管理与创新经验。针对拱北隧道超大断面软土暗挖施工,首次采用离心机非停机分块排液开挖方式,模拟管幕冻结条件下大断面暗挖施工工序,揭示了不同开挖步骤和循环进尺条件下地层和建筑物变形规律,确定了五台阶十四部的暗挖优化方案。其后,采用多层时步开挖方法和三维交叉成洞技术,成功地完成了该超大断面软土隧道的暗挖施工,其施工组织模式和安全风险管控措施可作为类似工程的参考。

全书共7章,主要包括浅埋超大断面暗挖法隧道开挖方案数值模拟初步比选分析、五台阶十部开挖方案离心机试验、五台阶十部开挖方案三维数值模拟、五台阶十四部理论分析研究及施工、五台阶十四部施工阶段监测数据分析、五台阶十四部工法暗挖定额研究等内容。

全书内容丰富、资料翔实、重点突出,可供城市高风险工程、重难点工程和相关工程的建设、设计、科研、施工、监理等相关人员学习借鉴,也可供相关院校隧道工程专业师生参考使用。

参与本书编写的还有：潘建立、程勇、李史华、黄宏伟、张冬梅、赖洪江、许晴爽等。

王启铜

2020 年 12 月于广州

CONTENTS 目录

CHAPTER 1
第 1 章 绪论 / 1
1.1 工程背景 / 1

1.2 国内外研究现状分析 / 7

CHAPTER 2
第 2 章 浅埋超大断面暗挖法隧道开挖方案比选分析 / 21
2.1 开挖比选方案介绍 / 21

2.2 MIDAS 数值模拟计算 / 35

2.3 ABAQUS 数值模拟计算 / 71

2.4 数值模拟计算分析结论 / 95

2.5 五台阶十五部开挖方案拆撑工序研究 / 96

2.6 本章小结 / 124

CHAPTER 3
第 3 章 五台阶十部开挖方案离心机试验 / 127
3.1 离心机试验方案设计 / 127

3.2 离心机试验结果分析 / 145

3.3 本章小结 / 160

CHAPTER 4

第 4 章　五台阶十部开挖方案三维数值模拟 / 163

4.1　五台阶十部开挖方案三维模型分析 / 163

4.2　本章小结 / 181

CHAPTER 5

第 5 章　五台阶十四部理论分析研究及施工 / 183

5.1　五台阶十四部施工方案介绍 / 183

5.2　五台阶十四部开挖方案与初步方案对比 / 185

5.3　基于流固耦合的五台阶十四部开挖方案数值模拟 / 198

5.4　拱北隧道暗挖段开挖施工方案 / 233

5.5　本章小结 / 267

CHAPTER 6

第 6 章　五台阶十四部施工阶段监测数据分析 / 269

6.1　施工监测目的 / 269

6.2　技术规范与标准 / 269

6.3　监测方案设置原则 / 270

6.4　拱北隧道暗挖区监控量测内容 / 271

6.5　监测方法原理 / 276

6.6　监测结果分析 / 281

6.7　本章小结 / 298

CHAPTER 7
第 7 章　五台阶十四部工法暗挖定额研究 / 301

7.1　开挖与支护工程定额的编制原则与依据 / 302

7.2　开挖与支护工程定额项目成果 / 303

参考文献 / 325

第 1 章

CHAPTER 1

绪论

1.1 工程背景

1.1.1 工程概况

港珠澳大桥珠海连接线项目是港珠澳大桥的重要组成部分，是目前国内技术含量高、极具挑战性的公路工程建设项目之一。该项目全长 13.4km，其中拱北隧道是港珠澳大桥珠海连接线项目的关键性控制工程，隧址所在地隶属于珠海市香洲区，毗邻澳门，起点位于拱北湾海域，接珠澳人工岛之后的拱北湾大桥，终点位于某部队茂盛围军事管理区。隧道左线长 2741m，右线长 2375m，设计速度为 80km/h，为世界首座采用曲线管幕+水平控制冻结法施作的双层六车道公路隧道。隧道采用左、右双线布置，并按照"先分离并行，再上下重叠，最后又分离并行"的形式设置，涉及海域人工岛明挖段、口岸暗挖段及陆域明挖段等不同结构形式和施工工法，其中口岸暗挖段采用 255m 曲线管幕+水平控制冻结法施工，技术难度大，施工风险高。

曲线顶管及管幕施工是拱北隧道暗挖段成功的关键，与传统的门形、半圆形等断面的管幕工程相比，该管幕施工具有以下难点：

（1）工程水文地质条件复杂。隧道大部分位于水位线以下，水力场复杂。顶管施工需穿越人工填土、中砂、粉质黏土、砾砂、淤泥质粉质黏土、粉质黏土、粉土、砾质黏性土等具有高压缩性、高触变、高灵敏度、高含水率、大孔隙比、低强度等软土特征的地层，顶管施工难度大、管幕形成风险高。

（2）周边环境条件复杂。曲线管幕+水平控制冻结止水施作的暗挖段下穿我国第一大陆路口岸——拱北口岸，该口岸内建筑物密集且安全级别高。管幕群左侧距离澳门联检大楼桩基最近处仅为1.50m，右侧距拱北海关出入境风雨廊基桩最近处仅为0.46m。另外隧道路线范围内电力、电信网络众多，给排水管网密布。特殊的环境导致顶管施工精度要求更高，对地表及地下相关建筑物的保护难度更大。

（3）工法本身的技术难度大、风险高。采用顶管管幕+冻结止水的施工工法属于创新，国内已有的管幕超前支护法多结合箱涵顶进施工，且地下水影响较小，平面线形为直线且长度较短。拱北隧道管幕结构尺寸大，横断面为椭圆形，断面尺寸为22m×24m，每根顶管的平均长度为255m；组成管幕的单根顶管直径大，所用顶管数量多；相邻顶管之间净距小；管幕顶进施工周期长，对地层变形的影响大；暗挖段平面线形为缓和曲线+圆曲线，曲线管幕顶进长度创造当前新纪录，冻结施工规模大，一次冻土长度长，在工程领域实属罕见。

1.1.2　建设条件

隧址区处于构造剥蚀侵蚀丘陵地貌单元，拱北口岸周边略高，两侧稍低，隧址区滨海冲积平原内建筑物林立，基础设施较多。

根据地勘报告，拱北隧道工程场地地层自上至下依次为人工填土、淤泥及淤泥质土、砂砾、淤泥质土、粗砂/砾、砂/砾质黏性土层、残积土、全风化黑云母斑状花岗岩和强风化黑云母斑状花岗岩（表1-1）。其中，浅层为28～35m厚的海陆交互相沉积层，中间为0.5～8.2m厚的砂/砾质黏性土，下伏为超过20cm厚的全风化—强风化黑云母斑状花岗岩。

拱北隧道工程典型地质分层表　　　表1-1

层号	岩土名称	层号	岩土名称	层号	岩土名称
①	填土（Q_4^{me}）	④-3-a	淤泥质土（Q_4^m）	⑥-1-b	粉质黏土（Q_3^{al+pl}）
③-1-a	淤泥（Q_4^m）	④-3-b	黏土、粉质黏土（Q_4^m）	⑥-1-c	粉土（Q_3^{al+pl}）
③-1-b	淤泥质土（Q_4^m）	④-3-c	粉土（Q_4^m）	⑥-2-a	粉、细砂（Q_3^{al+pl}）
③-1-c	含淤泥质砂	⑤-1-a	黏土（Q_3^{mc}）	⑥-2-b	中砂（Q_3^{al+pl}）
③-2-a	黏土（Q_4^m）	⑤-1-b	粉质黏土（Q_3^{mc}）	⑥-2-c	粗、砾砂（Q_3^{al+pl}）
③-2-b	粉质黏土（Q_4^{mc}）	⑤-1-c	粉土（Q_3^{mc}）	⑥-3	卵、砾石（Q_3^{al+pl}）
③-2-c	粉土（Q_4^{mc}）	⑤-2-a	粉、细砂（Q_3^{mc}）	⑦-1	砂质黏性土（Q_3^{el}）
③-3-a	粉、细砂（Q_4^{mc}）	⑤-2-b	中砂（Q_3^{mc}）	⑦-2	砾质黏性土（Q_3^{el}）
③-3-b	中砂（Q_4^{mc}）	⑤-2-c	粗、砾砂（Q_3^{mc}）	⑦-3	黏性土（Q_3^{el}）

续上表

层号	岩土名称	层号	岩土名称	层号	岩土名称
③-3-c	粗、砾砂（Q_4^{mc}）	⑤-2-d	卵、砾石（Q_3^{mc}）	⑧-1	全风化黑云母斑状花岗岩
④-1	粗、砾砂（Q_4^{mc}）	⑤-3-a	淤泥质土（Q_3^{mc}）	⑧-2	强风化黑云母斑状花岗岩（砂砾状）
④-2-a	黏土（Q_4^{mc}）	⑤-3-b	黏土（含较多腐殖质）（Q_3^{mc}）	⑧-3	强风化黑云母斑状花岗岩（碎块状）
④-2-b	粉质黏土（Q_4^{mc}）	⑤-3-c	粉土（含较多腐殖质）（Q_3^{mc}）	⑧-4	中风化黑云母斑状花岗岩
④-2-c	粉土（Q_4^{mc}）	⑥-1-a	黏土（Q_3^{al+pl}）	⑧-6	石英岩（花岗岩岩脉）

隧址所在区域气候湿润，雨量充沛，降水时间长。据区域资料以及勘察成果，隧址区内地表水主要是海水，地下水主要赋存于③-1软土层、③-3砂层，其次为④-1粗、砾砂，再次为③-2、④-3黏性土或黏性土夹砂及更新统残积层等土层和基岩裂隙中。其中砂类土特别是相对松散的粗粒类砂土为强透水层，其次如淤泥或淤泥质土、一般性黏性土、残积土为相对弱透水层。根据隧址区内水文专题研究的成果，同期承压水地下水位变幅较小。

1.1.3 暗挖技术方案

针对本工程开展了多种开挖方案的施工安全性对比分析，包括五台阶十部开挖方案、五台阶十四部开挖方案以及多种四台阶开挖方案。经综合分析，原设计采用五台阶十五部开挖法，各导洞自上而下按一定步距，随开挖，随支护。

原设计方案主要缺点：工序多，干扰大；运输量大，工效低；安全风险高；层高过低且第五层两侧导洞为曲面，不易组织施工；工期目标无法实现。为有利于施工组织，做到及时支撑、及时封闭成环，提出将原设计方案调整为五台阶十四部开挖法。调整后的方案便于机械化作业，提高工效。

下面对五台阶十四部开挖法予以简要介绍。拱北隧道设计核心为口岸暗挖段，起讫桩号为YK2+390～YK2+645，长255m，口岸段包含顶管工程、水平控制冻结工程、暗挖工程及为暗挖工程提供配套施工平台的东、西工作井工程，主要包括以下工艺：

（1）暗挖段采用36根 ϕ1620mm顶管形成整体闭合管幕超前支护体系。

（2）管幕采用水平控制冻结形成冻土帷幕进行止水。

（3）暗挖段结构采用整体椭圆形的三次复合衬砌形式，五台阶十四部法施工；管幕内部土体采用水平注浆加固；钢支撑采用工厂预制型钢现场组装的方式施工。

本工程对地表变形控制严格，冻土壁越厚，冻土体积越大，冻土对地面建筑的冻胀影响越大，地表的冻胀隆起量和冻土的体积成正比关系。而根据相关工程经验和顶管间相互的位置关系，需将顶管间的土体全部冻结形成冻土帷幕方可满足顶管间的封水要求，同时满足地表变形对土体冻胀要求，故冻土壁设计厚度为2m。

结合洞内暗挖方案，在环向和纵向分别分段分区进行冻结施工，在横断面上将冻土帷幕分为冻结A区（上导洞部分）、冻结B1区、冻结B2区、冻结B3区（开挖2~4台阶）、冻结C区（隧道底部仰拱部分）5个区域。纵向上分为冻结1、2、3共3个冻结区域。其中冻结1、3区长度约为64m，冻结2区长度约为128m；而根据管路设置回路1长度约为43m，回路2长度为168m，回路3长度为44m。这样实际操作时冻结1、3区和冻结2区可以保证20m的搭接长度。冻结横纵断面设计图见图1-1。

仰拱及侧墙为圆弧形，衬砌整体为椭圆形。隧道上半断面采用半径为600m及半径为890m的三心圆；侧墙采用半径为2000m的大半径曲线；仰拱为半径为1780m的曲线，采用半径为300m的小半径圆弧与侧墙连接。仰拱开挖深度约为3.2m。暗挖段衬砌结构横断面图见图1-2。

顶管施工完成后，先通过管内预留注浆管进行土体改良注浆，然后在奇数管内填充微膨胀混凝土开始冻结施工。

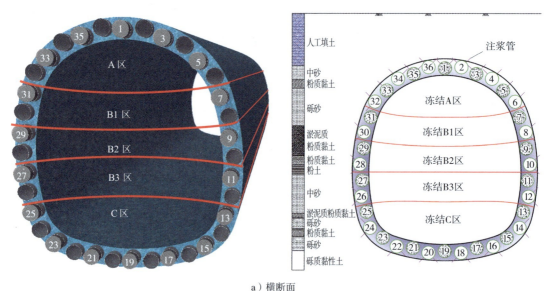

a）横断面

图 1-1

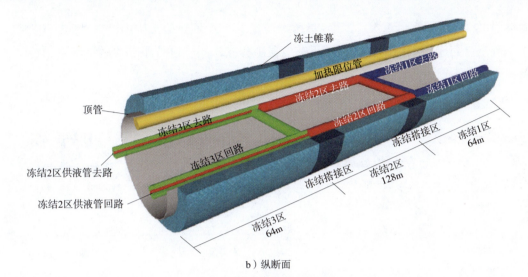

b）纵断面

图 1-1　冻结横纵断面设计图

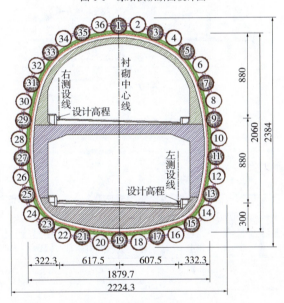

图 1-2　暗挖段衬砌结构横断面图（尺寸单位：cm）

在管幕冻结圈基本形成后，提前 15d 开启掌子面前方 15m 区域的异形冻结管进行加强冻结，后从东西工作井相向开挖土体进行全断面超前注浆加固。注浆完成后，开始暗挖施工。从东西工作井相向开挖，中板上、下层断面相对独立组织施工，分四层八部开挖，各导洞相距一定步距，以机械开挖为主，人工开挖为辅；随开挖随初期支护，紧跟施作二次衬砌，支护尽快封闭成环；初期支护混凝土采用湿喷工艺，二次衬砌拱顶采用喷射混凝土，拱墙采用模筑混凝土；二次衬砌全部完成后，开始三衬施工，下层断面侧墙采用单边三角斜模筑支撑,中板支架法模筑,上层断面拱墙采用钢模板衬砌台车模筑。

待三衬完成后,利用热盐水循环进行强制解冻,同步进行跟踪式融沉注浆,控制地表沉降;然后对偶数号顶管用微膨胀混凝土进行填充。

暗挖段分部开挖顺序图见图1-3。

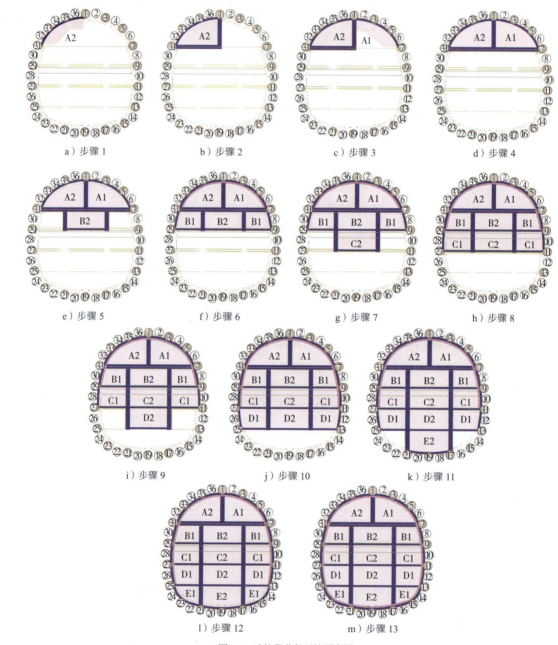

图1-3 暗挖段分部开挖顺序图

1.1.4　本书主要内容

针对拱北隧道工程，本书主要介绍拱北隧道临海软弱地层超大断面暗挖关键技术，主要章节如下：

第 1 章绪论部分，主要介绍拱北隧道工程概况及建设条件，并对具体实施的暗挖方案进行简要介绍，同时对国内外研究现状进行文献综述。第 2 章主要介绍多种暗挖开挖方案，并进行总体详细对比；验证各开挖方案的可行性和适用性。第 3 章对五台阶十部开挖方案进行离心机试验，同时进行结果分析，离心机试验的开展可以为最终方案的确定提供参考。接着详细介绍了主要几个工法的相关数值模拟或理论分析，包括第 4 章的五台阶十部开挖方案和第 5 章的五台阶十四部开挖方案；在具体的暗挖技术方案实施过程中，为保证施工安全，对施工过程进行动态监测，这一部分的详细内容在第 6 章予以介绍。最后，为推广拱北隧道工程独创性的五台阶十四部开挖方案，便于在国内外类似工程中进行推广应用，第 7 章详细介绍了五台阶十四部开挖工法暗挖定额研究。

1.2　国内外研究现状分析

1.2.1　隧道施工引起地层变形研究现状

1.2.1.1　国内外理论方面的研究

Peck（1969）通过对大量隧道施工中地表沉陷数据及工程资料的分析后，首先提出了地表沉降槽呈正态分布的概念。地层移动由地层损失引起，并认为施工引起的地面沉降是在不排水条件下发生的，所以，沉降槽的体积应等于地层损失的体积。其横向分布地面沉降估算公式为

$$S(x) = S_{\max} e^{-\frac{x^2}{2i}} \quad (1\text{-}1)$$

$$S_{\max} = \frac{V_{\text{loss}}}{i\sqrt{2\pi}} \quad (1\text{-}2)$$

$$\frac{i}{r} = \left(\frac{Z_0}{2r}\right)^n \quad (1\text{-}3)$$

式中：$S(x)$——地面沉降量（mm）；

x——距隧道中心线的距离（m）；

$S_{\max}$——隧道中心线处的最大沉降量（mm）；

i——沉降槽宽度系数(m),由查图或公式求得,不同地质条件及工程技术人员所总结的 i 值略有不同;

V_{loss}——盾构隧道单位长度土体体积损失量(m^3/m);

r——隧道半径(m);

Z_0——覆土层厚度(地面到隧道轴线距离)(m);

n——系数,取0.8~1.0,土越软,n 取值越大。

Peck公式非常简单,其曲线形状与顶管实测地面沉降曲线较吻合,但存在以下不足:

(1)只能计算横向地面沉降,不能计算纵向变形及土体分层沉降;

(2)没有考虑施工工艺;

(3)仅考虑了很少的土体和几何参数;

(4)参数 i 和 V_{loss} 较难准确确定,对计算结果影响较大;

(5)只能计算瞬时沉降,不能考虑土体受扰动引起的再固结沉降;

(6)不适用于细粒状土和超固结黏土。

后来许多学者对Peck公式做了进一步研究。Attewell 和 Farmer(1974)、Atkinson 和 Potts(1977)、Clough 和 Schmidt(1981)、O'Reilly 和 News(1982)(1998)、Loganathan 和 Poulos(1988)等对参数 i 提出了不同的取值方法。Attewell 和 Farmer(1975)对 S_{max} 及 V_{loss} 的取值进行了研究。

方从启等(1998)分析了软土地层中顶管施工引起的地面沉降及沉降槽形状预测方法。对沉降曲线的推导和分析显示,沉降曲线取决于顶管隧道轴线上部的地面沉降和曲线拐点到顶管轴线的水平距离。所推导的理论得到了顶管工程实例的验证。根据现场监测和试验结果,对大型顶管施工产生的周围土体扰动变形的机理和特性进行了分析研究,提出了对工程施工有指导意义的扰动机理理论;同时,考虑扰动区土体密实度变化的影响,对Peck的地表沉降理论计算公式进行了修正,修正的Peck理论公式的计算结果与实测结果更为一致。

房营光等(2003)考虑到施工扰动可能改变土体的密实度,从而产生体积变化,特别是饱和含水砂土和粉土的情况,因此,在Peck计算公式的基础上,假设地面下沉槽体积等于地层损失体积与土体密实变化产生的体积增量之和,给出了与Peck公式类似的顶管施工引起的地表沉降横向分布计算公式:

$$S(x) = \frac{(1+k)V_0}{i\sqrt{2\pi}} \exp\left(-\frac{x^2}{2i^2}\right) \quad (1\text{-}4)$$

$$S_{\max} = \frac{(1+k)V_0}{i\sqrt{2\pi}} \approx \frac{(1+k)V_0}{2.51i} \quad (1\text{-}5)$$

式中：k——沉降槽宽度系数，$k = i/Z_0$；

V_0——单位长度土体损失量（m³/m）。

其他变量意义同前。

沈培良等（2003）根据上海地铁明珠线浦东南路站—南浦大桥站区间隧道盾构推进时地面沉降的实际观测数据，分析常用的地面沉降槽计算经验公式对于上海地区软土中修建地铁盾构隧道的适应性，提出了地铁盾构隧道横断面上地表沉降预测公式参数确定方法和纵断面上地表沉降分布修正计算公式及其参数确定方法。

不同观测断面沉降槽宽度系数 k 及体积损失率 V_1（$V_1 = V_{\text{loss}}/\pi r^2$）的统计情况如图1-4、图1-5所示。从图中可以看出，沉降槽宽度系数 k 的取值范围为 0.15~0.35，体积损失率 V_1 的取值范围为 0.35%~0.70%。

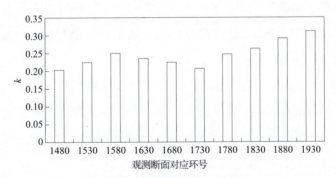

图1-4　不同观测断面沉降槽宽度系数 k

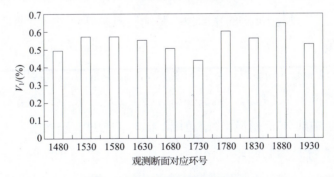

图1-5　不同观测断面体积损失率 V_1

通过对大量曲线形式的尝试，发现用下面的曲线公式来拟合盾构隧道纵向地面沉降是适宜的，即

$$S(y) = S_{max} \frac{\exp[n(y_c - y)]}{1 + \exp[n(y_c - y)]} \quad (1-6)$$

式中：y_c——沉降值等于 $0.5 S_{max}$ 的点离开挖面的距离（m）；

n——曲线形状参数，据对实测资料的统计，取值在 0.05~0.15 之间。

y_c 可通过以下公式近似确定

$$y_c = -\alpha D \quad (1-7)$$

式中：D——盾构外径（m）；

α——取值在 2.5~3.5 之间。

该方法只是根据一条实测曲线拟合得到，只能计算地面沉降，不能计算地面隆起，且参数的取值是经验性的。因此，该方法的正确性还有待进一步验证。

1.2.1.2 国内外数值分析方法研究

计算机和有限元方法的应用，为顶管的数值模拟提供了有效的工具。通过有限单元法对土体和顶管进行离散，根据土体和顶管的受力和整体刚度可求得土体的变形、应力以及顶管与土之间的接触应力。应用数值计算方法是解决顶管施工中结构体受力和变形问题的一种很好的方法。

Nakai 等（1997）应用二维与三维有限元分析了盾构掘进产生的应力和沉降，介绍了用有限元分析双孔隧道相继先后掘进的相互影响。Nakai 指出对单孔隧道可用二维平面应变方法来解决，而双孔隧道就必须应用三维有限元才能比较真实地反映应力、应变的变化情况。

阮林旺（1997）采用弹性三维有限元方法分析了盾构推进对相邻土层及桩体的影响，得出了在不同工况下，盾构推进的正面顶力和地层损失对周围土层和临近桩体的应力及位移所产生的影响。

冯海宁（2003）采用有限元计算分析的方法，对顶管施工引起的地层运动及地表位移进行研究，分析了机头土压力、机头偏斜、摩阻力等不同施工参数对地表变形的影响以及附加应力在土中的分布规律和影响范围。同时，通过有限元的方法建立模型，计算顶管施工对周围建（构）筑物的影响。

刘洪洲等（2001）针对软土隧道盾构法施工中影响地面沉降的几种因素（注浆、盾体

长度、推进步长、盾尾建筑空隙、上覆扰动土层固结程度、开挖面顶力和地表硬壳层等），采用三维有限元方法进行了数值模拟分析，找出了它们对地面沉降的定量影响关系。

张海波（2004）利用三维有限元对盾构施工过程中影响地面沉降的因素（隧道覆土厚度、隧道外径、开挖面应力释放量、地基模量、盾尾窄隙填充率等）进行研究，提出了反映施工中各种因素的地面沉降预测公式。

1.2.1.3　隧道顶管模型及现场测试研究

Mair 等（1993）通过实地量测和离心模型试验，探讨了黏土中隧道施工引起的地表沉降槽宽度与最大沉降量随深度的变化。

Kim 等（1998）通过模型试验研究近间距盾构隧道施工对邻近已建隧道衬砌的影响。研究表明，隧道的盾构施工改变了作用在邻近已建隧道衬砌上的应力状态，且应力的增加引起邻近隧道的衬砌产生变形和弯矩增大。垂直相交的隧道间相互作用主要由施加在隧道衬砌和盾构机上的顶力引起，而平行隧道间的相互作用则由衬砌变形和土体损失所致的土体应力重分布引起。

朱忠隆等（2000）采用静力触探试验来研究盾构推进这种动态施工对地层扰动的影响，通过对土层力学参数的试验数据进行整理分析，总结了盾构法施工对周围地层扰动的一般影响规律，并初步定量地描述了这种变化情况。

魏纲等（2004）在研究中发现顶管施工会对管道周围的土体产生扰动，引起深层土体移动，这种移动会对周围建（构）筑物及地下管线造成危害。结合实际顶管工程的现场试验，分析了土体沿管道轴线方向和垂直于管壁方向的移动规律，探讨了引起土体移动的原因和影响因素。

1.2.1.4　隧道顶管间相互作用及对周围环境土工影响的研究

Rogers（1990）应用不相关塑性流动准则研究了隧道顶管施工过程中周围土层的移动规律以及影响周边建（构）筑物的最小安全距离，并经与现场实测数据进行对比分析，得到比较完整的理论试验成果。

Soliman 等（1993）利用有限元法计算了并排密布的双孔隧道相继掘进施工的相互影响。

张海波（2004）详细分析了近距离叠交情况下新建隧道盾构施工对已建隧道应力和变形的影响，研究了相对距离、相对位置、盾尾注浆压力对隧道间相互作用的影响规律。

Chapman 等（2004）通过对双联隧道施工过程的研究发现受扰动的土体会造成地

表变形比预估值要大，误差函数的修正可以得到更为接近实际的沉降槽形状。同时研究表明，地表的沉降由于先前隧道施工对土体的扰动，需要考虑60%左右的地表沉降影响率。

Addenbrooke 等（2001）应用非线性有限元分析方法对 2 条相近隧道通过简化为平面应变问题进行研究。通过对这 2 条隧道水平和垂直方向的布置形式及不同的施工时间间隔等进行研究，得出 2 条隧道的空间位置以及第一条隧道施工完成后的停滞时间明显对地表沉降槽产生影响，沉降槽是不对称的。

1.2.2　顶管施工引起地层变形分析及预测

顶管施工在设备构成、施工工艺、施工速度等方面具有盾构法不可比拟的优点，从而被广泛地应用于小直径隧道的施工中。但是由于顶管管道在膨润土泥浆套的支持下，顶管不断地作向前的顶进运动，管节转换时，顶力释放又可能引起管道的后退运动。这些环节，使顶管施工对地面与土体变形的控制以及环境保护较盾构法复杂。葛金科等认为如下几个施工环节与地层的变形密切相关：①顶管机姿态控制与开挖面的土压设定；②顶管的顶进与换管；③注浆过程；④顶管机的进出洞控制等。理论分析时只有准确把握顶管施工的主要因素，才能使分析结果更为合理。

对于顶管施工中引起的地层与地表变形预测方面，一般借鉴盾构施工引起的地表与地层位移的方法。Sagaseta 分析由土体损失的运动模式，得到了不排水条件下三维土体变形计算公式。Loganathan 和 Poulos 采用椭圆形土体移动模式，提出用于估算软土地区由于土体损失引起的土体位移解析法。廖少明等利用 Mindlin 解，用边界元法计算盾构机的正面顶力和侧面摩阻力引起的土体变形，魏纲对 Mindlin 解积分，给出顶管施工时的三维土体变形计算公式。李方楠等（2012）认为顶管施工过程中对土体作用力与盾构施工不同，一方面是后续管节顶进时的摩阻力对土体的剪切作用，另一方面是顶管管节周围的注浆压力。由于触变泥浆套的存在，后续管节的摩阻力作用对土体影响较小，相对于注浆压力的影响是可忽略不计的。本节结合已有计算方法，提出考虑注浆压力影响的顶管施工引起土体变形的计算方法。

1.2.2.1　顶管施工引起土体变形的原因及机理

（1）顶管施工引起土体变形的原因

①开挖面的土体变形。

开挖面的土体变形与开挖面的设置压力有关。如果开挖面的设置压力 P_0 保持自然土压状态，即 $P_0 = P_N$，则无土层变形，理论上地面的沉降值为零。但实际顶进中，P_0 不可能正好与 P_N 相等。当 $P_0 > P_N$ 时，将对开挖面产生挤压，引起地面隆起；反之，当 $P_0 < P_N$ 时，则地面发生沉降。

②顶管机纠偏引起的土层变形。

纠偏时顶管机轴线偏离原来顶进的轴线方向，因而产生侧向纠偏载荷。施工中纠偏表现为顶管机对拟偏转方向一侧土体产生挤压，此时，当应力超过等效屈服应力时就会产生黏塑性变形，导致土体位移；而在另一侧则产生间隙，引起土体位移。

③顶管机与后续管节之间管径差引起的土层移动。

对于长距离顶管，为减小摩擦阻力，后续管节的直径比顶管机的直径小 20~50mm。所以，在顶进时土体填补后续管节外围的间隙时会产生土体移动。为保持土层稳定，施工过程中必须在管节外周注浆，并保持适当的注浆压力。可见这部分土层移动与间隙的大小、注浆方法等因素有关。

④顶管后退引起的土层移动。

在顶进隧洞后，由于更换管节时主千斤顶系统卸载而使管节回弹，此时，开挖面容易塌落或松动，产生土层移动。这部分移动与顶进长度有关。当顶进长度达到一定数值，由于摩擦阻力的存在，这部分土层移动将减小。

⑤土体流入管节接缝渗漏产生的土体损失。

在顶进过程中注浆不及时，土体流入管节接缝，或由于接缝失效而产生渗漏，进而产生土体损失。

⑥受扰动土体的固结。

顶管管道周围土体受施工扰动后，将形成超静孔隙水压力区。在顶管机离开该区以后，超静孔隙水压力下降，孔隙水消散，土体发生固结作用，引起土层沉降，这部分为主固结沉降；随后，土体仍产生蠕变，发生次固结沉降。

土体变形除上述常见的原因以外，还有一些较少出现的可能原因，包括中继环连接处的密封不良、工作井洞门密封不严、顶管机在施工过程中沉降等。

（2）土体变形机理

顶管顶进过程中产生土体变形（沉降或隆起）的根本原因是顶管施工对周围土体的扰动。

（3）土体变形的影响因素

顶管施工过程中引起土体变形的影响因素众多，其中有3个主要因素。

①正面附加顶力。

土压平衡顶管机施工时会边挤压边切削土体，刀头的顶进、土的切削和出土是完全同步的，以达到土压力与支护压力平衡。但是，在实际操作中土压力与支护压力并不能完全保持平衡，当支护压力大于土的被动土压力时，土被挤出而产生挤土效应；当支护压力小于土的主动土压力时，临空面可能会产生坍塌。在实际施工过程中为了使开挖面土体稳定，开挖面通常保证有足够的支护力，产生"正面附加顶力P"。在正常施工中，P一般控制在±20kPa之间。但是在一些特殊情况下，例如当开挖面前方存在不明障碍物、顶管机穿越不同土层交界面以及在长时间停止顶进后又顶进时，都可能导致正面顶力有较大的波动。土体受到挤压后会产生挤土效应，表现为开挖面前方地面产生隆起、后方地面产生沉降，在开挖面正上方土体变形为零。

②顶管机和后续管节与土体之间的摩擦阻力。

当顶管机和后续管节一起向前顶进时，它们与土体之间会产生摩擦阻力，并带动周围土体移动，从而引起土体变形。由于顶管机与土体之间的接触面积较大，产生的摩擦力较大。当不注浆时，顶管后续管节与周围土体之间的摩擦阻力也比较大；但在顶管施工中一般都会采取注浆减阻措施，注浆后管节顶进时产生的摩擦阻力可以降低到3~5kPa，因此，其引起的土体变形较小。

③土体损失。

在顶管施工过程中，一方面由于土体开挖卸载，另一方面顶管机尾部通过后，由于其外径较顶管外径大20~50mm，从而产生环形空隙。尽管采用了注浆填充措施，但仍不可避免地会产生土体损失，进而引起地面沉降。

因此，在计算顶管施工引起的土体变形时，必须考虑以上这3个主要因素的影响。根据以上分析，顶管施工引起的总的土体变形可以通过分别求解正面附加顶力、顶管机和后续管节与土体之间的摩擦阻力以及土体损失引起的土体变形，进而叠加求得总变形。

1.2.2.2　正面附加顶力和摩擦阻力引起的土体变形计算公式

（1）计算模型及假定

假定顶管机是在正常固结软土（包括黏土、粉土和淤泥等）中沿直线顶进，不考虑顶管机偏斜和注浆压力，如图1-6所示。同时假定：

①土体不排水固结,仅考虑施工期间的变形;
②土体为均匀的线弹性半无限体;
③顶管机的顶进面为荷载作用面,将正面附加顶力近似为圆形均布荷载;
④顶管机及后续管节与周围土体之间的摩擦阻力呈均匀分布;
⑤顶管机的顶进仅为空间位置上的变化,与时间无关。

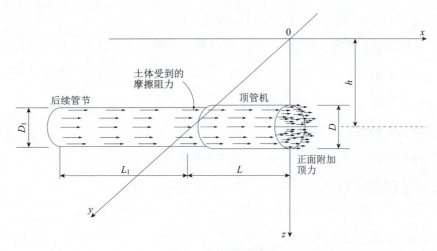

图 1-6 土体的受力模型

(2)正面附加顶力引起的土体变形计算公式

计算所取坐标系如图 1-6 所示。在图 1-6 中荷载作用圆截面内取微分面积 $r\mathrm{d}r\mathrm{d}\theta$,利用弹性力学的 Mindlin 解,通过积分可以得到。在圆形均布荷载作用下,土体中任一点 (x, y, z) 处产生的沿 x、y、z 方向的位移分别为 u_1、v_1、w_1,则

$$u_1 = \frac{P}{16\pi G(1-\mu)} \int_0^{2\pi} \int_0^{\frac{D}{2}} \left\{ \frac{3-4\mu}{M_1} + \frac{1}{N_1} + \frac{x^2}{M_1^3} + \frac{(3-4\mu)x^2}{N_1^3} + \frac{2z(h-r\sin\theta)}{N_1^3}\left(1 - \frac{3x^2}{N_1^2}\right) + \right.$$

$$\left. \frac{4(1-\mu)(1-2\mu)}{N_1+z+h-r\sin\theta}\left[1 - \frac{x^2}{N_1(N_1+z+h-r\sin\theta)}\right] \right\} r\mathrm{d}r\mathrm{d}\theta \qquad (1-8)$$

$$v_1 = \frac{Px}{16\pi G(1-\mu)} \int_0^{2\pi} \int_0^{\frac{D}{2}} (y+r\cos\theta)\left[\frac{1}{M_1^3} + \frac{3-4\mu}{N_1^3} - \frac{6z(h-r\sin\theta)}{N_1^5} - \right.$$

$$\left. \frac{4(1-\mu)(1-2\mu)}{N_1(N_1+z+h-r\sin\theta)} \right] r\mathrm{d}r\mathrm{d}\theta \qquad (1-9)$$

$$w_1 = \frac{Px}{16\pi G(1-\mu)} \int_0^{2\pi} \int_0^{\frac{D}{2}} \left[\frac{z-h+r\sin\theta}{M_1^3} + \frac{(3-4\mu)(z-h+r\sin\theta)}{N_1^3} - \right.$$

$$\left. \frac{6z(h-r\sin\theta)}{N_1^5} - \frac{4(1-\mu)(1-2\mu)}{N_1(N_1+z+h-r\sin\theta)} \right] r\mathrm{d}r\mathrm{d}\theta \quad (1\text{-}10)$$

式中：$M_1 = \sqrt{x^2+(y+r\cos\theta)^2+(z-h+r\sin\theta)^2}$；

$N_1 = \sqrt{x^2+(y+r\cos\theta)^2+(z+h-r\sin\theta)^2}$；

P——顶管机正面附加顶力（kPa），即开挖面支护应力与该处的静止土压力之差；

G——土的剪切弹性模量（MPa），$G = \dfrac{(1-2\mu k_0)E_{s0}}{2(1+\mu)}$（$E_{s0}$ 为土的压缩模量，k_0 为静止土压力系数，μ 为土的泊松比）；

D——顶管机外直径（m）；

x——离开挖面的水平距离（m），以顶进方向为正；

z——离地面的竖向距离（m），以向下为正；

h——顶管轴线至地面距离（m）；

r——荷载作用圆载面的半径（m）；

y——离轴线的横向水平距离（m）。

由于式（1-8）~式（1-10）很难直接积分计算，可以采用数值积分。为提高精度，采用五点 Gauss-Legendre 公式，则

$$\int_{-1}^{1} f(x)\mathrm{d}x \approx 0.2369f(0.9062)+0.2369f(-0.9062)+0.4786f(0.5385)+ $$
$$0.4786f(-0.5385)+0.5689f(0) \quad (1\text{-}11)$$

由于 θ 的积分域为 $[0, 2\pi]$，不能直接采用 Gauss-Legendre 公式，所以，要做积分变换。令 $\theta = \pi + \pi t$，$t \in [-1, 1]$，则 $\int_0^{2\pi} f(\theta)\mathrm{d}\theta = \pi\int_{-1}^{1} f(\pi+\pi t)\mathrm{d}t$。则式（1-8）可变换为

$$u_1 = \frac{P}{16G(1-\mu)} \int_0^{2\pi} \int_{-1}^{1} \left\{ \frac{3-4\mu}{M_1} + \frac{1}{N_1} + \frac{x^2}{M_1^3} + \frac{(3-4\mu)x^2}{N_1^3} + \frac{2z[h+r\sin(\pi t)]}{N_1^3}\left(1-\frac{3x^2}{N_1^2}\right) + \right.$$

$$\left. \frac{4(1-\mu)(1-2\mu)}{N_1+z+h+r\sin(\pi t)}\left[1-\frac{x^2}{N_1(N_1+z+h+r\sin(\pi t))}\right] \right\} r\mathrm{d}t\mathrm{d}r \quad (1\text{-}12)$$

式（1-9）、式（1-10）的积分变换可参考式（1-8）的变换过程。

（3）摩擦阻力引起的土体变形计算公式

顶管机为一圆柱体，取顶管机表面的微分面积 $R\mathrm{d}L\mathrm{d}\theta$，利用 Mindlin 解，积分得到

在顶管机与土体之间的摩擦阻力作用下，土体中任一点(x, y, z)处产生的沿x、y、z方向的位移分别为u_2、v_2、w_2，则

$$u_2 = \frac{pR}{16\pi G(1-\mu)} \int_0^{2\pi} \int_0^L \left\{ \frac{3-4\mu}{M_2} + \frac{1}{N_2} + \frac{(x+L)^2}{M_2^3} + \frac{(3-4\mu)(x+L)^2}{N_2^3} + \frac{2z(h-R\sin\theta)}{N_2^3} \cdot \right.$$

$$\left. \left(1 - \frac{3(x+L)^2}{N_2^2}\right) + \frac{4(1-\mu)(1-2\mu)}{N_2 + z + h - R\sin\theta}\left[1 - \frac{(x+L)^2}{N_2(N_2 + z + h - R\sin\theta)}\right] \right\} dLd\theta \quad (1\text{-}13)$$

$$v_2 = \frac{pR}{16\pi G(1-\mu)} \int_0^{2\pi} \int_0^L (x+L)(y+R\cos\theta) \left[\frac{1}{M_2^3} + \frac{3-4\mu}{N_2^3} - \frac{6z(h-R\sin\theta)}{N_2^5} - \right.$$

$$\left. \frac{4(1-\mu)(1-2\mu)}{N_2(N_2 + z + h - R\sin\theta)^2} \right] dLd\theta \quad (1\text{-}14)$$

$$w_2 = \frac{pR}{16\pi G(1-\mu)} \int_0^{2\pi} \int_0^L (x+L) \left[\frac{z-h+R\sin\theta}{M_2^3} + \frac{(3-4\mu)(z-h+R\sin\theta)}{N_2^3} - \right.$$

$$\left. \frac{6z(h-R\sin\theta)(z+h-R\sin\theta)}{N_2^5} + \frac{4(1-\mu)(1-2\mu)}{N_2(N_2 + z + h - R\sin\theta)} \right] dLd\theta \quad (1\text{-}15)$$

式中：p——顶管机与土体之间单位面积的摩擦阻力（kPa）；

$M_2 = \sqrt{(x+L)^2 + (y+R\cos\theta)^2 + (z-h+R\sin\theta)^2}$；

$N_2 = \sqrt{(x+L)^2 + (y+R\cos\theta)^2 + (z+h-R\sin\theta)^2}$；

L——顶管机长度（m）；

R——顶管机外半径（m）。

1.2.2.3 土体损失引起的土体垂直变形计算公式

就岩土工程而言，顶管施工中土体损失造成的地面沉降与其他隧道开挖方法（特别是盾构法）造成的地面沉降是相似的。

（1）现有经验公式

Peck提出地面沉降槽呈拟正态分布，认为土体移动是由土体损失引起的。假定土体不排水、体积不可压缩，则沉降槽体积应等于土体损失体积，得到横向地面沉降估算公式，如式（1-1）、式（1-2）、式（1-3）所示。

隧道单位长度土体损失量V_{loss}的计算方法主要有2种：

①经验方法，根据以往的施工经验选择一个合适的挖掘面百分率来估算土体损失的

大小，对于黏土通常是挖掘面的 0.5%～2.5%，令 η 为土体损失百分率，则

$$V_{\text{loss}} = \pi R^2 \eta \tag{1-16}$$

②采用 Lee 等提出的等效土体损失参数 g 进行计算，土体损失计算公式为

$$V_{\text{loss}} = \pi R^2 - \pi \left(R - \frac{g}{2} \right)^2 \tag{1-17}$$

$$g = G_{\text{p}} + U_{3D} + \omega \tag{1-18}$$

式中：G_{p}——顶管机与管节之间的几何空隙，考虑到注浆填充，对于黏土：

$$\alpha = 0.116 \left(\frac{h}{2R} \right) - 0.042；$$

U_{3D}——顶管机前部土体三维弹塑性变形；

ω——施工因素。

g 的具体计算方法可参见孙钧等（2006）的研究。

（2）Peck 公式在国内的适用性

根据 Celestino 等人对世界范围内 51 条实测沉降曲线的拟合结果，58% 的实测结果与高斯分布的相关系数在 0.90 以上，而相关系数在 0.80 以上的则接近 80%（图 1-7）。由此看来，沉降槽采用高斯曲线拟合具有普遍意义。但根据 New 和 Reilly（1991）的研究，对于粒状土，采用 Peck 公式估算的沉降往往过小，而根据 Eisentien 等人的研究结果，对于超固结土所估算的沉降也相对较小。

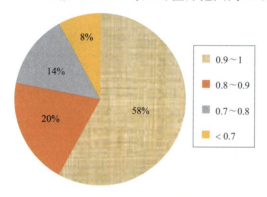

图 1-7 采用高斯分布拟合 51 条沉降曲线的相关系数

我国幅员辽阔，各个地区的工程地质、水文地质条件差异很大，再加上施工技术、管理水平等因素也千差万别，因此，本节并不着力于得出一个普遍适用的公式或经验参数，而是在对已有的实测资料、各个地区地质条件分析的基础上，分别讨论各地区应用 Peck 公式的情况。

韩煊等（2007）根据搜集的 30 多组实测地面沉降变形数据的分析，可以得到以下初步结论：

①除了个别实测数据外，绝大多数搜集到的全国各地的实测数据都可以较好地采用高斯分布拟合。因此，总体上来看，可认为不论是黏性土还是砂砾石中的隧道开挖，不

论是盾构法还是浅埋暗挖法，也不论是全断面法还是分台阶开挖法，若隧道符合一定的埋深，其瞬时地表沉降曲线都基本符合高斯分布规律。

②对于实测资料较多的北京和上海地区，已给出了 Peck 公式中经验参数的建议值；对于其他几个地区也给出了分析得到的初步建议值，在实测资料进一步丰富的情况下，可以针对当地的施工情况和地质条件总结当地的经验。以上成果对当地土体变形的预测有重要意义。

③对于隧道浅埋或超浅埋的情况（$z_0/D<1.0\sim1.5$），开挖断面的具体形状和开挖支护的具体情况就会明显影响到地面沉降曲线的形状，采用 Peck 公式尚无法考虑这个因素的影响。

1.2.3　隧道开挖致周边建（构）筑物变形承载力及控制指标研究

隧道开挖会导致地表发生不均匀位移，由此导致建（构）筑物发生变形甚至严重破坏。为了合理有效控制管幕和隧道施工对地面建（构）筑物的影响，合理评价建（构）筑物结构现状及其控制标准是基础。评估建（构）筑物破坏需要通过变形指标衡量，常用的评估建（构）筑物破坏的指标有沉降值、差异沉降值、倾斜、挠度比、角变形和水平应变。Skempton 和 MacDonld 通过历史数据，提出对于砖石结构建（构）筑物出现裂缝的角变形临界值是 0.2%，对于某些特别敏感的砖结构建筑物，应控制在 0.1%。Polshin 和 Tokar 提出用挠度比 Δ/L 作为评估标准，指出砖结构的挠度比 Δ/L 应控制在 0.03%~0.07%，以防止结构出现裂缝。Burland 和 Wroth 按照建筑物破坏后修复的难易程度，提出了目前最为广泛采用的结构破坏等级分类方法。Boscardin 和 Cording 将结构简化为简支梁在集中荷载的情况，探索角变形 β 与挠度比 Δ/L 的关系。假设结构的中性轴在结构的底部，H/L 从 0 到无穷变化时，角变形 β 等于 2 到 3 倍的挠度比 Δ/L。Burland 提出极限拉应变概念。极限拉应变可作为不同类型的结构正常使用极限状态的使用状态参数。临界拉应变的概念认为当结构的应变大于临界拉应变时，结构就会出现明显的裂缝。Burland 根据上述破坏等级分类方法，给出了由结构的挠度比 Δ/L 和水平应变 ε_h 对应的结构损伤等级图表。Schuster 等根据主应变理论，提出了一种修正的主应变评估指标 DPI [$DPI=\varepsilon p/(1/200)\times100$]。Schuster 认为以往的评估结构损伤的方法都是确定性评估方法，对模型内在不确定性未能进行充分的分析。陈龙根据建筑物的长高比、层数以及有无桩的情况，将建筑物分为大刚度建筑物和小刚度建筑物。小刚度建筑物主要包括砖混结构、长高比大于 3.0 的无桩框架结构，采用裂缝指标评价建筑物的破坏等级；而对于大刚度建筑物，采用倾斜指标评价建筑物的破坏等级。

以上关于隧道开挖对结构损伤风险的评估总结分析是在假定结构的变形完全遵守天然地表变形的基础上进行的。这种方法过于保守，通常会高估结构的损伤，由此造成额外的费用。大量的研究表明，结构和土之间的相互作用，将会导致结构的变形小于天然地表变形。Potts 和 Addenbrooke 通过数值模拟方法，将建筑物通过等效弹性梁模拟，进行一系列平面应变有限元分析，提出计算土-结构的相对刚度公式。Franzius 在 Potts 提出在相对刚度的基础上，继续研究结构的长度 L、宽度 B 以及隧道的埋深 t_z 对相对刚度的影响，通过数值模拟计算回归分析得到相对刚度影响的修正公式。Son 和 Cording 研究了土与结构相对刚度，指出结构角变形 β 与地表坡度变化 ΔG_S 之间的比值 $\beta/\Delta G_S$，即角变形与土-结构相对剪切刚度和结构的开裂应变 ε_t 有关。韩暄和李宁通过对大量的建筑物沉降曲线的分析，提出隧道施工引起建筑物变形预测的刚度修正法。龚勋通过大量数值模拟计算分析得到建筑物角应变与隧道的埋深、建筑物的轴向刚度、抗弯刚度、建筑物的几何特征、建筑物与隧道的相对位置等因素的关系。龚勋同时引入了地层的不确定性与建筑物损伤状态评估。

总的来说，由于考虑隧道-土-建筑物之间的相互作用是复杂的过程，加之实测数据不足，目前对由于隧道开挖而引起的建筑物的变形还缺乏有效而实用的理论分析方法。特别是针对拱北隧道管幕群左侧距离澳门联检大楼桩基最近处仅为 1.50m，距离拱北海关出入境风雨廊桩基最近处仅为 0.46m，超大断面隧道下穿如此近距离建（构）筑物，对施工技术、环境控制要求极为苛刻。故有必要采用三维数值模拟技术以及离心机模型试验技术，针对上述建（构）筑物受隧道开挖影响的结构健康状态进行评估。

由于拱北隧道项目周边环境复杂、隧道埋深浅、断面大、环境保护标准要求较高，管幕和隧道施工对环境的影响机理和规律复杂、影响程度不容忽视。该项目以此为背景，利用理论分析和模型试验展开研究，研究成果不仅为拱北隧道施工安全和环境保护提供技术支撑，同时也为同类工程积累理论和实践经验，促进管幕法隧道施工技术的发展。

第 2 章 CHAPTER 2
浅埋超大断面暗挖法隧道开挖方案比选分析

拱北隧道最初的开挖施工方案为五台阶十五部方案，出于结构安全、施工可行性及环境影响等条件的考虑，参建各方又提出 3 种开挖方案作为备选方案，分别是四台阶八部开挖方案、五台阶十部开挖 A 方案以及五台阶十部开挖 B 方案。为保证隧道结构和施工安全，对这 4 种施工方案展开了分析。由于开挖方案复杂，参数较多，为验证分析的合理性，分别采用 ABAQUS 和 MIDAS 进行计算，然后基于地层位移、支护结构内力，对各方案进行了比选，提出最优开挖方案。

2.1 开挖比选方案介绍

浅埋超大断面隧道开挖的 4 种方案如图 2-1 所示。

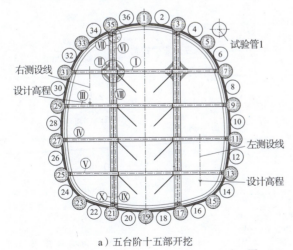
a）五台阶十五部开挖

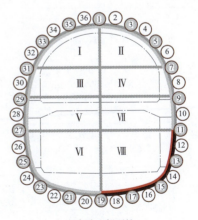
b）四台阶八部开挖

图 2-1

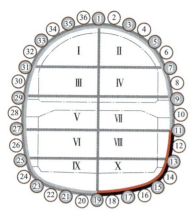
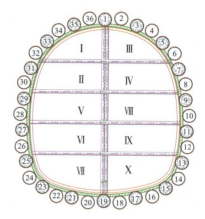

c）五台阶十部开挖 A 方案　　　　d）五台阶十部开挖 B 方案

图 2-1　隧道初步开挖方案示意图

针对上述 4 种主要的开挖比选方案，主要在开挖台阶数、开挖块数、衬砌及临时支撑等支护结构体系刚度上存在着差异。从图 2-1 中可以明显看到，4 种方案存在 2 种台阶数（即五台阶或四台阶）。对于五台阶又根据开挖块数不同又分为十五部和十部。对于上述 4 种开挖方案的支护结构体系设计参数也不尽相同，存在如表 2-1 所示的差异。

开挖支护结构体系设计方案　　　　表 2-1

支护类型		开挖方案			
		五台阶十五部开挖方案	四台阶八部开挖方案	五台阶十部开挖 A 方案（与五台阶十五部相同）	五台阶十部开挖 B 方案（与四台阶八部相同）
弧形止水钢板		无	厚度 1cm	无	厚度 1cm
初期支护	钢筋网	A8 钢筋，双层布置	A10 钢筋，单层布置，网眼规格 20cm×20cm	A8 钢筋，双层布置	A10 钢筋，单层布置，网眼规格 20cm×20cm
	型钢	22b 工字钢，间距 0.40m，与管幕焊接，纵向连接 16 工字钢	22b 工字钢，间距 0.40m，与管幕焊接，纵向连接 16 工字钢	22b 工字钢，间距 0.40m，与管幕焊接，纵向连接 16 工字钢	22b 工字钢，间距 0.40m，与管幕焊接，纵向连接 16 工字钢
	喷射混凝土	C25 喷射混凝土，厚 30cm	C30 喷射混凝土，厚 30cm	C25 喷射混凝土，厚 30cm	C30 喷射混凝土，厚 30cm
	临时支撑	HK400b 型钢，间距 1.2m	HM250cm×175mm 型钢，间距 1.2m，A50 锁脚锚管长度 3m，纵向连接方钢，临时竖撑设超前支撑小导管 A50，间距 40cm	HK400b 型钢，间距 1.2m	HM250cm×175mm 型钢，间距 1.2m，A50 锁脚锚管长度 3m，纵向连接方钢，临时竖撑设超前支撑小导管 A50，间距 40cm

续上表

支护类型	开挖方案			
	五台阶十五部开挖方案	四台阶八部开挖方案	五台阶十部开挖A方案（与五台阶十五部相同）	五台阶十部开挖B方案（与四台阶八部相同）
二次衬砌	格栅拱架模筑C35混凝土	钢筋网：A10钢筋，单层布置	格栅拱架模筑C35混凝土	钢筋网：A10钢筋，单层布置
		型钢：22b型钢，间距0.40m，与管幕、初支焊接，纵向连接16工字钢		型钢：22b型钢，间距0.40m，与管幕、初支焊接，纵向连接16工字钢
		混凝土：模筑C35，厚30cm		混凝土：模筑C35，厚30cm
仰拱填充	C15混凝土	C15混凝土	C15混凝土	C15混凝土
防水	防水卷材	防水卷材	防水卷材	防水卷材
三次衬砌	60～219cm厚防腐蚀钢筋混凝土，混凝土等级C45	60～219cm厚防腐蚀钢筋混凝土，混凝土等级C45	60～219cm厚防腐蚀钢筋混凝土，混凝土等级C45	60～219cm厚防腐蚀钢筋混凝土，混凝土等级C45

从表2-1可以看到，四台阶八部开挖方案增大了每一步的开挖体量，但是相反地，减小了临时支撑的结构刚度，存在一定的安全隐患，这在后续数值计算中将详细说明。

开挖方案1为五台阶十五部开挖，相应的步骤及结构支护程序较为复杂，具体如表2-2所示。

五台阶十五部开挖具体施工步骤示意表 表2-2

开挖步骤示意图	开挖步骤说明
	开挖第1台阶： 1.先开挖左侧导坑，接着开挖右侧导坑，最后开挖中间岛；2.边开挖边对下一步开挖土体进行注浆加固，前后开挖步相差5m进深间隔；3.每一开挖步进尺1～2个工字钢间距实施临时支撑，开挖进尺10m后施筑二次衬砌

续上表

开挖步骤示意图	开挖步骤说明
	开挖第 2 台阶： 工序与工法与第 1 台阶类似
	开挖第 3 台阶： 工序与工法与前述类似
	开挖第 4 台阶： 工序与工法与前述类似
	开挖第 5 台阶： 工序与工法与前述类似

续上表

开挖步骤示意图	开挖步骤说明
	拆除临时支撑,施筑仰拱处三衬结构
	进一步拆除临时支撑并施筑三衬结构
	最终完成三衬封闭成环,开挖完成

开挖方案 2 为四台阶八部开挖,相应的步骤及结构支护程序较为复杂,具体如表 2-3 所示。

四台阶八部开挖具体施工步骤示意表　　　　　表 2-3

开挖步骤示意图	开挖步骤说明
	开挖第 1 块： 进尺 3 个工字钢间距后施筑初衬，二衬在进尺 5m 后施筑
	开挖第 2 块： 工序与工法与第 1 块类似
	开挖第 3 块： 工序与工法与前述类似
	开挖第 4 块： 工序与工法与前述类似

续上表

开挖步骤示意图	开挖步骤说明
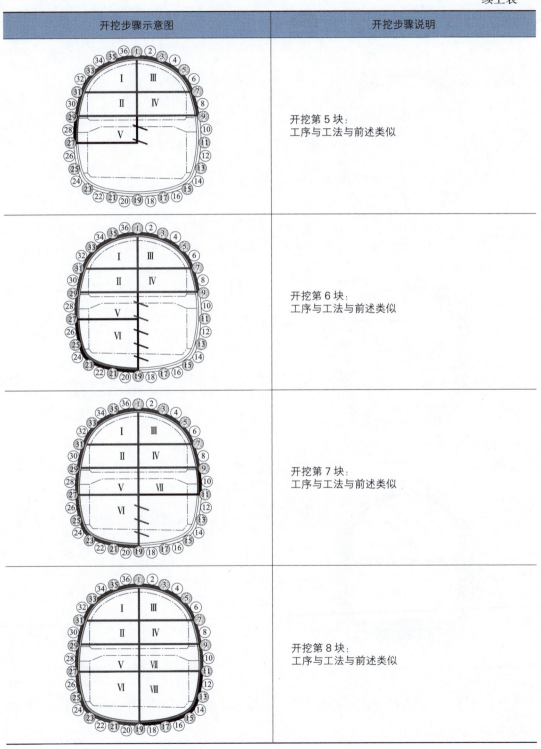	开挖第5块： 工序与工法与前述类似
	开挖第6块： 工序与工法与前述类似
	开挖第7块： 工序与工法与前述类似
	开挖第8块： 工序与工法与前述类似

续上表

开挖步骤示意图	开挖步骤说明
	拆除临时支撑，准备浇筑三衬
	浇筑仰拱处三衬
	完成三衬

开挖方案3为五台阶十部开挖A方案，相应的步骤及结构支护程序较为复杂，具体如表2-4所示。

五台阶十部开挖 A 方案具体施工步骤示意表　　　　　表 2-4

开挖步骤示意图	开挖步骤说明
	开挖第 1 块： 进尺 3 个工字钢间距后施筑初衬，二衬在进尺 5m 后施筑
	开挖第 2 块： 工序与工法与第 1 块类似
	开挖第 3 块： 工序与工法与前述类似
	开挖第 4 块： 工序与工法与前述类似

续上表

开挖步骤示意图	开挖步骤说明
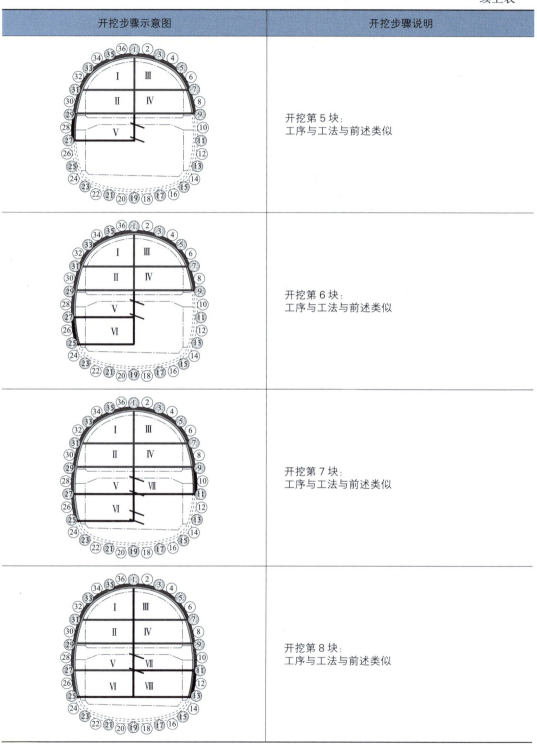	开挖第 5 块： 工序与工法与前述类似
	开挖第 6 块： 工序与工法与前述类似
	开挖第 7 块： 工序与工法与前述类似
	开挖第 8 块： 工序与工法与前述类似

续上表

开挖步骤示意图	开挖步骤说明
	开挖第 9 块： 工序与工法与前述类似
	开挖第 10 块： 工序与工法与前述类似
	拆除临时支撑，准备浇筑三衬
	浇筑仰拱处三衬

续上表

开挖步骤示意图	开挖步骤说明
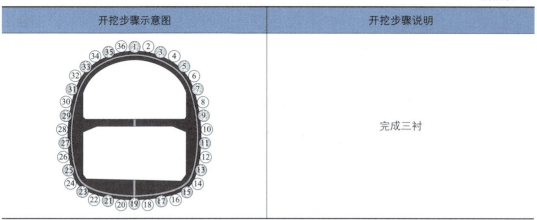	完成三衬

开挖方案 4 为五台阶十部开挖 B 方案，相应的步骤及结构支护程序较为复杂，具体如表 2-5 所示。

五台阶十部开挖 B 方案具体施工步骤　　　　　　　　表 2-5

开挖步骤示意图	开挖步骤说明
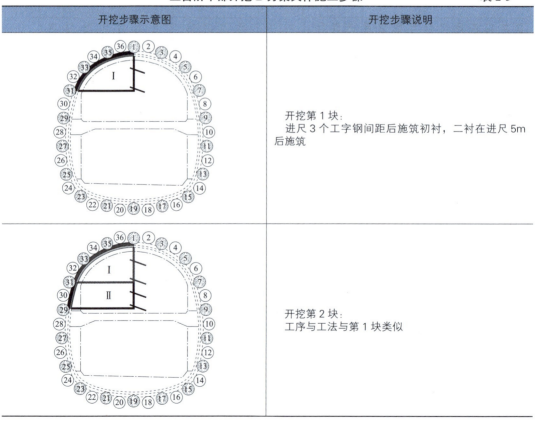	开挖第 1 块： 进尺 3 个工字钢间距后施筑初衬，二衬在进尺 5m 后施筑
	开挖第 2 块： 工序与工法与第 1 块类似

续上表

开挖步骤示意图	开挖步骤说明
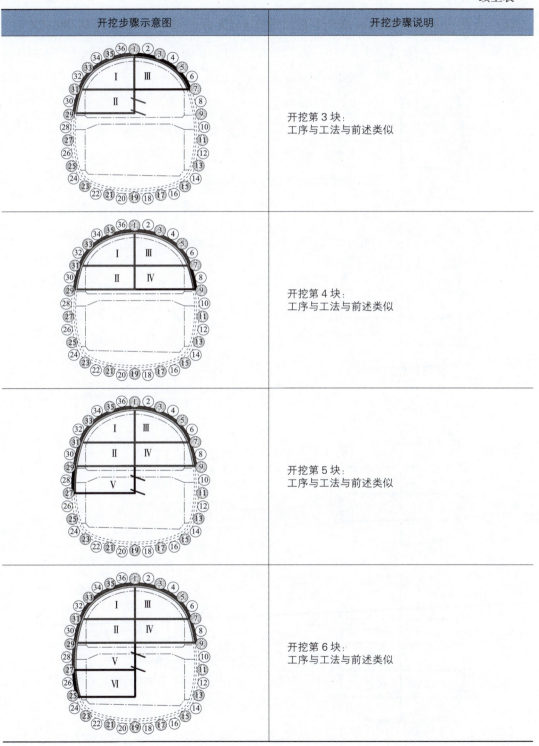	开挖第 3 块： 工序与工法与前述类似 开挖第 4 块： 工序与工法与前述类似 开挖第 5 块： 工序与工法与前述类似 开挖第 6 块： 工序与工法与前述类似

续上表

开挖步骤示意图	开挖步骤说明
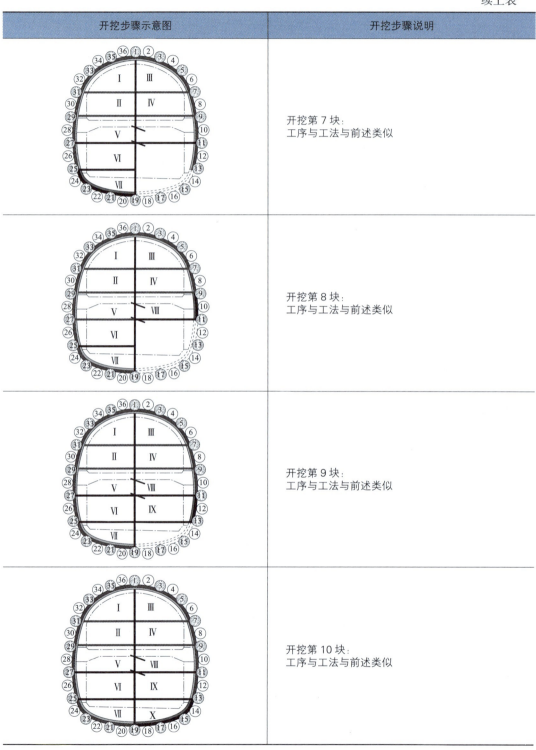	开挖第 7 块： 工序与工法与前述类似
	开挖第 8 块： 工序与工法与前述类似
	开挖第 9 块： 工序与工法与前述类似
	开挖第 10 块： 工序与工法与前述类似

续上表

开挖步骤示意图	开挖步骤说明
	拆除临时支撑，准备浇筑三衬
	浇筑仰拱处三衬
	完成三衬

2.2 MIDAS 数值模拟计算

针对这 4 种开挖方案进行数值模拟研究，同时考虑管幕与冻土效应，主要就位移与支护结构内力进行对比。有限元分析手段，对于数值模型的建立以及参数的选取将对结果产生较为重要的影响。下面对 4 种开挖方案采用相同的问题域进行模拟，模型宽 200m，深度 50m，忽略边界效应对计算结果的影响。图 2-2 ~ 图 2-5 分别为 4 种开挖方案对应的数值分析模型网格图。

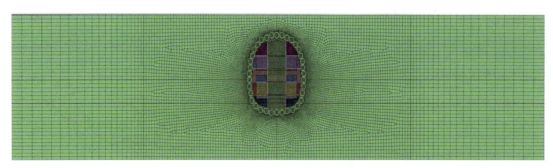

图 2-2 五台阶十五部开挖数值分析模型网格图

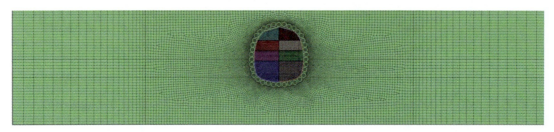

图 2-3 四台阶八部开挖数值分析模型网格图

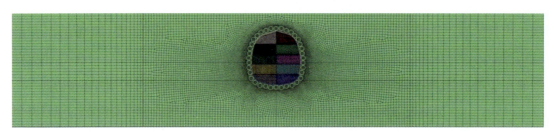

图 2-4 五台阶十部开挖 A 方案数值分析模型网格图

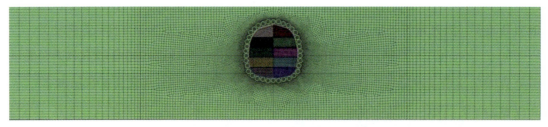

图 2-5 五台阶十部开挖 B 方案数值分析模型网格图

4 种方案数值模型的土体参数选取及管幕模拟方法均一致,除钢支撑的拉压刚度取值略有不同外,其余支护结构参数完全相同。土体参数和支护结构参数选取如表 2-6 和表 2-7 所示。为尽量考虑管幕层对开挖的影响,对钢管幕采用梁单元进行单独模拟。开挖过程中,采用荷载释放系数模拟其空间效应,土体开挖步的荷载释放系数设为0.05，添加初衬步的设为0.25，添加二衬步的设为0.3，初衬二衬共同受力作用步的设为0.4。

土体参数表　　　　　　　　　　　　　表2-6

土体编号	本构模型	材料参数
地层1-1	修正摩尔库伦	$\rho=1.8\text{g/cm}^3$，$E_{50}=3\text{MPa}$，$E_{ur}=9\text{MPa}$，$\varphi=5°$，$c=10\text{kPa}$
地层1-2	修正摩尔库伦	$\rho=1.8\text{g/cm}^3$，$E_{50}=3\text{MPa}$，$E_{ur}=9\text{MPa}$，$\varphi=15°$，$c=20\text{kPa}$
地层2	修正摩尔库伦	$\rho=2.0\text{g/cm}^3$，$E_{50}=6\text{MPa}$，$E_{ur}=18\text{MPa}$，$\varphi=27°$，$c=0.1\text{kPa}$
地层3	修正摩尔库伦	$\rho=2.0\text{g/cm}^3$，$E_{50}=4\text{MPa}$，$E_{ur}=12\text{MPa}$，$\varphi=20°$，$c=17\text{kPa}$
冻土层	弹性	$\rho=2.0\text{g/cm}^3$，$E=200\text{MPa}$

支护结构参数表　　　　　　　　　　　　表2-7

支护编号	材料模型	材料参数	开挖方案
初衬	弹性	$\rho=2.5\text{g/cm}^3$，$E=38.33\text{GPa}$	4种方案均为一致
二衬	弹性	$\rho=2.5\text{g/cm}^3$，$E=39.83\text{GPa}$	
三衬	弹性	$\rho=2.5\text{g/cm}^3$，$E=33.50\text{GPa}$	
管幕	弹性	$\rho=7.85\text{g/cm}^3$，$E=210\text{GPa}$	
钢支撑	弹性	$\rho=7.85\text{g/cm}^3$，$EA_{横撑}=4021920\text{kN}$，$EA_{竖撑}=8314320\text{kN}$	五台阶十五部、五台阶十部A
		$\rho=7.85\text{g/cm}^3$，$EA=1146600\text{kN}$	四台阶八部、五台阶十部B

2.2.1　五台阶十五部开挖方案数值模拟结果

图2-6为该方案每一开挖步对应的地层位移云图，图2-7和图2-8分别为对应的地层竖向位移云图和水平位移云图。

a）开挖第1台阶

图 2-6

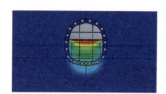 

b）开挖第 2 台阶

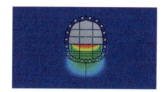 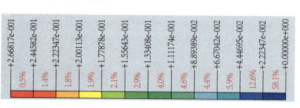

c）开挖第 3 台阶

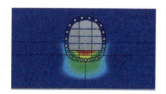 

d）开挖第 4 台阶

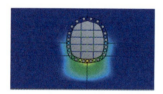 

e）开挖第 5 台阶

f）拆除临时支撑施加三衬

图 2-6　五台阶十五部开挖方案地层位移云图

a）开挖第 1 台阶

图 2-7

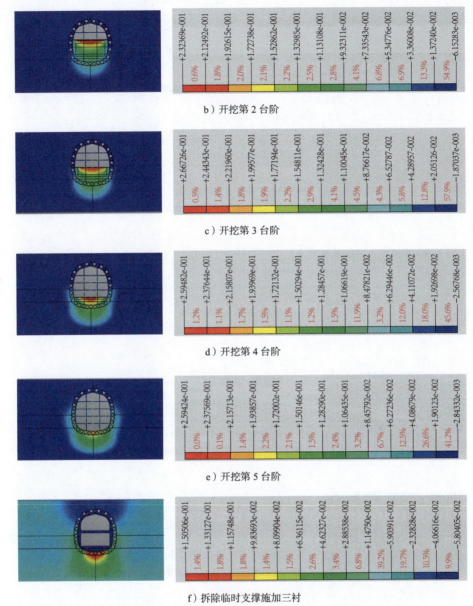

b）开挖第 2 台阶

c）开挖第 3 台阶

d）开挖第 4 台阶

e）开挖第 5 台阶

f）拆除临时支撑施加三衬

图 2-7 五台阶十五部开挖方案地层竖向位移云图

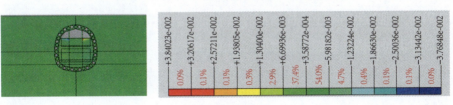

a）开挖第 1 台阶

图 2-8

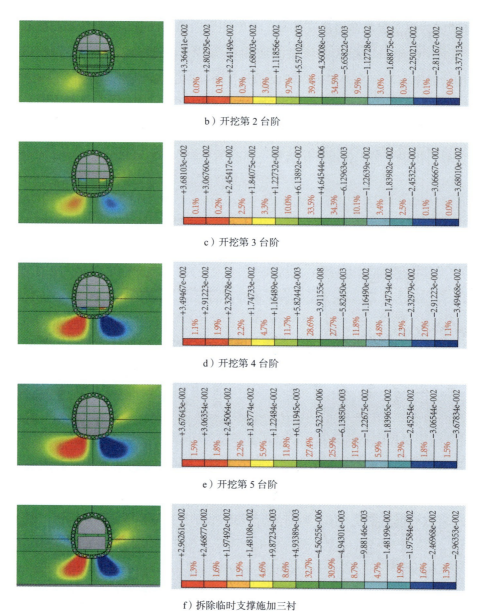

b）开挖第 2 台阶

c）开挖第 3 台阶

d）开挖第 4 台阶

e）开挖第 5 台阶

f）拆除临时支撑施加三衬

图 2-8　五台阶十五部开挖方案地层水平位移云图

从计算结果可以看到，随着开挖进尺，土体以竖向位移为主，特别是管幕群内部开挖土体的竖向位移尤为明显。周围地层在开挖第 1 台阶～第 4 个台阶时，土体逐渐由沉降变为隆起，当三衬混凝土结构施筑完毕之后，由于混凝土结构的自重最终将产生一定的沉降位移。

将地表断面随开挖步骤产生的沉降槽变化绘制于图 2-9 中。

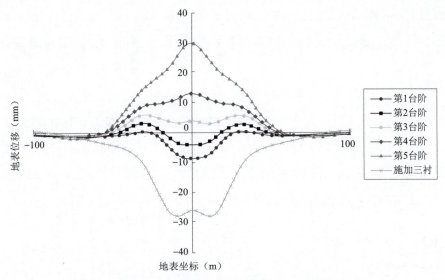

图 2-9　五台阶十五部开挖方案地表沉降槽随开挖步骤变化图

如图 2-9 所示,开挖前 2 个台阶时,沉降槽表现以沉降为主,逐步减少;开挖第 3 台阶~第 5 台阶时,沉降槽表现以隆起为主,在开挖第 5 台阶时达到最大值,隧道中心上方最大隆起约为 30mm。当添加三衬后,由于混凝土自重对地层产生竖向沉降作用,最终使得地表沉降最大值达到 30mm 左右。

对于不同开挖工况下,五台阶十五部开挖方案管幕变形总位移见图 2-10。根据图 2-10 可以看到,顶管群随着开挖步骤的进行,靠外侧的偶数编号顶管变形较内侧奇数编号的大。这是由于奇数编号顶管内部填充混凝土,使得顶管刚度较大;而偶数编号顶管为空心圆管,因此发生较大的变形及整体位移。管幕在施工过程中,拱顶部位的位移量要明显小于拱底位置;同时当施筑完三衬之后,由于三衬混凝土的自重作用,将使得管幕位移有一定程度的减小。顶管群最大位移发生在拱底位置,最小位移发生在左侧腰部。

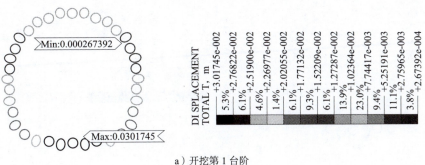

a) 开挖第 1 台阶

图 2-10

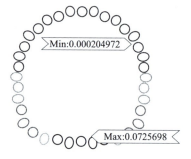

b）开挖第 2 台阶

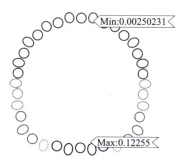

c）开挖第 3 台阶

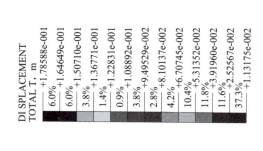

d）开挖第 4 台阶

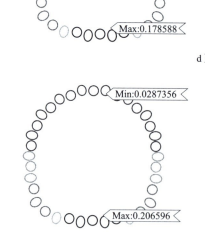
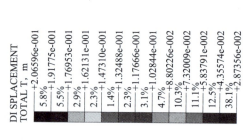

e）开挖第 5 台阶

图 2-10

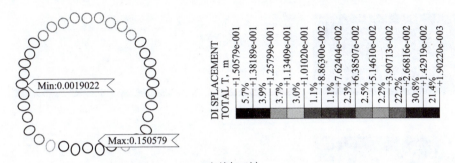

f）施加三衬

图 2-10 五台阶十五部开挖方案管幕总位移云图

2.2.2 四台阶八部开挖方案数值模拟结果

图 2-11 为该方案每一开挖步对应的地层位移云图，图 2-12 和图 2-13 分别为对应的地层竖向位移云图和水平位移云图。

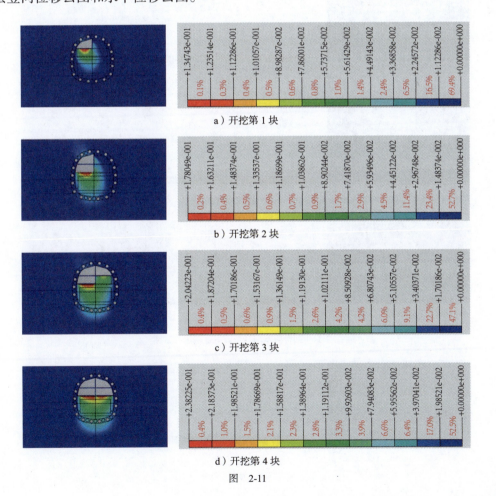

a）开挖第 1 块

b）开挖第 2 块

c）开挖第 3 块

d）开挖第 4 块

图 2-11

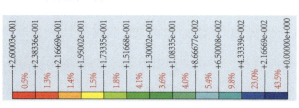

e）开挖第 5 块

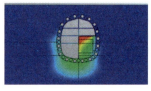
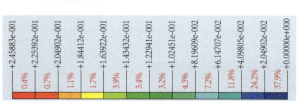

f）开挖第 6 块

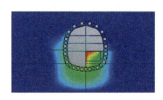
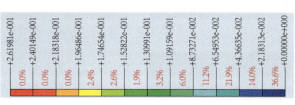

g）开挖第 7 块

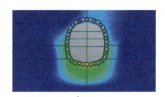

h）开挖第 8 块

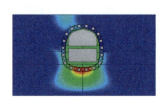

i）拆除临时支撑施加三衬

图 2-11　四台阶八部开挖方案地层位移云图

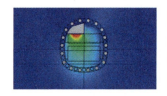
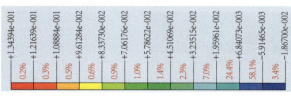

a）开挖第 1 块

图 2-12

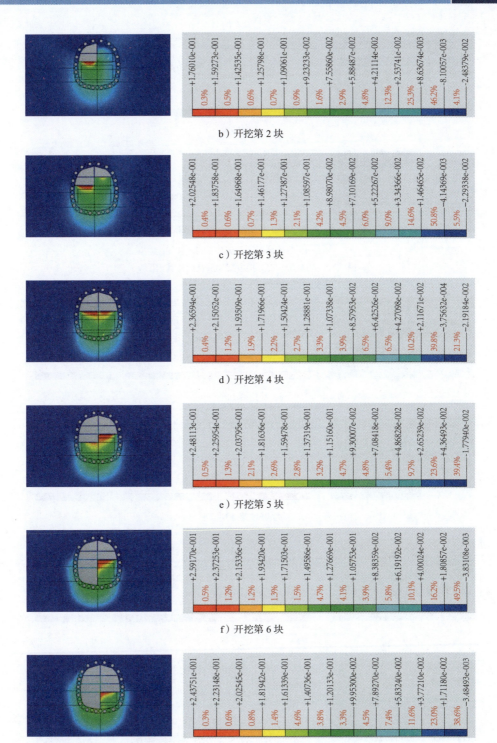

图 2-12

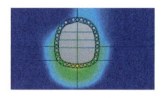

h）开挖第 8 块

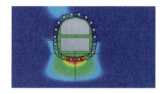

i）拆除临时支撑施加三衬

图 2-12　四台阶八部开挖方案地层竖向位移云图

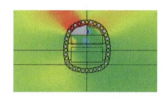 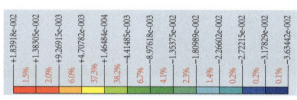

a）开挖第 1 块

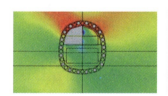 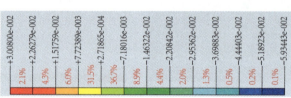

b）开挖第 2 块

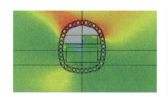 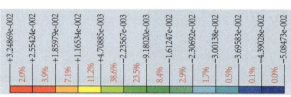

c）开挖第 3 块

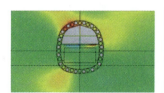 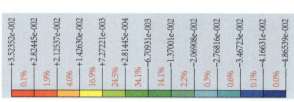

d）开挖第 4 块

图 2-13

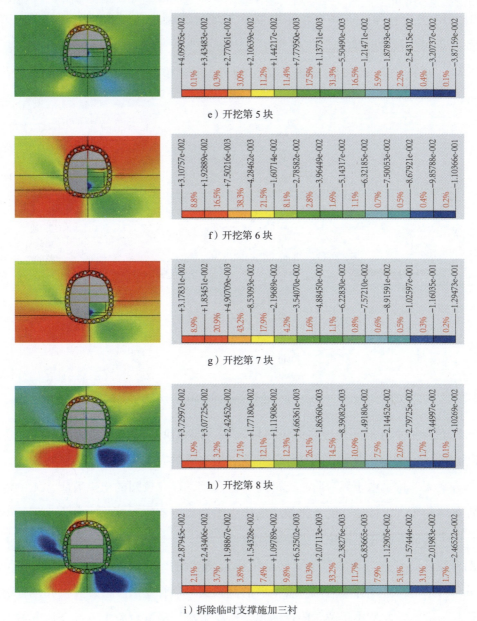

e）开挖第 5 块

f）开挖第 6 块

g）开挖第 7 块

h）开挖第 8 块

i）拆除临时支撑施加三衬

图 2-13　四台阶八部开挖方案地层水平位移云图

由上述地层位移云图显示，开挖引起的地层位移主要以竖向位移为主。然而与五台阶十五部开挖不同的是，四台阶八部开挖为非对称形式开挖，无法形成如五台阶十五部所示的土拱效应，从而导致隧道周围土体的位移呈现非对称分布。整体上而言，在四台阶八部开挖方式下，土体变形同样呈现出由沉降逐渐转变为隆起的特征。

图 2-14 表示地表断面随开挖步骤而产生的沉降槽位移变化图。由图 2-14 可知，开挖前 5 块时，沉降槽表现以沉降为主，逐步减少，开挖 6~8 块时，沉降槽表现以隆起为主，在开挖第 8 块时达到最大值，约为 5cm，施加三衬后达到沉降最大值，约为 3.5cm。

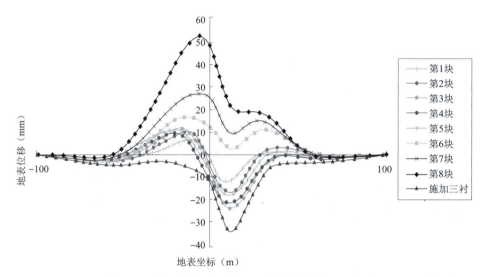

图 2-14 四台阶八部开挖方案地表沉降槽随开挖步骤变化图

对比五台阶十五部开挖导致的位移情况看，四台阶八部在开挖到第四台阶高程时（实际为第八部）隆起位移较五台阶十五部大；但当施筑完三衬时，沉降位移又较五台阶十五部方案大。这是由于五台阶十五部为对称开挖，存在较强的土拱效应，无论是卸载还是加载路径下，土体位移受土拱效应的作用而使其变化的程度较四台阶八部的小。这是五台阶十五部方案在土体位移方面的优势。

四台阶八部开挖方案的管幕变形总位移云图见图 2-15。该方案管幕群整体位移模式与五台阶十五部开挖方案类似。管幕群的偶数编号顶管变形严重，其拱底位置附近顶管的位移最大，在左侧拱腰位置附近的顶管位移最小。与五台阶十五部开挖方案不同的是，四台阶八部开挖方案为非对称开挖，导致管幕群位移在初始几步开挖过程中呈现较为显著的非对称分布，具体可见图 2-15 中第 1 块~第 4 块开挖过程对应的管幕位移情况。因此，在四台阶八部开挖方案中，需要特别注意开挖步对应该开挖块附近管幕的受力性态，加强监测，以防止产生由于不对称开挖导致管幕变形剧烈而影响到管幕冻土圈整体效果的情况。

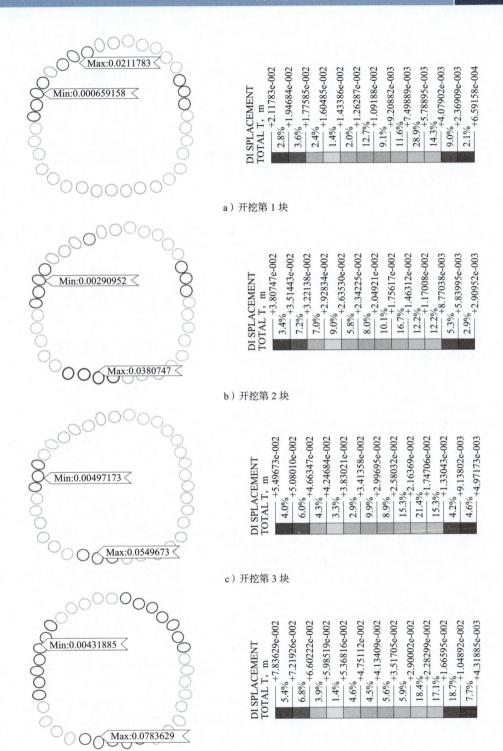

a）开挖第 1 块

b）开挖第 2 块

c）开挖第 3 块

d）开挖第 4 块

图 2-15

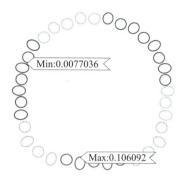
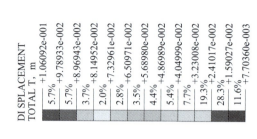

e）开挖第 5 块

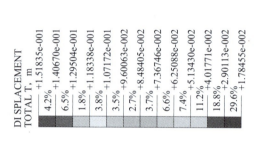

f）开挖第 6 块

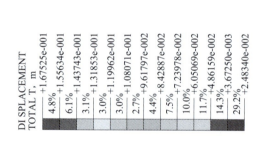

g）开挖第 7 块

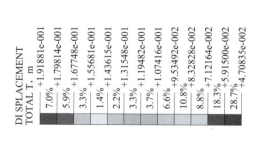

h）开挖第 8 块

图 2-15

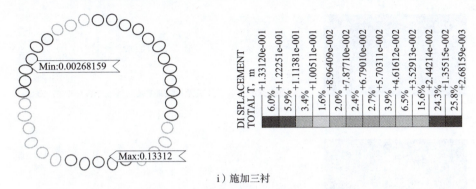

i）施加三衬

图 2-15　四台阶八部开挖方案管幕总位移云图

2.2.3　五台阶十部开挖 A 方案数值模拟结果

图 2-16 为该方案每一开挖步对应的地层位移云图，图 2-17 和图 2-18 分别为对应的地层竖向位移云图和水平位移云图。

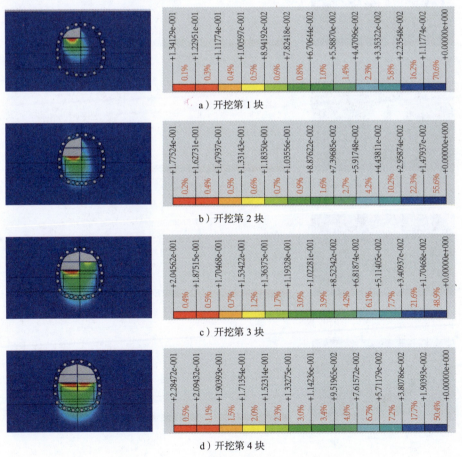

a）开挖第 1 块

b）开挖第 2 块

c）开挖第 3 块

d）开挖第 4 块

图 2-16

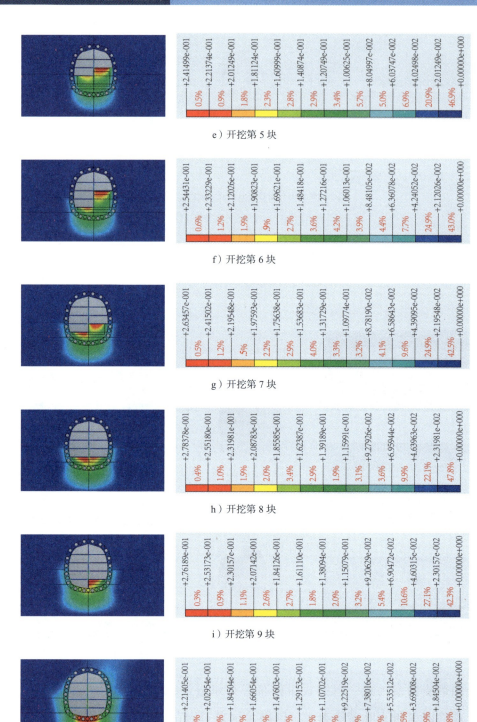

图 2-16

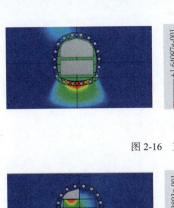

k）拆除临时支撑施加三衬

图 2-16　五台阶十部开挖 A 方案地层位移云图

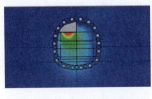

a）开挖第 1 块

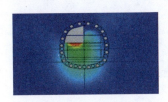

b）开挖第 2 块

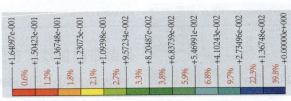

c）开挖第 3 块

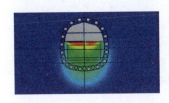
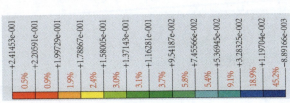

d）开挖第 4 块

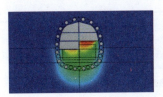

e）开挖第 5 块

图　2-17

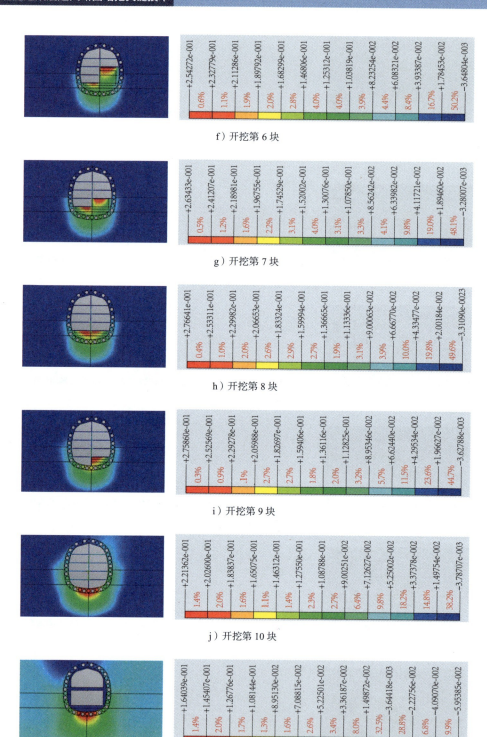

f）开挖第 6 块

g）开挖第 7 块

h）开挖第 8 块

i）开挖第 9 块

j）开挖第 10 块

k）拆除临时支撑施加三衬

图 2-17　五台阶十部开挖 A 方案地层竖向位移云图

浅埋超大断面暗挖法隧道开挖方案比选分析 第 2 章

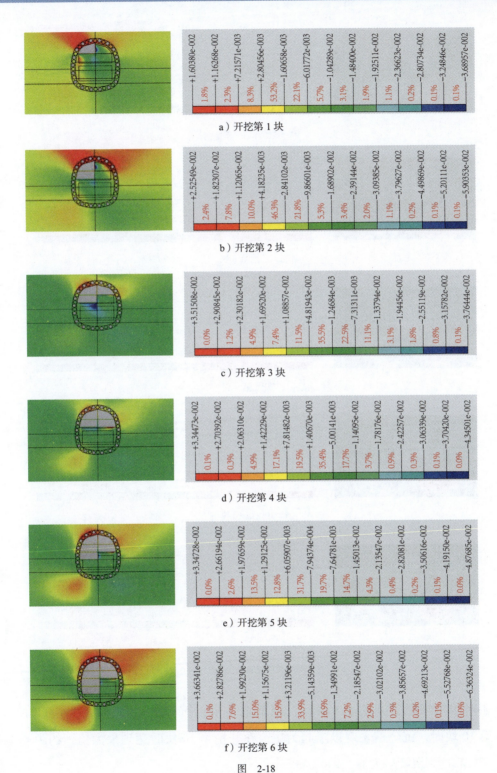

a）开挖第 1 块

b）开挖第 2 块

c）开挖第 3 块

d）开挖第 4 块

e）开挖第 5 块

f）开挖第 6 块

图 2-18

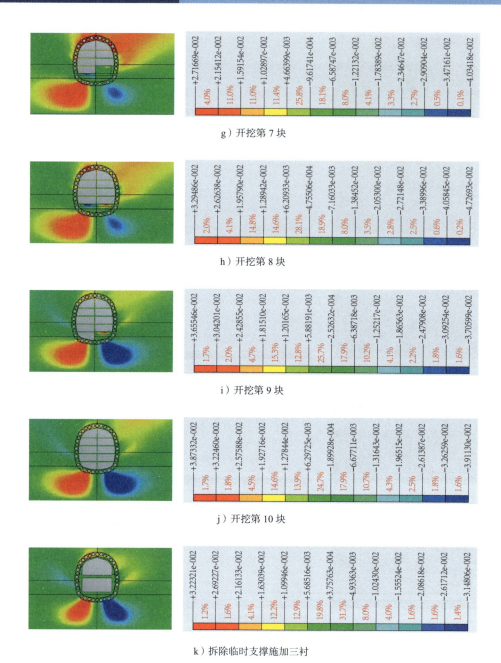

图 2-18 五台阶十部开挖 A 方案地层水平位移云图

如图 2-19 所示,开挖前 5 块时,沉降槽表现以沉降为主,逐步减少;开挖第 6 块~第 10 块时,沉降槽表现以隆起为主,在开挖第 10 块时达到最大值,约为 4.0cm;施加三衬后达到沉降最大值,约为 4.0cm。

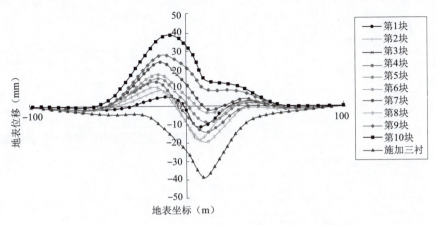

图 2-19　五台阶十部开挖 A 方案地表沉降槽随开挖步骤变化图

图 2-20 为五台阶十部开挖 A 方案管幕总位移云图。由图 2-20 可知，该方案采用非对称开挖，先开挖的是左侧土体，因而左侧顶部管幕产生了明显的竖向位移。因开挖过程中土体的卸载，拱底土体有向上隆起的趋势，底部管幕对称向上位移，左侧管幕背离中心位移，隧道总体呈现横鸭蛋形状。当开挖进行到右侧土体时，右侧顶部的管幕向下位移，顶部管幕呈现非对称竖向位移状态，右侧的位移要明显小于左侧管幕的竖向位移，一方面是因为开挖过程中左侧管幕位移的累积，另一方面预示着管幕压力拱逐渐形成。随着右侧土体的开挖，管幕群内力发生重分布，因而左右的不对称逐渐减小。当施工进行到第 10 块时，管幕位移趋于对称，管幕群呈现出上部下沉、下部隆起、两侧扩张的形态。但可以看到五台阶十部开挖 A 方案与四台阶八部开挖方案的管幕群变化规律类似，只是在量值上有一定差异。五台阶十部开挖 A 方案对应管幕群位移要略小于四台阶八部开挖方案的管幕位移。

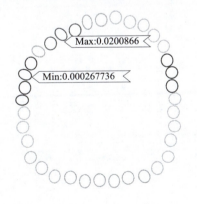
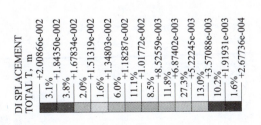

a）开挖第 1 块

图　2-20

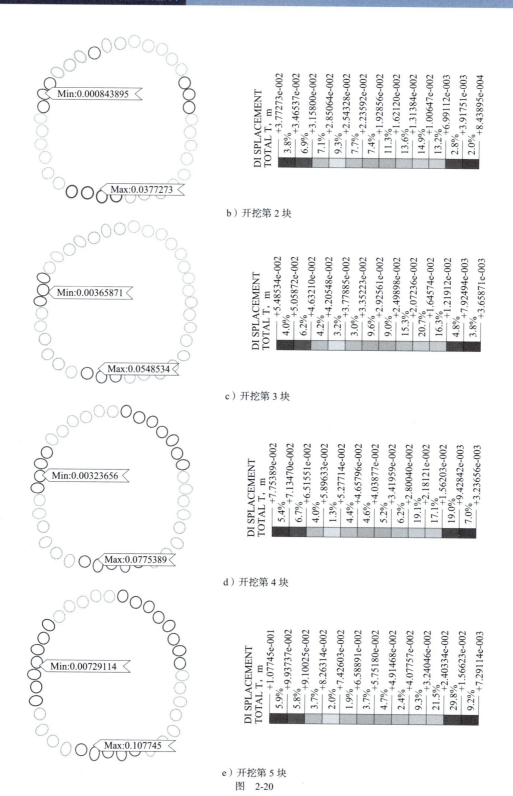

b) 开挖第 2 块

c) 开挖第 3 块

d) 开挖第 4 块

e) 开挖第 5 块
图 2-20

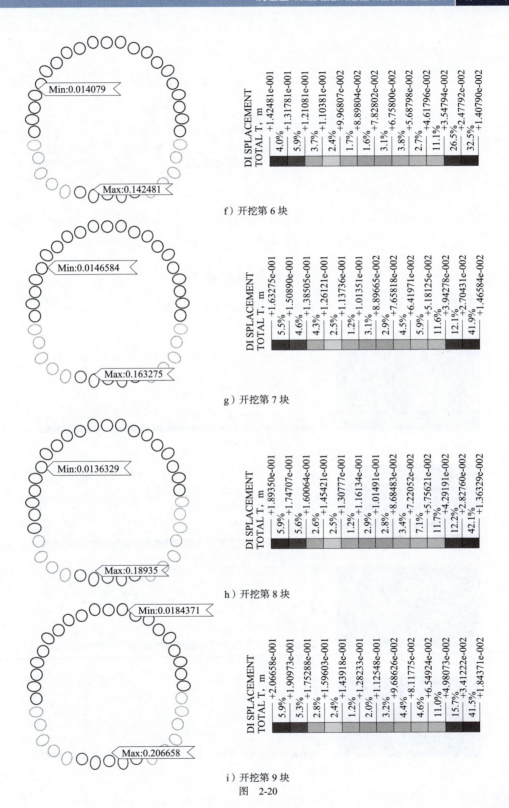

f）开挖第 6 块

g）开挖第 7 块

h）开挖第 8 块

i）开挖第 9 块

图 2-20

j）开挖第 10 块

图 2-20　五台阶十部开挖 A 方案管幕总位移云图

2.2.4　五台阶十部开挖 B 方案数值模拟结果

图 2-21 为该方案每一开挖步对应的地层位移云图，图 2-22 和图 2-23 分别为对应的地层竖向位移云图和水平位移云图。

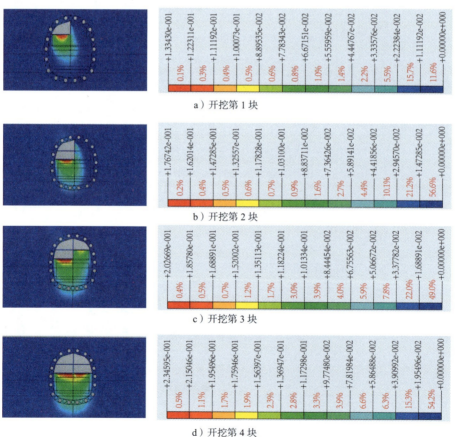

a）开挖第 1 块

b）开挖第 2 块

c）开挖第 3 块

d）开挖第 4 块

图 2-21

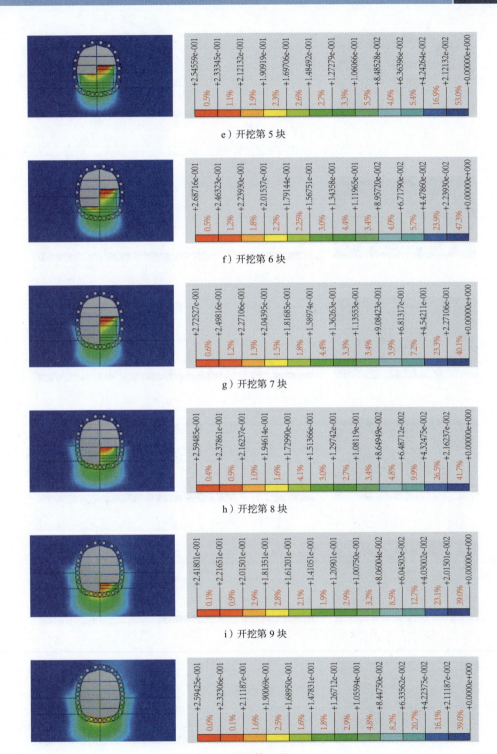

e）开挖第 5 块

f）开挖第 6 块

g）开挖第 7 块

h）开挖第 8 块

i）开挖第 9 块

j）开挖第 10 块

图 2-21

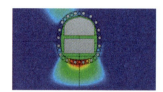 

k）拆除临时支撑施加三衬

图 2-21　五台阶十部开挖 B 方案地层位移云图

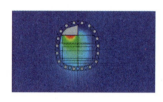 

a）开挖第 1 块

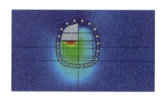 

b）开挖第 2 块

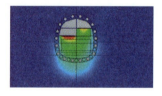 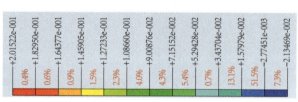

c）开挖第 3 块

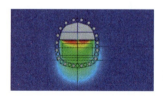 

d）开挖第 4 块

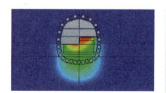 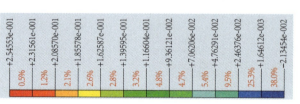

e）开挖第 5 块

图 2-22

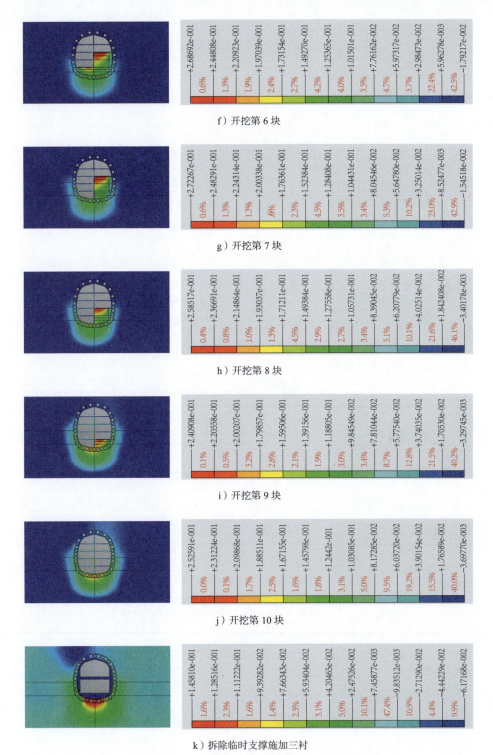

图 2-22 五台阶十部开挖 B 方案地层竖向位移云图

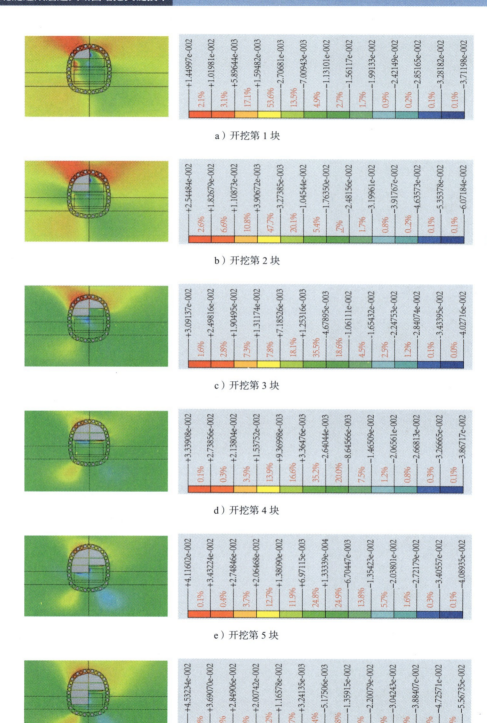

a）开挖第 1 块

b）开挖第 2 块

c）开挖第 3 块

d）开挖第 4 块

e）开挖第 5 块

f）开挖第 6 块

图 2-23

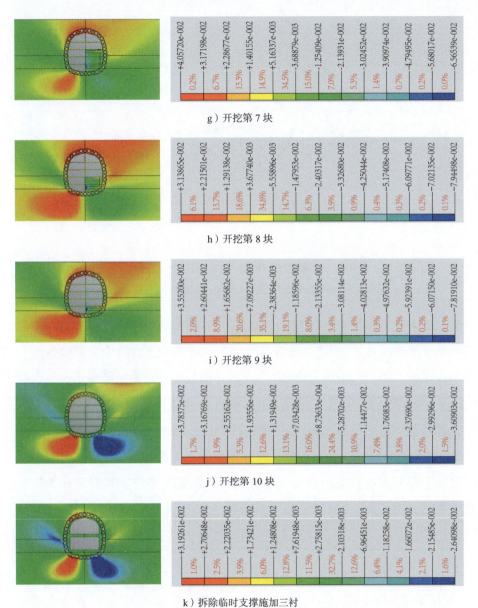

图 2-23 五台阶十部开挖 B 方案地层水平位移云图

如图 2-24 所示，开挖前 6 块时，沉降槽沿隧道横断面方向非对称分布，整体以沉降为主，但逐步减少，隆起量逐步增加。当开挖第 7 块～第 10 块时，沉降槽以整体隆起为主，在开挖第 10 块时，隆起达到最大值，约为 4.5cm。施加三衬后出现沉降最大值，约为 4.0cm。对比五台阶十部开挖 A、B 方案，地表沉降差异不大，此处 B 方案基本与 A 方案相近。

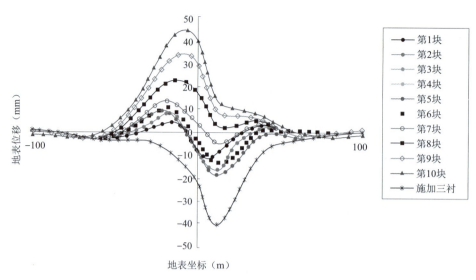

图 2-24 五台阶十部开挖 B 方案地表沉降槽随开挖步骤变化图

对比上述 4 个开挖方案，在开挖到最后一个台阶高程（实际开挖第 10 块）时，采用五台阶十部开挖（A、B）方案产生的隆起位移（4cm）介于五台阶十五部的 3cm 与四台阶八部的 5cm 之间。当三衬施筑完成之后，4 种方案最终均产生沉降变形，五台阶十部开挖（A、B）方案的沉降量最大，达到 4cm，四台阶八部开挖方案的次之，为 3.5cm，五台阶十五部开挖方案的最小，为 3cm。但总体而言，上述各方案的地层位移差异不大，从同一个计算模型、同一套计算参数比较，差异值在 1cm 以内。

五台阶十部开挖 B 方案的管幕变形总位移云图见图 2-25。其变形规律与五台阶十部开挖 A 方案基本一致。

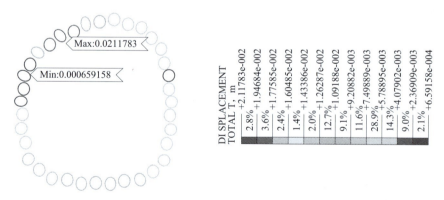

a）开挖第 1 块

图 2-25

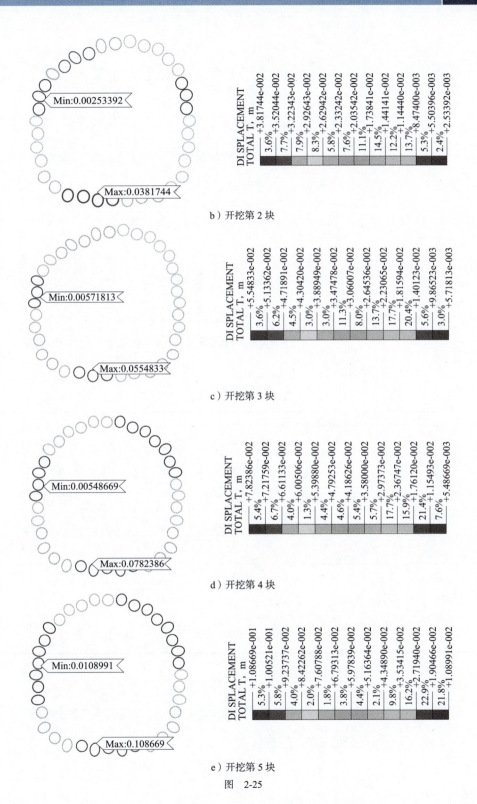

b) 开挖第 2 块

c) 开挖第 3 块

d) 开挖第 4 块

e) 开挖第 5 块

图 2-25

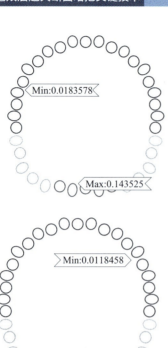
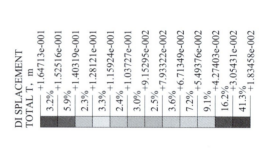

f）开挖第6块

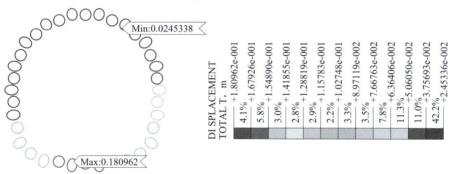

g）开挖第7块

h）开挖第8块

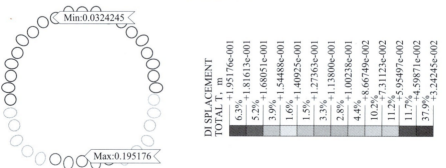

i）开挖第9块

图 2-25

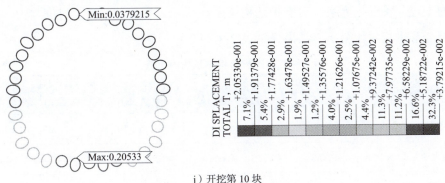

j）开挖第 10 块

图 2-25　五台阶十部开挖 B 方案管幕总位移

2.2.5　不同开挖方案数值模拟结果对比分析

根据各个方案的开挖顺序和支护类型进行精细化数值模拟，提取结构位移和内力结果进行对比分析。

对比 4 种开挖方案对应的最终沉降槽（图 2-26），可以看出，五台阶十五部开挖方案由于对称开挖，沉降槽呈对称分布，而五台阶十部与四台阶八部开挖方案均呈现出较为明显的非对称成槽特性。同时，比较得知，五台阶十五部开挖方案沉降量最小，五台阶十部开挖 A 方案沉降量最大，两者差值在 2cm 以内。

对比 4 种开挖方案在完成开挖支护之后的管幕总位移云图可知，若采用五台阶十五部开挖方案，管幕在施工过程中，拱顶部位的位移量显著小于拱底位置；管幕群最大位移发生在拱底位置，最小位移发生在左侧腰部。四台阶八部开挖方案管幕群整体位移模式与五台阶十五部开挖方案类似。与五台阶十五部开挖方案不同的是，四台阶八部开挖方案为非对称开挖，导致管幕群位移在初始开挖过程中呈现较为显著的非对称分布。五台阶十部开挖工况与四台阶八部开挖工况管幕群位移变化规律类似，只是在量值上有一定差异。五台阶十部开挖工况对应管幕群位移要略小于四台阶八部开挖工况的位移。

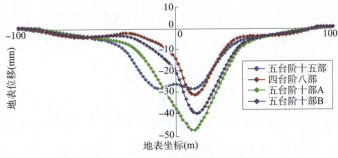

图 2-26　4 种开挖方案最终沉降槽对比

针对上述 4 种开挖方案，对支护结构体系在每一方案条件下最大衬砌内力、支撑内力、支撑变形进行对比分析，结果详见表 2-8。

4 种方案支护结构体系极值比较　　　　表 2-8

支护结构体系内力	五台阶十五部	四台阶八部（比方案 1 增加）	五台阶十部 A（比方案 1 增加）	五台阶十部 B（比方案 1 增加）
衬砌最大弯矩（kN·m）	182.2	659.6（262%）	532.5（192%）	617.6（239%）
衬砌最大轴力（kN）	−968.3	−1438（48.5%）	−1068.2（10.3%）	−1437.1（48.4%）
临时支撑轴力（kN）	−515.3	−1011.4（96%）	−530.4（2.9%）	−858.1（66.5%）

综上所述，不同开挖方案条件下，隧道的变形和受力特性如下：

（1）地层位移

采用五台阶十五部开挖方案时，开挖过程中地表隆起最大值为 3cm，由于三衬自重应力作用，最终地表产生沉降，最大值为 3cm；采用四台阶八部开挖方案时，开挖过程中地表隆起最大值为 5cm，由于三衬自重应力作用，最终导致最大沉降为 3.5cm；采用五台阶十部开挖（A、B）方案时，开挖过程中地表隆起最大值为 4cm，最终沉降为 4~4.5cm。

（2）临时支撑最大轴力

五台阶十五部开挖方案（方案 1）时，轴力最大值为 −515.3kN；四台阶八部开挖方案时，轴力最大值为 −1011.4kN（比方案 1 增加 96%）；五台阶十部开挖 A 方案时，最大轴力为 −530.4kN（比方案 1 增加 2.9%）；五台阶十部开挖 B 方案时，最大轴力为 −858.1kN（比方案 1 增加 66.5%）。

（3）衬砌最大轴力

五台阶十五部开挖方案时，衬砌最大轴力为 −968.3kN；四台阶八部开挖方案时，衬砌最大轴力为 −1438kN（比方案 1 增加 48.5%）；五台阶十部开挖 A 方案时，衬砌最大轴力为 −1068.2kN（比方案 1 增加 10.3%）；五台阶十部开挖 B 方案时，衬砌最大轴力为 −1437.1（比方案 1 增加 48.4%）。

（4）衬砌最大弯矩

五台阶十五部开挖方案时，最大弯矩为 182.2kN·m；四台阶八部开挖方案时，最大弯矩为 659kN·m（比方案 1 增加 262%）；五台阶十部开挖 A 方案时，最大弯矩为

532.5kN·m（比方案 1 增加 192%）；五台阶十部开挖 B 方案时，最大弯矩为 617.6kN·m（比方案 1 增加 239.9%）。

（5）衬砌支护结构最大变形

五台阶十五部开挖方案时，最大变形值为 206mm；四台阶八部开挖方案时，最大变形值为 191.5mm（比方案 1 减少 7.0%）；五台阶十部开挖 A 方案时，最大变形值为 216.6mm（比方案 1 增加 5.1%）；五台阶十部开挖 B 方案时，最大变形值为 204.9mm（比方案 1 减少 0.5%）。对比 4 种开挖方式，其衬砌支护结构最大变形基本保持一致。

（6）临时支撑支护结构最大变形

五台阶十五部开挖方案时，最大变形值为 259mm；四台阶八部开挖方案时，最大变形值为 259.6mm（比方案 1 增加 0.2%）；五台阶十部开挖 A 方案时，最大变形值为 229mm（比方案 1 减少 11.6%）；五台阶十部开挖 B 方案时，最大变形值为 253.4mm（比方案 1 增加 2.2%）。对比 4 种开挖方式，其临时支撑支护结构最大变形基本保持一致。

（7）管幕结构最大变形

五台阶十五部开挖方案时，最大变形值为 206.6mm；四台阶八部开挖方案时，最大变形值为 191.9mm（比方案 1 减少 7.1%）；五台阶十部开挖 A 方案时，最大变形值为 216.4mm（比方案 1 增加 4.7%）；五台阶十部开挖 B 方案时，最大变形值为 205.3mm（比方案 1 减少 0.6%）。对比 4 种开挖方式，其管幕结构最大变形基本保持一致。

2.3 ABAQUS 数值模拟计算

对 4 种不同开挖方案采用相同的问题域进行模拟，模型宽 250m、深度 50m，基本可忽略边界效应对计算结果的影响。图 2-27 ~ 图 2-30 分别为 4 种开挖方案对应的数值分析模型网格图。4 种方案数值模型的土体和支护结构的参数选取及管幕模拟方法均一致，土体参数和支护结构参数如表 2-9 和表 2-10 所示。分部开挖时，待开挖土体的模量按折减 60% 计，以模拟开挖的施工效应以及施工扰动带来的影响。

图 2-27　五台阶十五部开挖方案数值分析模型网格图

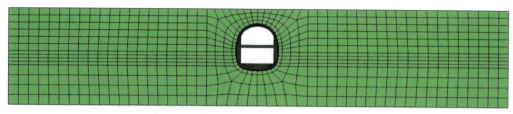

图 2-28　四台阶八部开挖方案数值分析模型网格图

图 2-29　五台阶十部开挖 A 方案数值分析模型网格图

图 2-30　五台阶十部开挖 B 方案数值分析模型网格图

土 体 参 数 表　　　　　　　　　　表 2-9

类 型		材料模型	模型参数
地层	地层 1	摩尔库伦模型	$\rho=1.8\text{g/cm}^3$，$E=15\text{MPa}$，$\varphi=5°$，$c=10\text{kPa}$
	地层 2	摩尔库伦模型	$\rho=2.0\text{g/cm}^3$，$E=30\text{MPa}$，$\varphi=27°$，$c=0.1\text{kPa}$
	地层 3	摩尔库伦模型	$\rho=1.8\text{g/cm}^3$，$E=20\text{MPa}$，$\varphi=20°$，$c=17\text{kPa}$
管幕		弹性模型	$\rho=2.5\text{g/cm}^3$，$E=200\text{MPa}$

支护结构参数表　　　　　　　　　　表 2-10

类 型		材料模型	模型参数
支护	初期支护	弹性模型	$\rho=2.5\text{g/cm}^3$，$E=38.33\text{GPa}$
	二次衬砌	弹性模型	$\rho=2.5\text{g/cm}^3$，$E=39.83\text{GPa}$
	三次衬砌	弹性模型	$\rho=2.5\text{g/cm}^3$，$E=33.50\text{GPa}$
	临时支撑	弹性模型	$\rho=7.8\text{g/cm}^3$，$E=210\text{GPa}$

2.3.1 五台阶十五部开挖方案数值模拟结果

图 2-31 为该方案每一开挖步对应的地层位移云图，图 2-32 和图 2-33 分别为对应的地层竖向位移云图和水平位移云图。

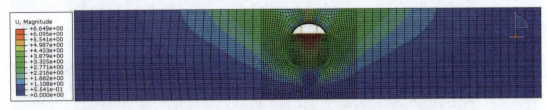

a）开挖第 1 台阶

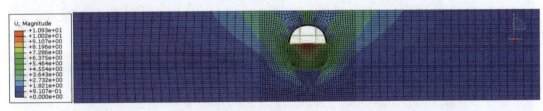

b）开挖第 2 台阶

c）开挖第 3 台阶

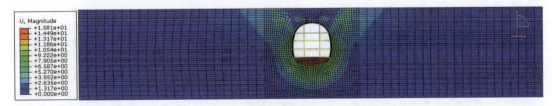

d）开挖第 4 台阶

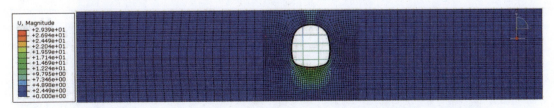

e）开挖第 5 台阶

图 2-31

f）拆临时支撑施加三衬

图2-31　五台阶十五部开挖方案地层位移云图

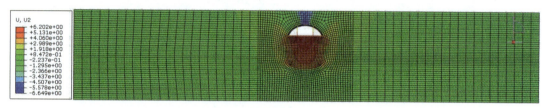

a）开挖第1台阶

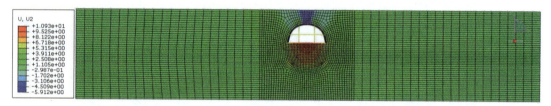

b）开挖第2台阶

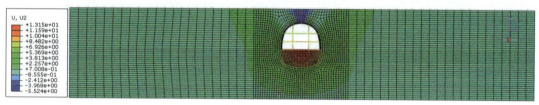

c）开挖第3台阶

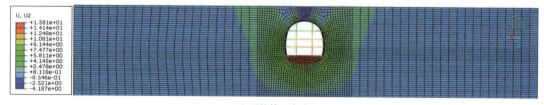

d）开挖第4台阶

e）开挖第5台阶

图　2-32

f）拆除临时支撑施加三衬

图 2-32　五台阶十五部开挖方案地层竖向位移云图

a）开挖第 1 台阶

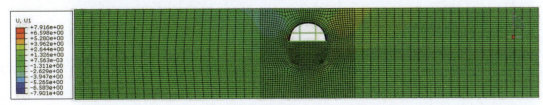

b）开挖第 2 台阶

c）开挖第 3 台阶

d）开挖第 4 台阶

e）开挖第 5 台阶

图　2-33

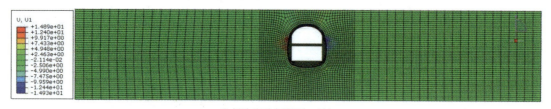

f）拆除临时支撑施加三衬

图 2-33　五台阶十五部开挖方案地层水平位移云图

如图 2-34 所示，开挖导致最终沉降为 7cm 左右。施工过程中，由于没有竖撑直接作用，隧道中心线为地表沉降最大点。距中心线 20m 处，地表存在一定的隆起，其中第 4 台阶隆起最大，达到 2cm。

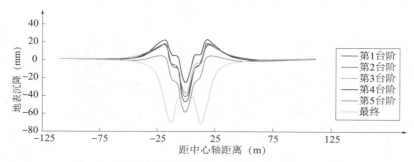

图 2-34　五台阶十五部开挖方案地表沉降槽随开挖步骤变化图

2.3.2　四台阶八部开挖方案数值模拟结果

图 2-35 为该方案每一开挖步对应的地层位移云图，图 2-36 和图 2-37 分别为对应的地层竖向位移云图和水平位移云图。

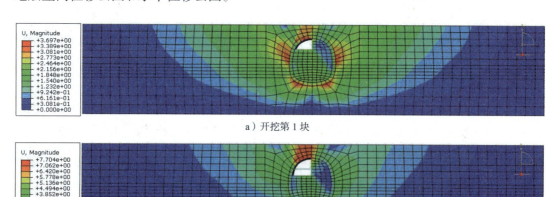

a）开挖第 1 块

b）开挖第 2 块

图 2-35

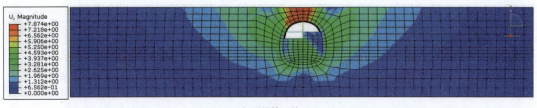

c）开挖第 3 块

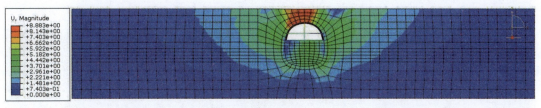

d）开挖第 4 块

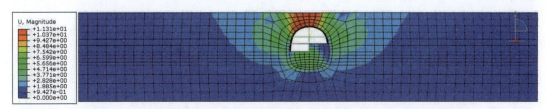

e）开挖第 5 块

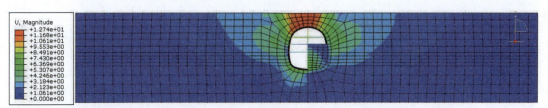

f）开挖第 6 块

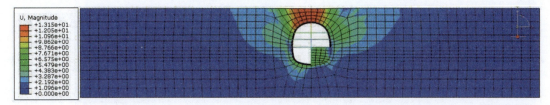

g）开挖第 7 块

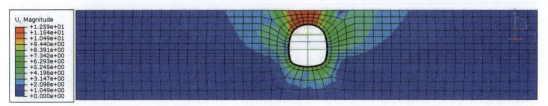

h）开挖第 8 块

图 2-35

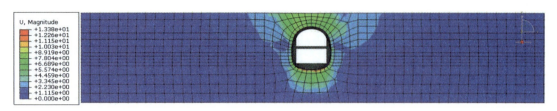

i）拆除临时支撑施加三衬

图 2-35　四台阶八部开挖方案地层位移云图

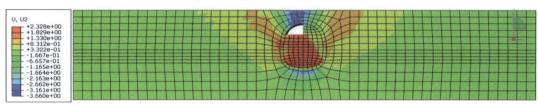

a）开挖第 1 块

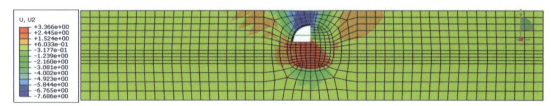

b）开挖第 2 块

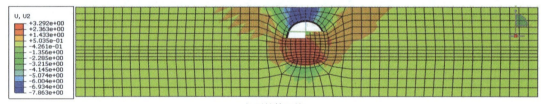

c）开挖第 3 块

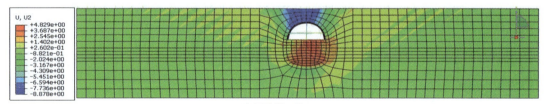

d）开挖第 4 块

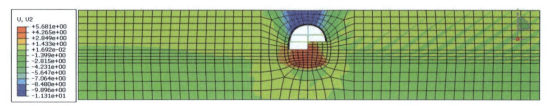

e）开挖第 5 块

图　2-36

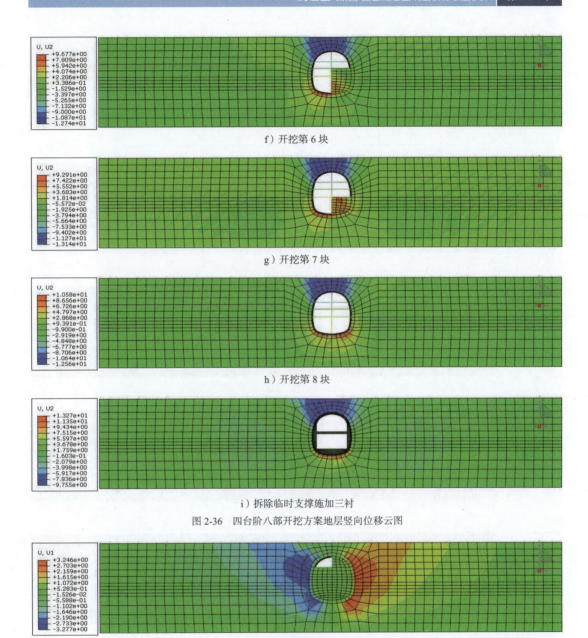

f）开挖第 6 块

g）开挖第 7 块

h）开挖第 8 块

i）拆除临时支撑施加三衬

图 2-36 四台阶八部开挖方案地层竖向位移云图

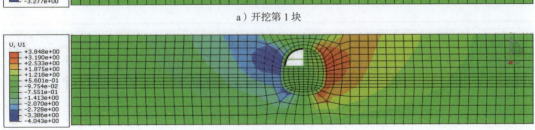

a）开挖第 1 块

b）开挖第 2 块

图 2-37

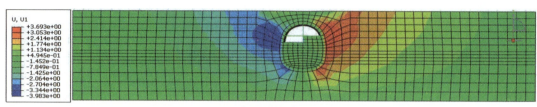

c）开挖第 3 块

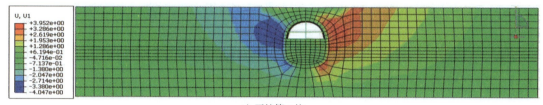

d）开挖第 4 块

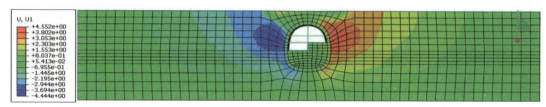

e）开挖第 5 块

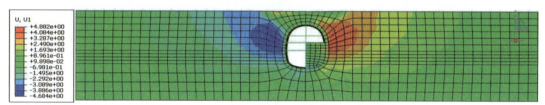

f）开挖第 6 块

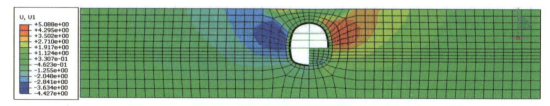

g）开挖第 7 块

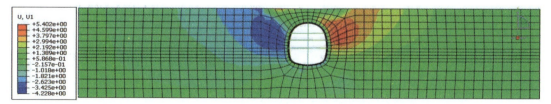

h）开挖第 8 块

图 2-37

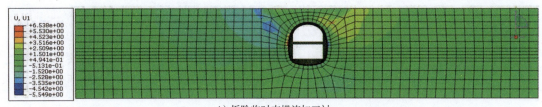

i）拆除临时支撑施加三衬

图 2-37　四台阶八部开挖方案地层水平位移云图

如图 2-38 所示，开挖导致最终沉降为 13cm 左右。施工过程中，隧道中心线为地表沉降最大点，地表均未出现较大隆起。随隧道逐步开挖，地表沉降逐渐增加。由于隧道采用不对称开挖，地表的变形并不以中心轴完全对称。其中，第 2 块和第 5 块开挖引起的地表变形最大。

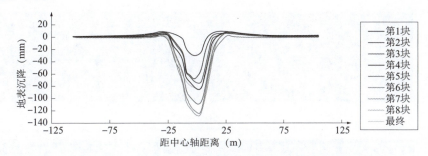

图 2-38　四台阶八部开挖方案地表沉降槽随开挖步骤变化

2.3.3　五台阶十部开挖 A 方案数值模拟结果

图 2-39 为该方案每一开挖步对应的地层位移云图，图 2-40 和图 2-41 分别为对应的地层竖向位移云图和水平位移云图。

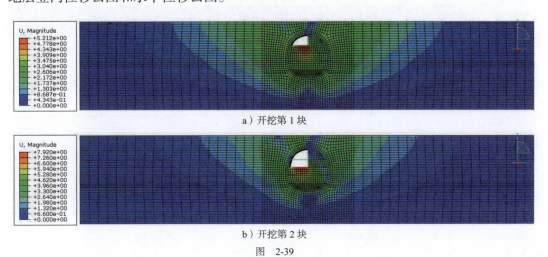

a）开挖第 1 块

b）开挖第 2 块

图　2-39

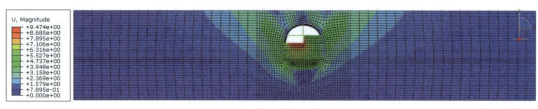

c）开挖第 3 块

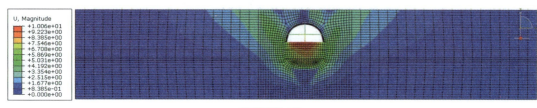

d）开挖第 4 块

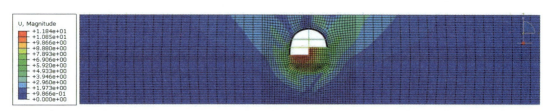

e）开挖第 5 块

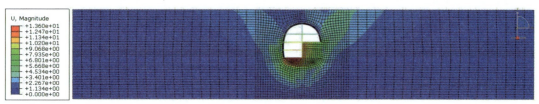

f）开挖第 6 块

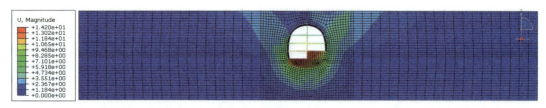

g）开挖第 7 块

h）开挖第 8 块

图 2-39

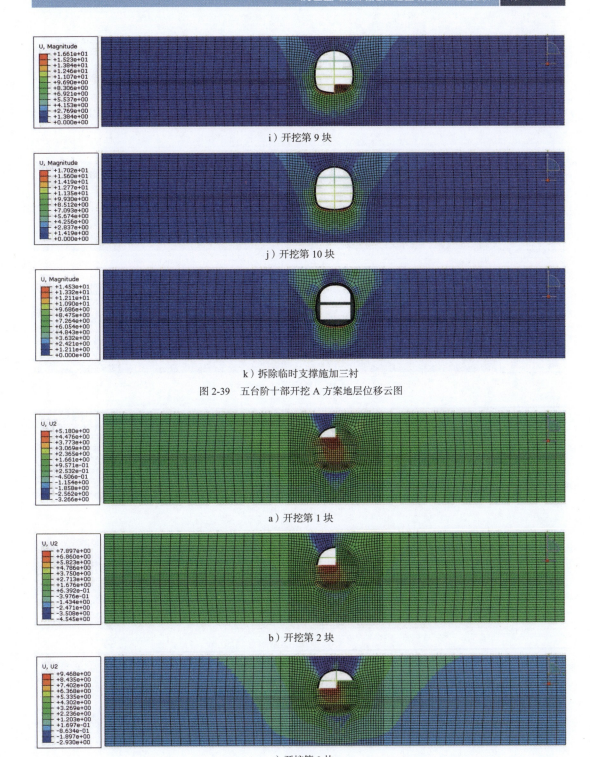

i）开挖第 9 块

j）开挖第 10 块

k）拆除临时支撑施加三衬

图 2-39　五台阶十部开挖 A 方案地层位移云图

a）开挖第 1 块

b）开挖第 2 块

c）开挖第 3 块

图　2-40

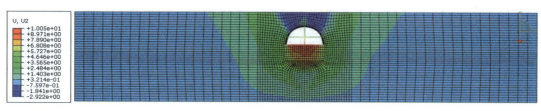

d）开挖第 4 块

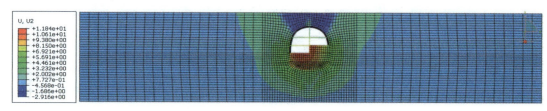

e）开挖第 5 块

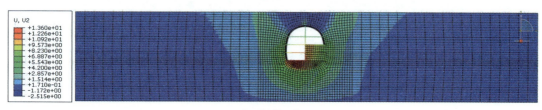

f）开挖第 6 块

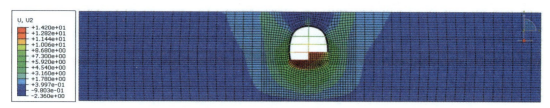

g）开挖第 7 块

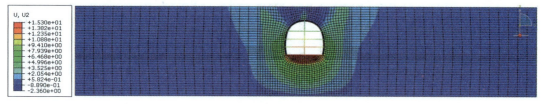

h）开挖第 8 块

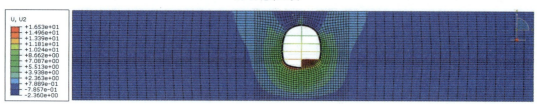

i）开挖第 9 块

图 2-40

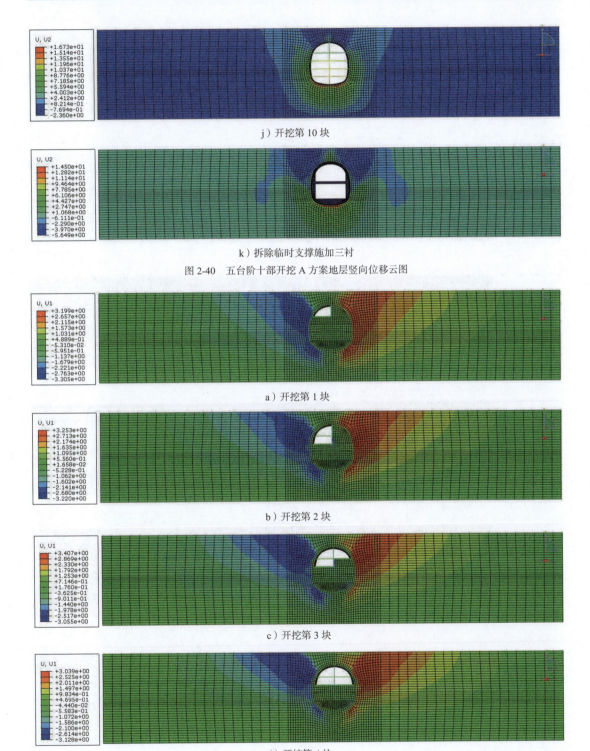

j）开挖第 10 块

k）拆除临时支撑施加三衬

图 2-40　五台阶十部开挖 A 方案地层竖向位移云图

a）开挖第 1 块

b）开挖第 2 块

c）开挖第 3 块

d）开挖第 4 块

图 2-41

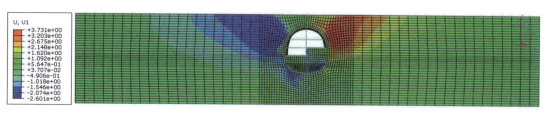

e）开挖第 5 块

f）开挖第 6 块

g）开挖第 7 块

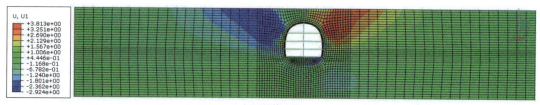

h）开挖第 8 块

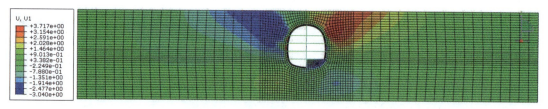

i）开挖第 9 块

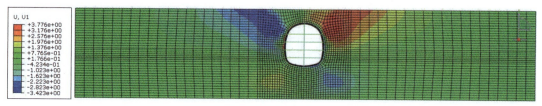

j）开挖第 10 块

图 2-41

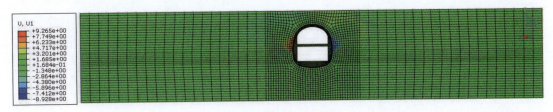

k）拆除临时支撑施加三衬

图 2-41　五台阶十部开挖 A 方案地层水平位移云图

如图 2-42 所示，开挖导致最终沉降为 5cm 左右。施工过程中，距隧道中心线处 20m 左右，地表出现较大隆起，达到 2cm 左右。第 2 块土体开挖产生了较大的地表沉降。随隧道逐步开挖，地表沉降逐渐减小。由于隧道采用不对称开挖，地表的变形并不以中心轴完全对称。

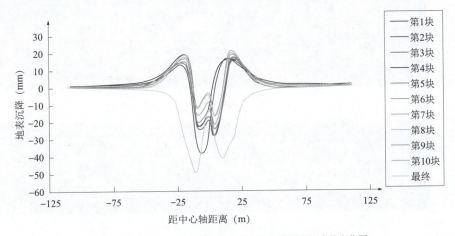

图 2-42　五台阶十部开挖 A 方案地表沉降槽随开挖步骤变化图

2.3.4　五台阶十部开挖 B 方案数值模拟结果

图 2-43 为该方案每一开挖步对应的地层位移云图，图 2-44 和图 2-45 分别为对应的地层竖向位移云图和水平位移云图。

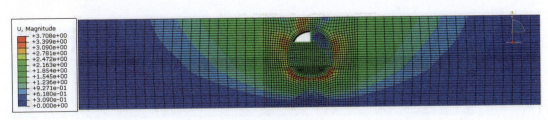

a）开挖第 1 块

图　2-43

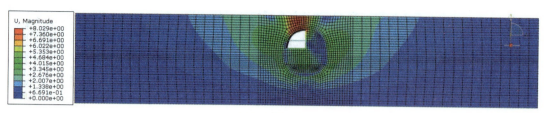

b）开挖第 2 块

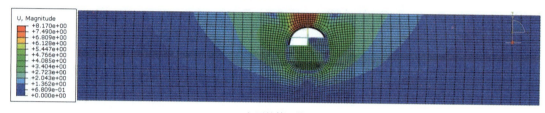

c）开挖第 3 块

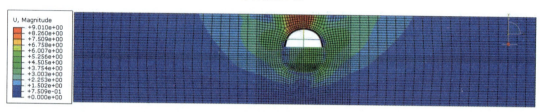

d）开挖第 4 块

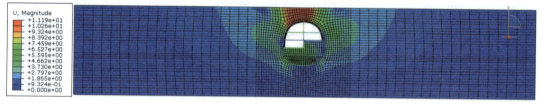

e）开挖第 5 块

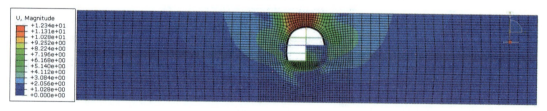

f）开挖第 6 块

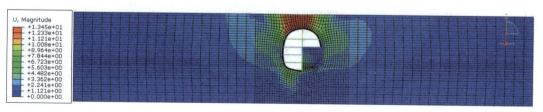

g）开挖第 7 块

图 2-43

h）开挖第 8 块

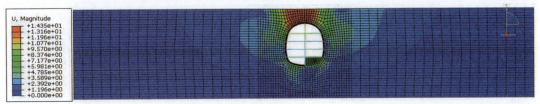

i）开挖第 9 块

j）开挖第 10 块

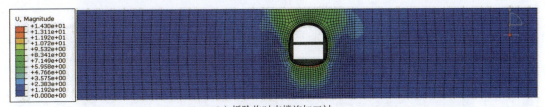

k）拆除临时支撑施加三衬

图 2-43　五台阶十部开挖 B 方案地层位移云图

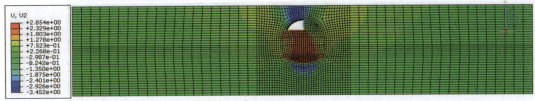

a）开挖第 1 块

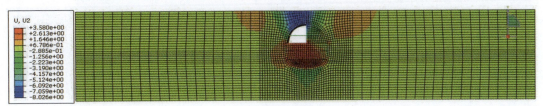

b）开挖第 2 块

图 2-44

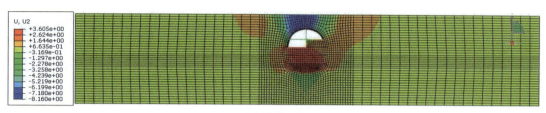

c）开挖第 3 块

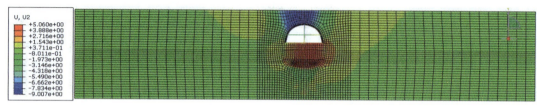

d）开挖第 4 块

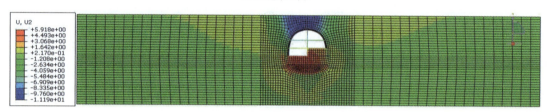

e）开挖第 5 块

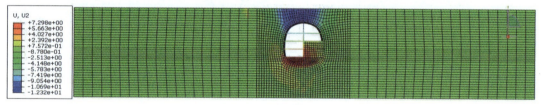

f）开挖第 6 块

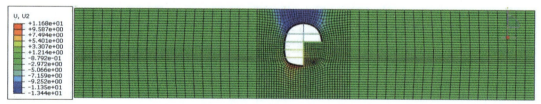

g）开挖第 7 块

h）开挖第 8 块

图 2-44

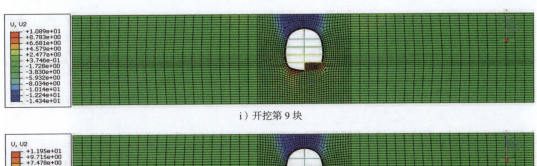

i）开挖第 9 块

j）开挖第 10 块

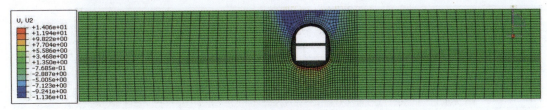

k）拆除临时支撑施加三衬

图 2-44　五台阶十部开挖 B 方案地层竖向位移云图

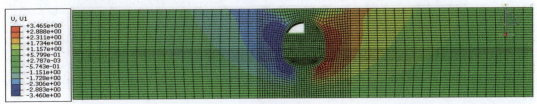

a）开挖第 1 块

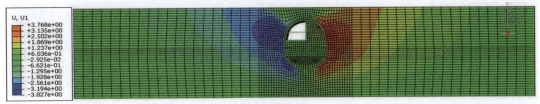

b）开挖第 2 块

c）开挖第 3 块

图　2-45

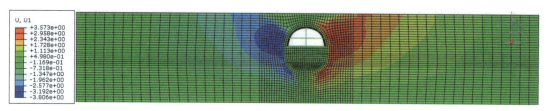

d）开挖第 4 块

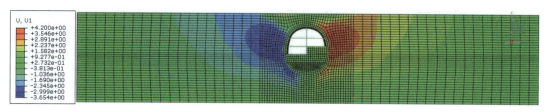

e）开挖第 5 块

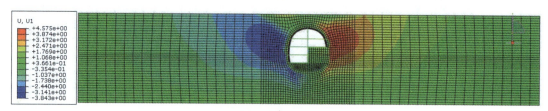

f）开挖第 6 块

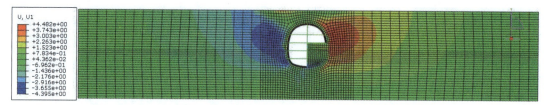

g）开挖第 7 块

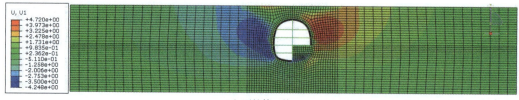

h）开挖第 8 块

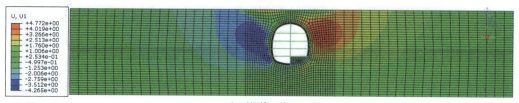

i）开挖第 9 块

图 2-45

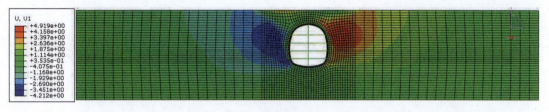

j）开挖第 10 块

k）拆除临时支撑施加三衬

图 2-45　五台阶十部开挖 B 方案地层水平位移云图

如图 2-46 所示，开挖导致最终沉降为 10cm 左右。施工过程中，距隧道中心线处 20m 左右，地表出现较大隆起，达到 1cm 左右。第 10 块土体开挖产生了较大的地表沉降。由于隧道采用不对称开挖，地表的变形并不以中心轴完全对称。

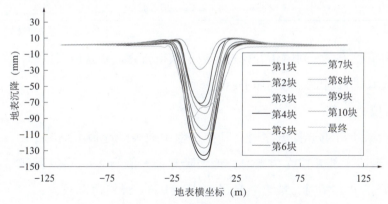

图 2-46　五台阶十部开挖 B 方案地表沉降槽随开挖步骤变化图

2.3.5　不同开挖方案数值模拟结果对比分析

针对各个方案的具体开挖步骤和支护程序进行精细化数值模拟，提取结构位移和内力结果进行对比分析。

图 2-47 为 4 种开挖方案下地表沉降对比情况。可以看到，四台阶八部开挖方案和五台阶十部开挖 B 方案的地表沉降最大值将近 90mm，而五台阶十部开挖 A 方案的沉降最小，为 50mm 左右。五台阶十五部开挖方案的沉降值介于两者之间。

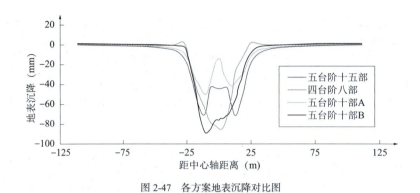

图 2-47　各方案地表沉降对比图

此外，对 4 种开挖方案的支护结构体系在每一方案条件下最大衬砌内力、支撑内力进行对比分析，如表 2-11 所示。

4 种方案支护结构体系受力极值比较　　　表 2-11

支护结构体系内力	五台阶十五部（方案1）	四台阶八部（比方案1增加）	五台阶十部 A（比方案1增加）	五台阶十部 B（比方案1增加）
衬砌最大弯矩（kN·m）	1032	2541（146%）	1438（39%）	1919（86%）
衬砌最大轴力（kN）	1949	5836（199%）	2667（37%）	4077（109%）
临时支撑轴力（kN）	1121	2006（79%）	2156（92%）	2416（115%）

针对 4 种开挖方案，对隧道开挖进行数值模拟研究，并就地表位移、支护结构内力和支护结构位移进行对比，得到如下结论：

（1）地表位移

采用五台阶十五部开挖方案时，开挖过程中地表隆起最大值为 2cm，最终沉降为 7cm；采用五台阶十部开挖 A 方案时，地表隆起最大值为 2cm，最终沉降为 5cm；采用五台阶十部开挖 B 方案时，地表隆起最大值为 1cm，最终沉降较大，达到 14cm；采用四台阶八部开挖方案时，地表隆起较小，最终沉降较大，达到 13cm。

（2）支护内力

支护内力从临时支撑最大轴力、衬砌最大轴力、衬砌最大弯矩 3 个方面进行分析。

①临时支撑最大轴力：采用五台阶十五部开挖方案时，临时支撑最大轴力为 1121kN；采用四台阶八部开挖方案时，临时支撑最大轴力为 2006kN；采用五台阶十部开挖 A 方案时，临时支撑最大轴力为 2156kN；采用五台阶十部开挖 B 方案时，临时支撑最大轴力为 2416kN。其中，四台阶八部开挖、五台阶十部开挖时支撑轴力均很大，

但是考虑五台阶十部开挖 A 方案的支护结构采用双拼 H 形型钢，远强于四台阶八部开挖方案的支护结构，因此四台阶八部开挖方案的支护结构更加危险。

②衬砌最大轴力：采用五台阶十五部开挖方案时，衬砌最大轴力为 1949kN；采用四台阶八部开挖方案时，衬砌最大轴力为 5836kN；采用五台阶十部开挖 A 方案时，衬砌最大轴力为 2667kN；采用五台阶十部开挖 B 方案时，衬砌最大轴力为 4077kN。

③衬砌最大弯矩：采用五台阶十五部开挖方案时，衬砌最大弯矩为 1032kN·m；采用四台阶八部开挖方案时，衬砌最大弯矩为 2541kN·m；采用五台阶十部开挖 A 方案时，衬砌最大弯矩为 1438kN·m，采用五台阶十部开挖 B 方案时，衬砌最大弯矩为 1919kN·m。

（3）支护结构位移

采用五台阶十五部开挖方案时，衬砌位移最大值为 14.3cm，位于第 5 台阶开挖时对应衬砌的中部位置；临时支撑位移最大值为 14.3cm，位于第 4 道横撑中部。采用五台阶十部开挖 A 方案时，衬砌位移最大值为 17cm，位于近拱底处；临时支撑位移最大值为 15.4cm，位于开挖第 8 块时所加临时横撑的中间位置。采用五台阶十部开挖 B 方案时，衬砌位移最大值为 14.3cm，位于开挖第 10 块时所加衬砌的中部；临时支撑位移最大值为 14cm，位于竖撑顶端。采用四台阶八部开挖方案时，衬砌位移最大值为 13.4cm，位于近拱底处；临时支撑位移最大值为 12.4cm，出现在竖撑顶部。

对比 4 种开挖方式，五台阶十五部开挖方案和五台阶十部开挖 B 方案的衬砌最大位移均出现在最后一台阶开挖时所加衬砌中部位置，四台阶八部开挖方案和五台阶十部开挖 A 方案的衬砌最大位移均出现在最后一台阶开挖时所加衬砌近拱底处；而临时支撑位移最大值，在四台阶八部开挖方案和五台阶十部开挖 B 方案中均出现在竖撑顶端，在五台阶十五部开挖方案和五台阶十部开挖 A 方案中均出现在各台阶横撑中部。

2.4　数值模拟计算分析结论

由于开挖方案复杂，参数较多，为保证分析的合理性，分别采用了 MIDAS 和 ABAQUS 进行数值模拟研究，综合 2 种数值模型的计算结果得到结论如下：

①由于不同数值模拟手段的差异，采用不同方法得到的计算结果在数值上存在一定的差异，但其所表现的规律具有一致性。

②由于不同开挖方案开挖工序的差异，隧道施工引起的地层位移规律也出现一定的

差异。综合而言，四台阶八部开挖、五台阶十部开挖 B 方案引起的地层位移较大。从支护结构相应的位移计算结果来看，4 种方案的绝对位移值相差不多。

③就隧道结构衬砌受力而言，以五台阶十五部开挖方案为比较目标，采用五台阶十部开挖 A 方案时，衬砌弯矩增加 39%～192%，轴力增加 11%～37%；采用五台阶十部开挖 B 方案时，衬砌弯矩增加 86%～239%，轴力增加 48%～109%；而采用四台阶八部开挖时，衬砌弯矩增加 146%～242%，衬砌轴力增加 42%～199%。

2.5 五台阶十五部开挖方案拆撑工序研究

2.5.1 概述

本节主要针对五台阶十五部开挖方案的拆撑进行分析。针对五台阶十五部开挖方案的 3 种拆撑方案的安全性进行对比分析，然后结合计算结果，提出三衬仰拱施作、中板施作及各层支撑拆除的先后顺序，再提出推荐方案；并针对推荐方案建立三维有限元数值模型，进行详细的施工力学行为研究。五台阶十五部开挖方案设计参数见表 2-12。

五台阶十五部开挖方案设计参数表　　　表 2-12

支护类型		五台阶设计参数
初期支护	钢筋网	A8 钢筋，双层布置，网眼规格 20cm×20cm
	型钢	22b 工字钢，间距 0.40m，与管幕焊接，纵向连接 16 工字钢
	喷射混凝土	C25 喷射混凝土，厚 30cm
	临时支撑	HK400b 型钢，间距 1.2m，竖撑双拼设置，A42 锁脚锚管长度 3.4m，纵向连接方钢 120mm×60mm×6mm
二次衬砌	格栅钢架	格栅钢架横断面高 22cm，宽 20cm，纵向间距 50cm
	混凝土	模筑 C35 混凝土
仰拱填充		C15 混凝土
防水		防水卷材
三次衬砌		60~219cm 厚防腐蚀钢筋混凝土，混凝土等级 C45

拱北隧道开挖面积达 330 多 m^2，结构周长 65m，开挖宽度为 18.7m、高度为 20.8m，断面特大，且隧址区工程地质及水文地质条件较差，周围环境复杂，对地层变形要求严格。结合暗挖段管幕的布置情况，采用五台阶十五部法施工。

五台阶十五部开挖方案设计支护如图 2-48 所示。A 台阶的开挖高度约 5.1m，B 台阶、C 台阶、D 台阶的开挖高度为 3.8m，E 台阶开挖高度约 4m。各台阶宜先同时开挖左、右分区，中部分区的开挖滞后于左、右分区约 5m。各分区开挖后应紧跟施作第 1 层衬砌和相应位置的临时支护结构，待有条件施作第 2 层衬砌结构时应及时施作。

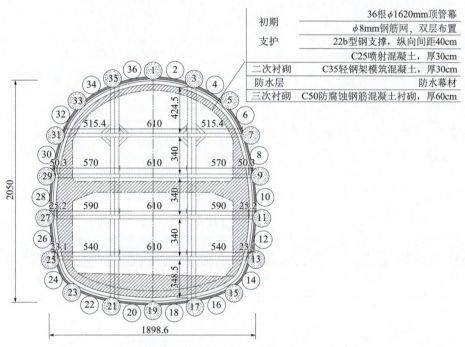

图 2-48　五台阶十五部开挖方案设计支护图（尺寸单位：cm）

2.5.2　计算说明及参数

（1）计算条件

①计算理论：荷载 - 结构模式；

②计算程序：采用 ANSYS 计算程序；

③荷载确定：考虑围岩压力、水压力、结构自重及地面荷载和洞内中板上的车辆荷载；

④由于隧道断面大、埋深浅，围岩竖向压力按全土柱考虑，水平压力按静止土压力考虑；

⑤地面荷载取 30kPa；

⑥围岩及衬砌材料的物理力学指标按现场实测选取；

⑦计算均假定衬砌背后围岩能提供径向弹性反力。

（2）计算参数（表2-13、表2-14）

支护结构材料性能参数　　　　　　　　　　表2-13

支护类型		主要参数
初期支护	钢筋网	ϕ8mm 钢筋，双层布置
	型钢	22b 型钢，间距0.40m
	喷射混凝土	C25 喷射混凝土，厚30cm
	临时支撑	HK400b 型钢两排并撑，间距1.2m
二次衬砌	模筑混凝土	30cm 厚模筑混凝土，混凝土等级C35
仰拱填充	仰拱填充	C15 混凝土
三次衬砌	三衬	60～150cm 厚钢筋混凝土，混凝土等级C45
	中板	100cm 厚防腐蚀钢筋混凝土，混凝土等级C45

围岩参数　　　　　　　　　　表2-14

围岩级别	弹性抗力系数（MPa/m）	泊松比	内摩擦角（°）	黏聚力（MPa）	重度（kN/m³）
Ⅴ级	6.0	0.45	19.8	0.02	18.5

2.5.3　拆撑方案

拱北隧道开挖断面大，临时支护对确保隧道施工过程安全至关重要，拆除临时支撑时必须谨慎。因此需要对临时支护拆除时机进行研究，本节拟对以下3种拆撑方案进行研究（表2-15）。

拆撑方案　　　　　　　　　　表2-15

方案类别	方　案　一	方　案　二	方　案　三
拆撑顺序	拆撑前安全分析	拆撑前安全分析	拆撑前安全分析
	拆第4台阶、第5台阶临时支撑	三衬仰拱施作	三衬仰拱施作
	三衬仰拱施作	拆全部临时支撑	拆下半断面横撑和竖撑
	拆其余临时横撑和竖撑	修下半断面侧墙和中板	修下半断面侧墙和中板
	修下半断面侧墙和中板	修上半断面三次衬砌	拆上半断面横撑和竖撑
	修上半断面三次衬砌	—	修上半断面三次衬砌

2.5.4 计算结果分析

2.5.4.1 拆撑方案一情况下计算结果分析

拆撑方案一各工况计算内容如表 2-16 所示。

方案一各工况计算内容　　　　　　　表 2-16

工　况	各工况计算内容
工况 1	拆撑前安全分析
工况 2	拆第 4 台阶、第 5 台阶临时支撑
工况 3	三衬仰拱施作
工况 4	拆其余临时横撑和竖撑
工况 5	修下半断面侧墙和中板
工况 6	修上半断面三次衬砌

(1) 工况 1：拆撑前安全分析

①拆撑方案一的工况计算模型示意图见图 2-49。

②拆撑方案一的工况 1 结构内力计算结果图见图 2-50，结构受力计算结果见表 2-17。

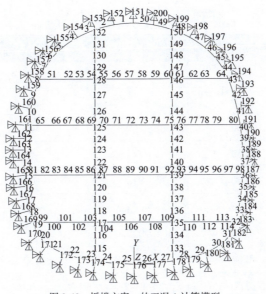

图 2-49　拆撑方案一的工况 1 计算模型

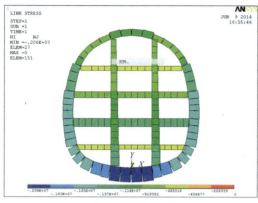
a）轴力图（单位：N）

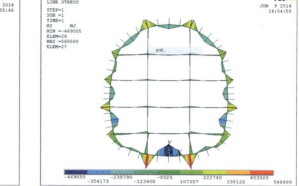
b）弯矩图（单位：N·m）

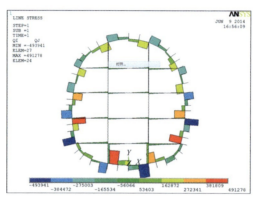
c）剪力图（单位：N）

图 2-50 拆撑方案一的工况 1 结构内力计算结果图

拆撑方案一的工况 1 结构受力计算结果 表 2-17

节　点	衬砌厚度（m）	轴力（kN）	弯矩（kN·m）	剪力（kN）
1	0.60	−934.5	−178.4	−67.9
2	0.60	−973.8	−49.4	−224.9
3	0.60	−769.9	360.2	273.4
4	0.60	−777.9	−59.4	94.1
5	0.60	−818.1	−187.8	−34.1
6	0.60	−871.9	−140.2	−133.5
7	0.60	−935.1	−0.9	−225.5
8	0.60	−1219.8	239.2	259.4
9	0.60	−1242.0	−50.8	43.3

续上表

节 点	衬砌厚度（m）	轴力（kN）	弯矩（kN·m）	剪力（kN）
10	0.60	−1245.2	−109.7	−236.5
11	0.60	−1406.0	266.2	331.0
12	0.60	−1407.0	−107.8	102.5
13	0.60	−1401.1	−200.0	−108.6
14	0.60	−1420.1	−104.6	−375.9
15	0.60	−1408.9	383.4	482.9
16	0.60	−1421.3	−87.9	191.9
17	0.60	−1458.8	−297.0	−111.3
18	0.60	−1519.5	−190.4	−438.1
19	0.60	−1405.1	224.2	77.9
20	0.60	−1489.9	131.8	50.0
21	0.60	−1578.6	70.1	103.4
22	0.60	−1671.8	−97.4	−56.6
23	0.60	−1754.7	−27.1	−378.8
24	0.60	−2051.9	560.0	470.0
25	0.60	−2052.7	−202.5	147.7
26	0.60	−2053.9	−469.6	−173.2
27	0.60	−2055.0	−197.8	−493.9
28	0.60	−1761.3	442.2	355.6
29	0.60	−1679.3	−6.4	83.1
30	0.60	−1589.0	−147.0	−167.6
31	0.60	−1505.9	86.0	−57.1
32	0.60	−1422.5	144.3	−79.0
33	0.60	−1535.4	295.8	438.9
34	0.60	−1472.9	−188.7	114.5
35	0.60	−1436.9	−300.7	−195.3
36	0.60	−1423.2	−90.0	−485.4

续上表

节　点	衬砌厚度（m）	轴力（kN）	弯矩（kN·m）	剪力（kN）
37	0.60	−1438.3	365.1	375.3
38	0.60	−1414.2	−104.8	108.7
39	0.60	−1420.5	−200.0	−101.8
40	0.60	−1422.5	−107.8	−329.2
41	0.60	−1266.4	247.4	239.9
42	0.60	−1262.1	−109.7	−38.5
43	0.60	−1235.5	−50.6	−254.6
44	0.60	−950.4	264.7	232.5
45	0.60	−884.2	−0.7	141.7
46	0.60	−830.7	−140.1	45.9
47	0.60	−790.3	−188.0	−76.7
48	0.60	−779.7	−60.6	−253.0
49	0.60	−979.2	341.6	245.7
50	0.60	−936.2	−51.3	88.7
51	0.40	−632.8	25.3	−5.8
52	0.40	−632.8	20.9	11.0
53	0.40	−632.8	5.0	20.8
54	0.40	−632.8	−19.1	30.1
55	0.40	−636.0	−37.9	−32.2
56	0.40	−636.0	−9.5	−21.9
57	0.40	−636.0	9.2	−10.6
58	0.40	−636.0	14.9	−0.3
59	0.40	−636.0	9.8	10.0
60	0.40	−636.0	−8.1	21.2
61	0.40	−632.6	−53.8	−39.8
62	0.40	−632.6	−18.9	−30.0
63	0.40	−632.6	5.2	−20.7

续上表

节　　点	衬砌厚度（m）	轴力（kN）	弯矩（kN·m）	剪力（kN）
64	0.40	−632.6	21.0	−10.9
65	0.40	−858.0	−18.6	−23.8
66	0.40	−858.0	7.6	−7.1
67	0.40	−858.0	9.8	2.7
68	0.40	−858.0	2.2	12.5
69	0.40	−858.0	−14.1	21.8
70	0.40	−860.6	−36.6	−32.1
71	0.40	−860.6	−8.2	−21.9
72	0.40	−860.6	10.4	−10.6
73	0.40	−860.6	16.1	−0.3
74	0.40	−860.6	11.0	10.0
75	0.40	−860.6	−7.0	21.3
76	0.40	−857.8	−40.4	−31.5
77	0.40	−857.8	−13.8	−21.7
78	0.40	−857.8	2.4	−12.4
79	0.40	−857.8	9.9	−2.6
80	0.40	−857.8	7.6	7.2
81	0.40	−1158.5	−17.8	−24.4
82	0.40	−1158.5	0.0	−15.6
83	0.40	−1158.5	10.7	−5.8
84	0.40	−1158.5	11.6	4.0
85	0.40	−1158.5	2.7	13.8
86	0.40	−1158.5	−14.8	23.1
87	0.40	−1157.2	−36.7	−32.2
88	0.40	−1157.2	−8.2	−22.0
89	0.40	−1157.2	10.6	−10.7
90	0.40	−1157.2	16.4	−0.4

续上表

节　点	衬砌厚度（m）	轴力（kN）	弯矩（kN·m）	剪力（kN）
91	0.40	−1157.2	11.4	9.9
92	0.40	−1157.2	−6.4	21.2
93	0.40	−1159.6	−42.8	−32.9
94	0.40	−1159.6	−14.8	−23.1
95	0.40	−1159.6	2.7	−13.8
96	0.40	−1159.6	11.6	−4.0
97	0.40	−1159.6	10.7	5.8
98	0.40	−1159.6	0.0	15.6
99	0.40	−681.2	65.3	3.7
100	0.40	−681.2	53.7	15.6
101	0.40	−681.2	33.2	25.4
102	0.40	−681.2	2.9	35.2
103	0.40	−681.2	−37.1	45.0
104	0.40	−624.7	−32.4	−32.1
105	0.40	−624.7	−4.1	−21.8
106	0.40	−624.7	14.5	−10.5
107	0.40	−624.7	20.2	−0.2
108	0.40	−624.7	15.0	10.1
109	0.40	−624.7	−3.0	21.3
110	0.40	−678.1	−86.4	−54.7
111	0.40	−678.1	−36.6	−44.9
112	0.40	−678.1	3.3	−35.1
113	0.40	−678.1	33.5	−25.3
114	0.40	−678.1	53.8	−15.5
115	0.40	−1188.9	−130.0	−57.7
116	0.40	−1176.9	−59.7	−57.7
117	0.40	−1167.1	−2.0	−57.7

续上表

节　　点	衬砌厚度（m）	轴力（kN）	弯矩（kN·m）	剪力（kN）
118	0.40	−1070.5	1.1	−1.2
119	0.40	−1060.0	2.5	−1.2
120	0.40	−1050.7	3.7	−1.2
121	0.40	−1040.1	5.0	−1.2
122	0.40	−965.5	0.1	0.0
123	0.40	−953.2	0.1	0.0
124	0.40	−944.6	0.2	0.0
125	0.40	−935.8	0.2	0.0
126	0.40	−861.0	−4.0	−2.6
127	0.40	−846.5	−0.1	−2.6
128	0.40	−832.8	3.6	−2.6
129	0.40	−750.3	−9.8	−5.9
130	0.40	−740.2	−3.7	−5.9
131	0.40	−730.4	2.2	−5.9
132	0.40	−720.6	8.1	−5.9
133	0.40	−1183.9	126.7	56.0
134	0.40	−1171.9	58.5	56.0
135	0.40	−1162.1	2.4	56.0
136	0.40	−1066.1	2.0	2.6
137	0.40	−1055.6	−0.8	2.6
138	0.40	−1046.2	−3.3	2.6
139	0.40	−1035.7	−6.1	2.6
140	0.40	−961.8	0.1	0.2
141	0.40	−949.5	−0.2	0.2
142	0.40	−940.9	−0.4	0.2
143	0.40	−932.1	−0.6	0.2
144	0.40	−858.0	4.9	3.0

续上表

节　　点	衬砌厚度（m）	轴力（kN）	弯矩（kN·m）	剪力（kN）
145	0.40	−843.6	0.4	3.0
146	0.40	−829.9	−3.9	3.0
147	0.40	−748.1	10.9	6.5
148	0.40	−737.9	4.2	6.5
149	0.40	−728.1	−2.3	6.5
150	0.40	−718.3	−8.9	6.5

通过计算分析可知，除个别应力集中点外，初期支护、临时支护强度都能够满足安全要求。

（2）工况2：拆第4台阶、第5台阶临时支撑

①拆撑方案一的工况2计算模型图见图2-51。

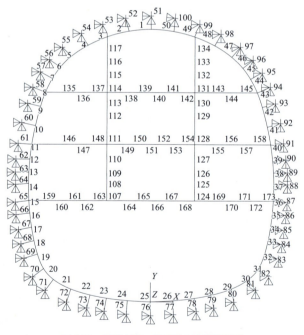

图2-51　拆撑方案一的工况2计算模型图

②拆撑方案一的工况2结构内力计算结果图见图2-52，结构受力计算结果见表2-18。

第 2 章 浅埋超大断面暗挖法隧道开挖方案比选分析

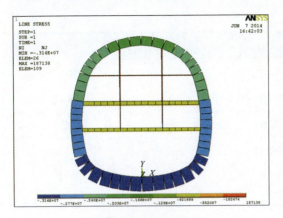

a）轴力图（单位：N）

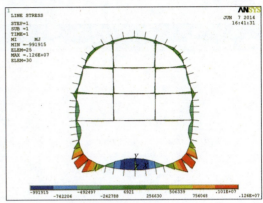

b）弯矩图（单位：N·m）

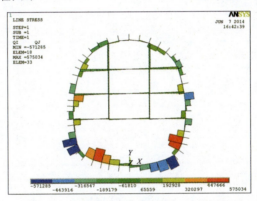

c）剪力图（单位：N）

图 2-52 拆撑方案一的工况 2 结构内力计算结果图

拆撑方案一的工况 2 结构内力计算结果　　　　表 2-18

节　点	衬砌厚度（m）	轴力（kN）	弯矩（kN·m）	剪力（kN）
1	0.60	−1937.1	−74.4	16.7
2	0.60	−1947.9	−83.6	27.1
3	0.60	−2006.2	−228.6	−156.3
4	0.60	−2069.5	35.9	−118.0
5	0.60	−2126.5	225.1	3.8
6	0.60	−2157.4	227.5	112.6
7	0.60	−2166.2	117.6	219.2
8	0.60	−2210.5	52.3	143.1
9	0.60	−2238.5	−106.5	−2.3

续上表

节　　点	衬砌厚度（m）	轴力（kN）	弯矩（kN·m）	剪力（kN）
10	0.60	−2242.4	−99.8	−211.8
11	0.60	−2436.9	358.8	387.1
12	0.60	−2433.9	−78.9	208.8
13	0.60	−2422.5	−266.9	41.4
14	0.60	−2432.6	−303.1	−174.2
15	0.60	−2456.7	−55.8	272.2
16	0.60	−2478.5	−321.7	16.0
17	0.60	−2524.3	−340.0	−266.3
18	0.60	−2592.1	−83.3	−571.3
19	0.60	−2787.1	543.1	−482.3
20	0.60	−2981.5	1088.1	−135.8
21	0.60	−3055.0	1234.5	383.7
22	0.60	−3059.5	649.1	512.5
23	0.60	−3096.0	−134.0	333.1
24	0.60	−3120.5	−554.9	194.3
25	0.60	−3138.1	−880.0	55.3
26	0.60	−3139.4	−991.9	−84.5
27	0.60	−3124.1	−869.1	−222.0
28	0.60	−3100.7	−533.7	−355.5
29	0.60	−3082.0	−105.3	−442.0
30	0.60	−3054.5	549.0	−490.0
31	0.60	−2995.3	1255.5	128.6
32	0.60	−2802.5	1105.7	479.6
33	0.60	−2607.3	556.2	571.7
34	0.60	−2537.7	−74.3	267.1
35	0.60	−2493.4	−333.9	−15.7
36	0.60	−2470.1	−318.0	−272.1

续上表

节　　点	衬砌厚度（m）	轴力（kN）	弯矩（kN·m）	剪力（kN）
37	0.60	−2449.6	−83.8	174.1
38	0.60	−2434.4	−301.9	−40.8
39	0.60	−2446.1	−266.0	−207.6
40	0.60	−2452.1	−78.3	−385.0
41	0.60	−2262.4	220.5	215.4
42	0.60	−2257.3	−99.7	7.1
43	0.60	−2225.0	−106.5	−138.3
44	0.60	−2180.1	−132.3	−212.0
45	0.60	−2168.4	117.6	−104.5
46	0.60	−2137.8	227.5	7.7
47	0.60	−2080.7	225.2	134.8
48	0.60	−2014.9	36.0	176.0
49	0.60	−1953.6	−110.5	−5.1
50	0.60	−1938.9	−83.5	5.4
51	0.40	117.5	−184.6	−86.4
52	0.40	117.5	−50.8	−69.6
53	0.40	117.5	14.0	−59.8
54	0.40	117.5	66.4	−50.5
55	0.40	132.2	−25.9	−31.8
56	0.40	132.2	2.1	−21.5
57	0.40	132.2	20.4	−10.3
58	0.40	132.2	25.7	0.0
59	0.40	132.2	20.3	10.3
60	0.40	132.2	2.0	21.6
61	0.40	117.5	112.1	40.7
62	0.40	117.5	66.4	50.5
63	0.40	117.5	14.0	59.8

续上表

节　　点	衬砌厚度（m）	轴力（kN）	弯矩（kN·m）	剪力（kN）
64	0.40	117.5	−50.8	69.6
65	0.40	−831.4	−138.3	−64.4
66	0.40	−831.4	−42.9	−47.7
67	0.40	−831.4	−0.1	−37.9
68	0.40	−831.4	32.8	−28.1
69	0.40	−831.4	55.1	−18.8
70	0.40	−818.5	−27.7	−31.8
71	0.40	−818.5	0.3	−21.5
72	0.40	−818.5	18.5	−10.2
73	0.40	−818.5	23.9	0.1
74	0.40	−818.5	18.4	10.3
75	0.40	−818.5	0.0	21.6
76	0.40	−831.0	69.2	9.0
77	0.40	−831.0	55.2	18.8
78	0.40	−831.0	32.9	28.1
79	0.40	−831.0	−0.1	37.9
80	0.40	−831.0	−43.0	47.7
81	0.40	−696.8	−29.6	−36.1
82	0.40	−696.8	−1.3	−27.4
83	0.40	−696.8	21.2	−17.6
84	0.40	−696.8	33.9	−7.8
85	0.40	−696.8	36.8	2.0
86	0.40	−696.8	30.5	11.3
87	0.40	−678.3	−25.9	−31.8
88	0.40	−678.3	2.1	−21.5
89	0.40	−678.3	20.4	−10.3
90	0.40	−678.3	25.8	0.0

续上表

节 点	衬砌厚度（m）	轴力（kN）	弯矩（kN·m）	剪力（kN）
91	0.40	−678.3	20.3	10.3
92	0.40	−678.3	2.0	21.6
93	0.40	−697.2	14.8	−20.9
94	0.40	−697.2	30.7	−11.1
95	0.40	−697.2	36.8	−1.7
96	0.40	−697.2	33.7	8.1
97	0.40	−697.2	20.7	17.9
98	0.40	−697.2	−2.0	27.7
99	0.40	52.9	40.1	18.5
100	0.40	65.2	17.0	18.5
101	0.40	73.8	0.8	18.5
102	0.40	82.6	−15.9	18.5
103	0.40	116.5	60.0	31.3
104	0.40	130.9	13.8	31.3
105	0.40	144.6	−30.0	31.3
106	0.40	146.2	74.4	46.0
107	0.40	156.3	26.9	46.0
108	0.40	166.1	−19.2	46.0
109	0.40	175.9	−65.2	46.0
110	0.40	52.7	−40.9	−18.8
111	0.40	65.0	−17.3	−18.8
112	0.40	73.6	−0.8	−18.8
113	0.40	82.4	16.1	−18.8
114	0.40	116.3	−59.9	−31.3
115	0.40	130.8	−13.7	−31.3
116	0.40	144.5	30.1	−31.3
117	0.40	146.1	−74.5	−46.1

节　　点	衬砌厚度（m）	轴力（kN）	弯矩（kN·m）	剪力（kN）
118	0.40	156.2	−26.9	−46.1
119	0.40	166.0	19.2	−46.1
120	0.40	175.8	65.3	−46.1

通过计算分析可知，第4台阶、第5台阶临时支撑拆除后且尚未施作仰拱处的三次衬砌前，仰拱及下半断面边墙处的第1层初支和第2层初支受力较大，不能满足施工安全要求。因此，应在三次衬砌仰拱施作后再拆除临时支撑。

2.5.4.2　拆撑方案二情况下计算结果分析

拆撑方案2分析各工况计算内容如表2-19所示。

方案二各工况计算内容　　　　　　　　　　　表2-19

工　　况	各工况计算内容	备　　注
工况1	拆撑前安全分析	同方案一
工况2	三衬仰拱施作	
工况3	拆全部临时支撑	
工况4	修下半断面侧墙和中板	
工况5	修上半断面三次衬砌	

（1）工况2：三衬仰拱施作

在工况2情况下结构内力计算结果如图2-53所示。

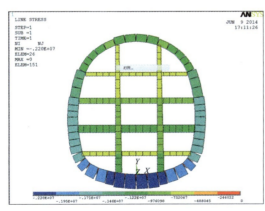 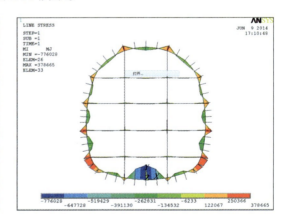

a）轴力图（单位：N）　　　　　　　　b）弯矩图（单位：N·m）

图 2-53

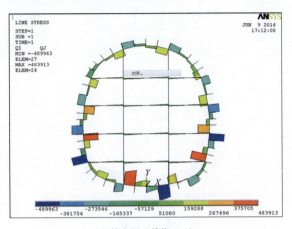

c）剪力图（单位：N）

图 2-53　拆撑方案二的工况 2 结构内力计算结果

通过计算分析可知，初期支护、临时支护及仰拱衬砌强度均能够满足安全要求。

（2）工况 3：拆全部临时支撑

①拆撑方案二的工况 3 计算模型图见图 2-54。

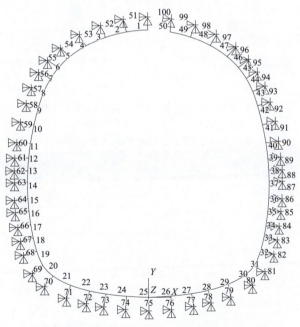

图 2-54　拆撑方案二的工况 3 计算模型图

②拆撑方案二的工况 3 结构内力计算结果图见图 2-55，结构受力计算结果见表 2-20。

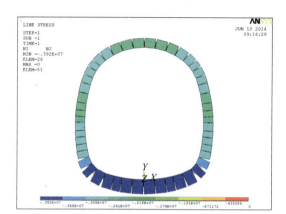

a)轴力图(单位:N)

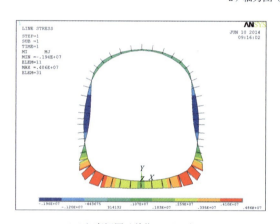

b)弯矩图(单位:N·m)

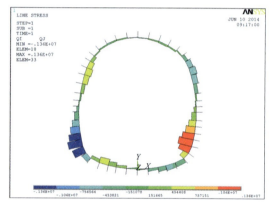

c)剪力图(单位:N)

图 2-55 拆撑方案二的工况 3 结构内力计算结果图

拆撑方案二的工况 3 结构内力计算结果　　　　表 2-20

节点	衬砌厚度(m)	轴力(kN)	弯矩(kN·m)	剪力(kN)
1	0.6	-2504.8	338.7	-27.7
2	0.6	-2525.0	402.0	-94.2
3	0.6	-2571.8	577.9	-137.0
4	0.6	-2632.6	811.7	-102.8
5	0.6	-2679.0	978.2	96.2
6	0.6	-2688.1	870.2	291.9
7	0.6	-2662.2	578.6	479.5
8	0.6	-2618.1	27.1	612.4

续上表

节　点	衬砌厚度（m）	轴力（kN）	弯矩（kN·m）	剪力（kN）
9	0.6	−2611.7	−661.5	494.9
10	0.6	−2579.8	−1371.5	310.4
11	0.6	−2578.8	−1834.0	111.5
12	0.6	−2589.1	−1959.3	−59.6
13	0.6	−2589.0	−1905.1	−220.1
14	0.6	−2612.1	−1711.9	−427.0
15	0.6	−2667.1	−1177.9	−661.5
16	0.6	−2734.4	−533.4	−889.2
17	0.6	−2823.3	429.8	−1126.6
18	0.6	−2935.8	1519.3	−1362.0
19	1.14	−3276.1	3015.3	−1117.7
20	0.96	−3639.8	4279.5	−517.0
21	1.11	−3802.6	4848.7	285.0
22	1.67	−3818.6	4397.2	550.4
23	2.05	−3861.9	3527.8	367.9
24	2.27	−3891.6	3036.8	187.3
25	2.45	−3915.4	2670.3	22.3
26	2.45	−3920.3	2548.6	−130.5
27	2.27	−3904.1	2683.6	−281.8
28	2.05	−3876.0	3061.2	−433.5
29	1.67	−3854.2	3558.6	−493.3
30	1.11	−3813.3	4260.9	−426.5
31	0.96	−3660.0	4861.0	504.3
32	1.14	−3305.0	4286.4	1104.7
33	0.6	−2950.6	3021.6	1359.3
34	0.6	−2836.5	1524.9	1124.9

续上表

节 点	衬砌厚度（m）	轴力（kN）	弯矩（kN·m）	剪力（kN）
35	0.6	−2749.2	434.8	887.9
36	0.6	−2680.5	−529.0	661.1
37	0.6	−2629.2	−1174.1	427.2
38	0.6	−2601.0	−1708.9	221.1
39	0.6	−2601.4	−1902.7	61.1
40	0.6	−2594.1	−1957.5	−109.0
41	0.6	−2599.8	−1833.0	−306.0
42	0.6	−2630.6	−1371.4	−489.4
43	0.6	−2632.6	−662.4	−606.9
44	0.6	−2676.0	25.4	−471.7
45	0.6	−2698.9	576.2	−283.3
46	0.6	−2690.0	867.1	−84.1
47	0.6	−2643.5	974.5	119.7
48	0.6	−2580.2	807.9	156.1
49	0.6	−2530.4	575.1	115.2
50	0.6	−2506.5	400.6	48.9

通过计算分析可知，在仅施作仰拱处的三次衬砌时，就拆除全部临时支撑，结构内力较大，拱肩、墙腰及仰拱处的结构均不能满足安全要求。

2.5.4.3 拆撑方案三情况下计算结果分析

拆撑方案三各工况计算内容如表 2-21 所示。

方案三各工况计算内容 表 2-21

工 况	各工况的计算内容	备 注
工况 1	拆撑前安全分析	同方案一
工况 2	三衬仰拱施作	同方案二
工况 3	拆下半断面 3 道横撑和 2 道临时竖撑	
工况 4	修下半断面侧墙和中板	

续上表

工 况	各工况的计算内容	备 注
工况 5	拆上半断面 2 道横撑和竖撑	
工况 6	修上半断面三次衬砌	

（1）工况 3：拆下半断面 3 道横撑和 2 道临时竖向支撑

①拆撑方案三的工况 3 计算模型图如图 2-56 所示。

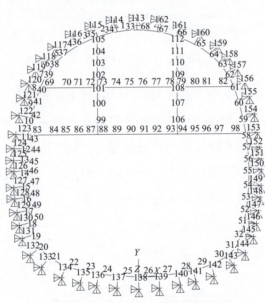

图 2-56　拆撑方案三的工况 3 计算模型图

②拆撑方案三的工况 3 结构内力计算结果图见图 2-57。

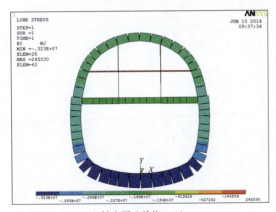

a）轴力图（单位：N）

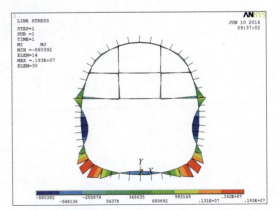

b）弯矩图（单位：N·m）

图　2-57

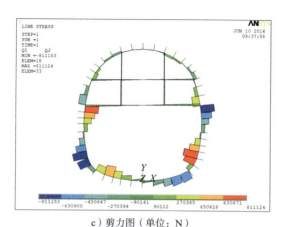

c）剪力图（单位：N）

图 2-57 拆撑方案三的工况 3 结构内力计算结果图

通过计算分析可知，下半断面临时支撑拆除后且下半断面三次衬砌施作并达到一定强度前，下半断面边墙处的第 1 层初支和第 2 层初支受力较大。但考虑到此节计算分析时没有考虑分析断面前后的三维空间的有利效应，且结合前面三维地层结构模型计算分析的结果，认为该处是能够满足施工安全要求的。但在施工期间需注意尽量减少该处的暴露时间，在下半断面临时支撑拆除后及时施作下半断面三次衬砌和中板结构。

（2）工况 4：修建下半断面侧墙和中板

①拆撑方案三的工况 4 计算模型图见图 2-58。

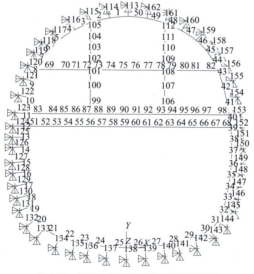

图 2-58 拆撑方案三的工况 4 计算模型图

②拆撑方案三的工况 4 结构内力计算结果图见图 2-59。

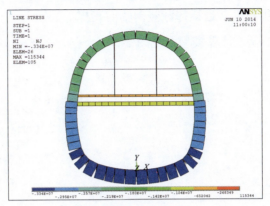

a)轴力图(单位:N)

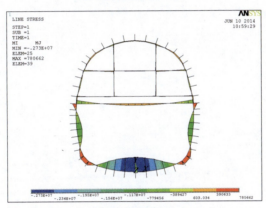

b)弯矩图(单位:N·m)

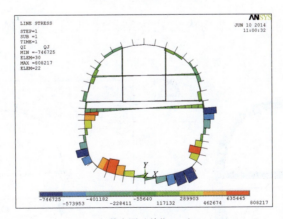

c)剪力图(单位:N)

图 2-59 拆撑方案三的工况 4 结构内力计算结果图

通过计算分析可知,下半断面二次衬砌及中板结构施作完成后,结构能够满足施工安全要求。

（3）工况 5：拆上半断面 2 道横撑和竖向临时支撑

①拆撑方案三的工况 5 计算模型图见图 2-60。

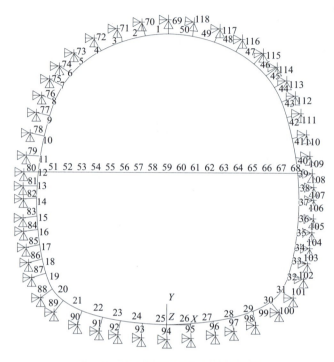

图 2-60　拆撑方案三的工况 5 计算模型图

②拆撑方案三的工况 5 结构内力计算结果图见图 2-61，结构受力计算结果见表 2-22。

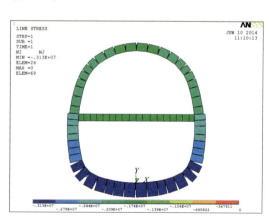

a）轴力图（单位：N）

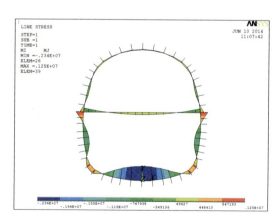

b）弯矩图（单位：N·m）

图　2-61

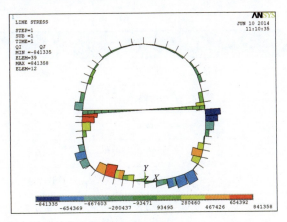

c）剪力图（单位：N）

图 2-61　拆撑方案三的工况 5 结构内力计算结果图

拆撑方案三的工况 5 结构受力计算结果　　　　　　表 2-22

节点	衬砌厚度（m）	轴力（kN）	弯矩（kN·m）	剪力（kN）
1	0.60	−1715.6	−111.7	−1.9
2	0.60	−1732.7	−90.6	−28.4
3	0.60	−1769.1	−24.7	−57.1
4	0.60	−1818.9	82.0	−60.8
5	0.60	−1869.6	185.6	12.2
6	0.60	−1902.5	177.8	79.9
7	0.60	−1919.5	101.0	146.9
8	0.60	−1932.5	−65.2	174.2
9	0.95	−1958.9	−259.1	9.0
10	1.31	−1962.8	−268.7	−220.2
11	1.58	−1996.4	64.2	−456.8
12	1.71	−2360.9	1242.9	841.4
13	1.77	−2348.0	485.1	669.6
14	1.80	−2352.4	−101.9	450.0
15	1.77	−2399.0	−665.8	196.7
16	1.69	−2453.1	−859.2	−53.0

续上表

节　　点	衬砌厚度（m）	轴力（kN）	弯矩（kN·m）	剪力（kN）
17	1.55	-2531.6	-804.8	-316.3
18	1.39	-2624.9	-501.8	-589.4
19	1.14	-2834.4	141.8	-445.8
20	0.96	-3023.6	641.4	-36.9
21	1.11	-3061.5	672.9	525.8
22	1.67	-3043.0	-137.7	653.9
23	2.05	-3079.9	-1162.2	443.5
24	2.27	-3105.2	-1746.4	237.1
25	2.45	-3126.4	-2192.0	39.9
26	2.45	-3131.2	-2343.1	-146.6
27	2.27	-3117.6	-2181.1	-330.7
28	2.05	-3093.8	-1725.8	-509.3
29	1.67	-3082.2	-1134.8	-622.1
30	1.11	-3065.7	-237.5	-649.3
31	0.96	-3045.3	689.8	22.5
32	1.14	-2864.2	654.8	435.9
33	1.39	-2661.6	151.1	583.6
34	1.55	-2568.3	-495.4	311.7
35	1.69	-2498.0	-800.3	48.3
36	1.77	-2441.3	-855.7	-199.6
37	1.80	-2407.6	-662.8	-451.3
38	1.77	-2386.4	-98.9	-668.6
39	1.71	-2398.8	488.1	-838.7
40	1.58	-2011.6	583.1	458.7
41	1.31	-1982.8	64.4	223.8
42	0.95	-1977.8	-268.5	-4.2

续上表

节　点	衬砌厚度（m）	轴力（kN）	弯矩（kN·m）	剪力（kN）
43	0.60	−1947.0	−259.0	−169.4
44	0.60	−1933.5	−65.0	−139.8
45	0.60	−1913.6	101.1	−71.9
46	0.60	−1881.0	178.0	−0.7
47	0.60	−1830.2	185.7	77.6
48	0.60	−1777.9	82.1	76.8
49	0.60	−1738.4	−24.6	50.4
50	0.60	−1717.5	−90.6	23.9
51	1.00	−1515.9	−660.1	−221.2
52	1.00	−1515.9	−493.9	−202.0
53	1.00	−1515.9	−304.2	−177.5
54	1.00	−1515.9	−139.0	−153.0
55	1.00	−1515.9	1.8	−128.5
56	1.00	−1515.9	118.0	−104.0
57	1.00	−1515.9	209.7	−79.5
58	1.00	−1515.9	279.6	−53.7
59	1.00	−1515.9	325.2	−25.6
60	1.00	−1515.9	338.6	0.2
61	1.00	−1515.9	324.9	25.9
62	1.00	−1515.9	279.0	54.1
63	1.00	−1515.9	208.7	79.8
64	1.00	−1515.9	116.7	104.3
65	1.00	−1515.9	0.1	128.8
66	1.00	−1515.9	−140.9	153.3
67	1.00	−1515.9	−306.5	177.8
68	1.00	−1515.9	−496.5	202.3

③计算结果分析。

通过计算分析可知,下半断面二次衬砌及中板结构施作完成后,结构能够满足施工安全要求。

2.5.5 结论

本节对拱北隧道暗挖段采用五台阶十五部开挖方案施工的临时支撑拆除工序进行了分析研究,分析了不同临时支护拆除方案情况下的结构受力情况,得出结论如下:

(1)临时支撑拆除时机对结构力学行为影响较大,拆除方案的制定必须与冻结施工的停冻时机协同考虑,以免不合理的拆除顺序造成结构出现破坏性影响。

(2)根据计算结果,由于仰拱处结构所受水土压力荷载较大,临时支撑拆除前应先施作三次衬砌结构,确保拆撑安全。

(3)根据对采用五台阶施工的3种拆撑方案的计算分析结果可知,推荐采用拆撑方案三。采用拆撑方案一、方案二时,隧道支护结构不能够满足施工安全要求;而采用拆撑方案三是合理可行的。由于仰拱处结构所受水土压力荷载较大,临时支撑拆除前应先施作三次衬砌结构,确保拆除安全。

(4)在下半断面临时支撑拆除后,及时施作了三次衬砌仰拱结构,下半断面边墙处的第1层初支和第2层初支受力还是较大,不能够满足施工安全要求。

(5)合理确定临支拆除时机,在保证支护结构安全的同时,也可以缩短冻结时间,减少冻结费用,降低冻胀及融沉的不利影响。

2.6 本章小结

本章对拱北隧道暗挖段采用五台阶施工和四台阶施工的各方案进行了比选研究,分析了不同方案情况下的结构受力情况,并基于 MIDAS 和 ABAQUS 进行了对比研究,重点介绍了五台阶十五部开挖方案、四台阶八部开挖方案和五台阶十部开挖(A、B)方案;针对五台阶十五部开挖方案进行了不同拆撑方案的研究。通过研究得出结论如下所述。

(1)针对浅埋超大断面暗挖法隧道的开挖,对比不同开挖方案,在开挖到第5台阶高程时(实际开挖第十部)时,采用五台阶十部开挖(A、B)方案产生的隆起位移介于五台阶十五部开挖方案与四台阶八部开挖方案之间。而当三衬施作完成之后,4个方案最终均产生沉降变形,五台阶十部开挖(A、B方案)的最终沉降量最大,四台阶八部开挖方案的次之，五台阶十五部开挖方案的最小。但总体而言，上述 4 个方案的地层位移差异不大，从同一个计算模型、同一套计算参数上来比较，差异值在 1cm 以内。

（2）通过对比分析五台阶十五部开挖方案下的 3 种不同拆撑方案可知：拆撑方案一、方案二均不能保证施工期间的结构安全。方案一在未施作三次衬砌仰拱结构的情况下拆除下半断面临时支撑，仰拱及下半断面边墙处的第 1 层初支和第 2 层初支受力较大，不能满足施工安全要求；方案二在施作三次衬砌仰拱结构后但尚未施作边墙和中板的情况下拆除全断面的临时支撑时，结构内力较大，拱肩、墙腰及仰拱处的结构均不能满足安全要求；方案三可以满足施工期间的结构安全，拆撑顺序为三衬仰拱施作—拆下半断面两道横撑和竖撑—施作下半断面侧墙和中板—拆上半断面两道横撑和竖撑—修上半断面三次衬砌。

通过浅埋超大断面暗挖隧道不同开挖方案数值模拟初步比选分析，总结各模拟结果、方案比较结果，为最终实施的五台阶十四部开挖方案提供了参考。

第 3 章
CHAPTER 3
五台阶十部开挖方案离心机试验

针对不同开挖方案,通过三维数值模拟分析,可知随着隧道的开挖,衬砌内力逐渐增加,周围桩基对隧道的内力分布影响较小,但隧道的开挖对周围桩基影响较大。在隧道开挖过程中,土体出现了向隧道侧的位移,带动邻近桩基产生了一定的水平位移,进而增大了桩基的弯矩和剪力。

本章主要介绍五台阶十部开挖方案的离心机试验,系统深入地通过缩尺试验研究了隧道各开挖步对结构内力及周边环境的影响。

3.1 离心机试验方案设计

在众多物理模型试验中,离心机模型试验是模拟城市地铁开挖应用较广的一种。其基本原理是将土工模型置于高速旋转的离心机中,让模型承受重力加速度 g 的 n 倍离心加速作用,从而对模型缩尺带来的土工构筑物的自重损失进行补偿。离心机试验模拟也常常应用于隧道施工模拟当中,而排液法是常采用的方法。排液法是在高速离心转动的隧道模型中,通过排出与地层损失相应的代土溶液来模拟隧道施工造成的地层损失。本离心机试验中采用的方法即为排液法。

3.1.1 确定模型离心率

根据拱北隧道施工组织方案可得到隧道原型尺寸,并据此设计隧道模型。表 3-1 为不同离心率下的隧道模型尺寸。

不同离心率下的隧道模型尺寸　　　　　表 3-1

项目	原型（m）	隧道模型尺寸（cm）		
		60g	70g	80g
拱顶埋深	5~6	8.3~10	7.1~8.6	6.3~7.5
开挖宽度	18.8	31.3	26.9	23.5
开挖高度	21.0	35	30	26.3

考虑到要减少模型箱边界效应对试验结果的影响，要确保隧道两侧土有 1D（D 为隧道等效直径）的宽度，下卧土层至少 1D 厚度，得到 60g、70g、80g 的模型尺寸分别为 94cm×76cm、80.7cm×68.6cm、70.5cm×60.1cm。试验中采用的模型箱尺寸为 90cm×70cm×70cm，且土的上方要考虑放置 LVDT 测量管，试验中加速度确定为 80g，因此 80g 作为本次试验的模型离心率。

3.1.2 模型制作

拱北隧道共由 36 根 ϕ1620mm 的钢顶管形成管幕，并结合冻结管对土体做超前支护。然后在管幕的保护下，对隧道开挖范围内部土体加固处理后，分部开挖，并施作初期支护、临时支护、二次衬砌。最后拆除临时支护，施作三衬、融沉注浆。根据工程施工组织可整理出制作模型所需要的关键信息，如表 3-2 所示。

实际工程设计情况　　　　　表 3-2

项目	施工方案
管幕	ϕ1620mm×36 根顶管，中板上部顶管壁厚 20mm，中板下部顶管壁厚 24mm，开挖前奇数顶管内填充 C30 自密实微膨胀混凝土
初期支护	22b 工字钢，纵向间距 40cm，两头与奇数顶管焊接，中部与偶数顶管焊接
二衬	30cm 厚 C35 混凝土；内部布置格栅钢架，间距 35cm 左右；每 2 榀临时支撑间设置 3 榀格栅钢架
临时支护	暗挖段临时支撑采用 H400b 型钢，纵向间距为 1.2m
开挖步距	第 1 台阶与第 2 台阶相距 20m，第 2 台阶、第 3 台阶、第 4 台阶分别相距 15m，第 4 台阶与第 5 台阶相距 10m

模型试验中取最大开挖步距 20m 作为研究对象，对应到模型长度为 25cm。根据表 3-2 以及隧道的主体结构典型断面图（图 3-1），可对模型材料、尺寸等进行选择设计。

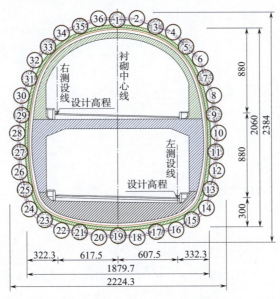

图 3-1 主体结构典型断面图（尺寸单位：cm）

试验中抗弯构件主要有：隧道管幕加冻土环、隧道衬砌、桩基础等。对于抗弯构件，根据材料的抗弯刚度相似，且忽略剪切变形的影响，可得模型材料与原型材料抗弯刚度应满足式（3-1）。

$$\left[\frac{Et^3}{12(1-v^2)}\right]_m = \left[\frac{E\left(\dfrac{t_p}{n}\right)^3}{12(1-v^2)}\right]_p \quad (3\text{-}1)$$

式中：E——模型材料弹性模量；

t——模型管幕环厚度；

v——泊松比；

m——模型物理量；

t_p——实际管幕加冻土环厚度；

n——离心机加速度与重力加速度 g 的比值；

p——原型物理量。

3.1.2.1 管幕与衬砌模型

考虑到离心机试验方便现将36根顶管组成的管幕等效成相同厚度的连续体，如图 3-2 所示。

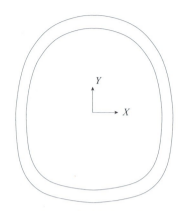

图 3-2 等效管幕示意图

用 AUTOCAD 计算其惯性矩 I_{x1}=7.9019E+11cm⁴。再计算 36 根空心顶管（图 3-3）的惯性矩 I_{x2}，得到 I_{x2}=0.29612E+11cm⁴。最后由于施工阶段考虑奇数顶管充填注浆（图 3-4），还应计入奇数顶管混凝土的惯性矩 I_{x3}，得到 I_{x3}=2.3909E+11cm⁴。

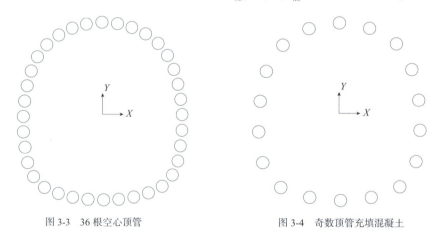

图 3-3　36 根空心顶管　　　　　　图 3-4　奇数顶管充填混凝土

假设钢材的弹性模量 $E_{钢}$ 为 210GPa，C30 混凝土的弹性模量 E_{C30} 为 30GPa，将以上条件代入式（3-2），可算出等效管幕的弹性模量 E_1。

$$E_1 \times I_{x1} = E_{钢} \times I_{x2} + E_{C30} \times I_{x3} \qquad (3\text{-}2)$$

计算可得 E_1=16.95GPa。

衬砌以及管幕模型拟用铝合金进行制作（图 3-5），铝合金的弹性模量通常为 70GPa，泊松比为 0.3，代入式（3-2）可得管幕模型壁厚 t=5mm，同理可得，模型衬砌的厚度为 4mm。

3.1.2.2　支护与桩模型

支护与桩的计算方法与管幕计算方法类似，对于受压构件，采用抗压刚度等效原理，同样选用铝合金制作模型，根据表 3-2 的设计参数，可得模型中竖向支撑直径为 4.8mm，横向支撑直径为 3.4mm，桩基础直径为 6.2mm。衬砌及支护模型图如图 3-6 所示。

图 3-5　管幕模型

图 3-6　衬砌及支护模型

桩基础所承受的上部荷载以在桩顶设置扩大端头来模拟，本工程考虑的出入境长廊桩基础所受荷载包括上部结构自重、承台自重、底板自重。按下式计算：

$$\frac{F_P}{F_m} = N^2 \qquad (3\text{-}3)$$

式中：F_p——原型力（kN）；

F_m——模型力（kN）；

N——离心机加速度与重力加速度 g 的比值。

桩基础扩大端头采用钢材制作，得到扩大端头为 20mm×20mm×30mm 的正方体钢块。

3.1.3　开挖模拟

隧道开挖过程的模拟一直是离心机试验中的重点。根据本次试验中不停机、超大断面、分部开挖的要求，确定采用排液法模拟隧道开挖过程（图 3-7），即通过排出的液体体积模拟隧道的地层损失率。由于该方法在离心机试验中通常是用在盾构法隧道上，不涉及断面分块排液，本次运用在浅埋暗挖隧道上需要对排液进行分块。具体做法是在管幕和衬砌之间分部加一层薄膜（图 3-8、图 3-9），共形成 1 圈 10 块液囊，并用 10 个电磁阀控制 10 块液囊分块排液。试验开始前向囊内注满代土液，需要排液时就打开该块液囊对应的电磁阀。

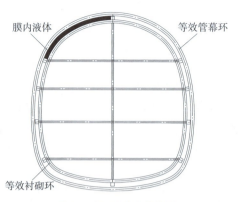

图 3-7　排液法模拟示意图

图 3-8　贴膜后的衬砌

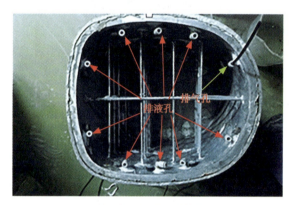

图 3-9　排气孔、输液孔

试验用排液法模拟隧道开挖过程，施工开挖共 10 块，为模拟开挖过程按照施工过程排出对应块的液体，地层损失率取 1%、2%，根据开挖体积算出不同工况及开挖部下排液体积；排出的液体通过排液管排入气缸中，气缸进程采用马达拖拽的方式，气缸规格为 100mm×250mm，马达行进速率 0.1mm/s，主控室通过控制马达运行时间控制排液体积。

试验方法是在隧道等效衬砌环外套 10 块膜，膜与铝合金环间采用 3M 防水胶密封，并用细钢丝绑扎，之后将等效衬砌环套入管幕加冻土环中，空隙处用 3M 防水胶密封。试验前在膜与铝合金环的空隙间注入氯化钙溶液，通过电磁阀依次控制 10 块空隙中溶液的排出，排出液体通过挡土隔板上的接头流入后面的排液气缸当中。

电磁阀的通断通过主控室开关借由集流环、航空插头进行控制。代土液的选取根据以下原则进行：①密度与试验用土相当；②安全，不具有腐蚀性；③流动性良好，必须为溶液，在离心机转动下不发生离析现象；④容易配制。

通过查阅资料，发现氯化钙具有很好的溶解性，0℃时100g水能溶解59.5g氯化钙；20℃时能溶解74g，此时的饱和氯化钙溶液密度为1.75g/cm³，与土的密度相近，可作为良好的代土液。

3.1.4 模型箱总布局

试验用模型箱尺寸为90cm×70cm×70cm。试验箱由挡水隔板分割成两部分，试验箱布置俯视图见图3-10，隧道模型箱主视图见图3-11。

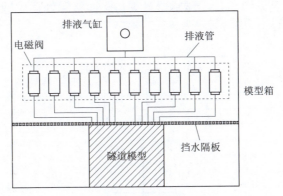

图3-10 试验箱总体布置图

如图3-10和图3-11所示，挡水隔板下方为隧道模型部分，进行隧道模型以及桩基础的放置，并装填试验土料。隧道模型共有10根排液管对应10块排液区域，排液管经挡水隔板上的快捷接头进入其上方的排液设备区，经由10个电磁阀控制各排液管通断，最后各排液管汇总至排液气缸，排液气缸进程由上端马达控制。

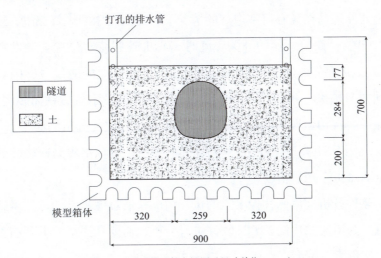

图3-11 隧道模型箱主视图（尺寸单位：mm）

3.1.5 测量方式和测点布置

本次试验中测量的物理量主要有地表沉降、断面收敛、隧道弯矩、桩基轴力，同时在固结的过程中需要监测孔隙水压力（孔压）和土压力（土压）的变化。与之对应的测量装置分别是 LVDT 线性差动位移计、摄影测量装置、应变片、孔压计、土压计。

LVDT 用来测量隧道上方横向的地表沉降，共配备 5 个 LVDT，量程 50mm。考虑到隧道模型箱尺寸以及边界效应的影响，隧道模型断面中心线位置向两边间隔 12cm 布置测点，具体的布置情况见图 3-12。传感器触头与土面接触处预先铺设砂层，使所测沉降均匀，并在触头垫钢片。

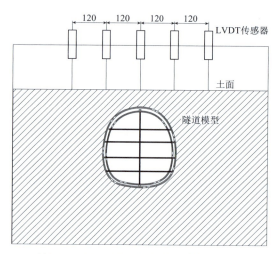

图 3-12 LVDT 测点布置图（尺寸单位：mm）

摄影测量的原理是在离心机室熄灯的情况下，先向高压闪光灯充电，待电压达到预期值后，打开定位磁铁传感器的开关，此时离心机转到特定位置会触发定位磁铁，从而启动闪光灯，相机成像（图 3-13）。由于闪光灯一次充电的能量只够闪烁一次，这样就使得短时间内只拍摄一张照片，不会因离心机多次触发定位磁铁而多次拍照。另外，定位磁铁确保了每次拍摄照片的位置相同，是后面进行软件分析的必要条件（图 3-14）。采用的相机是尼康 DX1 高速摄像机，曝光时间 1/10s，适合拍摄高速旋转的离心机，且画质清晰，可满足摄影测量精度。

通过 PIV 软件分析前后照片像素点的位移情况，通过像素点的位移得到土体位移及断面收敛信息。为了使照片便于 PIV 软件进行分析，需要在固结后拆开前盖板，在土体上泼洒锯末，使像素点清晰。

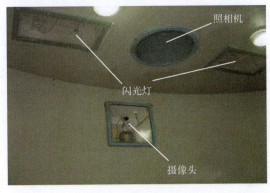 

图 3-13　摄影测量系统　　　　　　　图 3-14　定位磁铁位置

应变片布置在管幕表面，由于离心机上传感器接口的限制，只在外侧均匀贴上 10 块应变片，采用半桥连接，用于测量管幕的应变，进而计算出隧道所受弯矩。应变片的布置及编号见图 3-15。

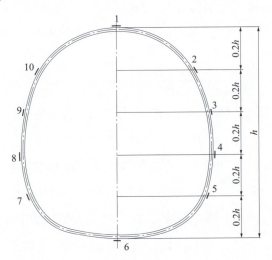

图 3-15　应变片布置及编号图

孔压计与土压计的作用：①在固结过程中，孔压计读数是否稳定是判断固结是否完成的重要条件；②孔压计与土压计可以观测在隧道施工过程中土体应力状态的变化。本次试验共配备孔压计 3 个，土压计 1 个，原因是超孔隙水压力的消散是土体固结当中的重要指标，当超孔隙水压力消散时基本可以判定固结已经完成。孔压计、土压计的布置如图 3-16 所示，首先将 4 个传感器按位置粘在一个钢条上，然后在装土的过程中将钢条插在离隧道 10cm 左右的位置。钢条的直径较细，且具有一定的刚度，既不会对试验结果产生影响，也不会在土体的运动作用下发生过大的弯曲变形。

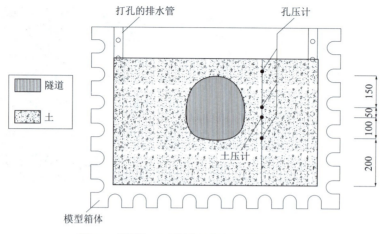

图 3-16 孔压计、土压计布置图（尺寸单位：mm）

3.1.6 试验工况设计

常见盾构隧道的地层损失率通常在 0.5%~1%，该试验模拟的是暗挖法隧道，且断面大，地层损失率大于盾构隧道地层损失率，因此本试验中取 1%、2% 地层损失率作为研究对象。

试验共设 4 组平行试验，第一组（工况 1）为 1% 地层损失率，隧道旁无桩基础，主要观测地表沉降变形规律、管幕加冻土环的变形情况；第二组（工况 2）和第三组（工况 3）分别为 1%、2% 地层损失率，隧道旁有桩基础，主要观测地表沉降变形规律、管幕加冻土环变形情况以及桩基础沉降和变形情况；第四组（工况 4）为 1% 地层损失率，无管幕，隧道旁无桩基础，主要观测地表沉降变形规律、衬砌变形情况。试验工况汇总见表 3-3。

分块之间由于排液体积不同，对应控制马达的排液进程时间也不相同，1% 地层损失率对应各分块排液时间见表 3-4，对应的分块排液顺序图如图 3-17 所示。2% 地层损失率对应的分块排液时间为 1% 地层损失率排液时间的 2 倍。

工况划分表 表 3-3

工 况	是否有桩基础	是否有管幕	地层损失率
工况 1	无	有	1%
工况 2	有	有	1%
工况 3	有	有	2%
工况 4	有	无	1%

1% 地层损失率分块排液时间表　　　　　　　　　表 3-4

编　号	时间（s）	编　号	时间（s）
第 1 块	16	第 2 块	16
第 3 块	16	第 4 块	16
第 5 块	20	第 6 块	20
第 7 块	8	第 8 块	20
第 9 块	20	第 10 块	8

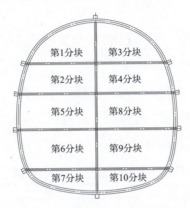

图 3-17　1% 地层损失率分块排液顺序图

3.1.7　试验流程

试验的流程大致为以下几个步骤：电磁阀及盛液气缸安装至挡水隔板上—挡水隔板安装及密封—隧道模型安装及密封—隧道模型充液—土样土体制备—土样装填—上机固结土样—拆卸前盖板泼洒锯末—安装传感器及马达—正式试验。在离心机试验当中，一般将现场土进行固结重塑，这样试验可重复性强，试验成果也与现场情况更具有可比性。

具体的试验过程如下：

（1）清理隧道模型箱，扫除之前试验剩留的干胶、渣土，确保箱壁光滑整洁。

（2）用橡胶手套将电磁阀包裹，开口用密封胶进行密封，防止电磁阀遇水短路，并用绑扎带将密封好的电磁阀固定在挡土隔板的钢支撑上，绑扎时注意理清线路。

（3）检查衬砌表面膜的水密性，向膜内注入少量水，并用记号笔标记水位线。在下方垫上干燥的餐巾纸，若餐巾纸上出现湿迹或是水位下降，则需找到漏水点，用 3M 胶（高效能丙烯酸胶黏剂）进行修补，重复上述检查过程。补胶后至少过 20min 才可再次向膜内注水。

（4）水密性检查完毕后，将管幕套在衬砌外部，没有输液孔的一侧先行用铝板封上，铝板和模型之间用钣金胶黏结。

（5）配备代土液饱和氯化钙溶液，打开排气孔，用针管通过插在输液孔上的 4mm 细管向膜内缓慢注入代土液。当排气孔有液体渗出时，立刻停止注入，并将排气孔重新堵上。封堵排气孔的螺栓上需缠绕一圈止水带，防止囊内液体在高压下向外渗漏。

（6）用铝板封堵隧道的另一头，并用钣金胶黏结，其中 10 根排水管通过铝板上的孔洞伸出隧道。为保证黏结效果良好，必须用重物压住铝板，并静置 24h，期间不能黏结处不能遇水。

（7）将挡水隔板抬入模型箱内，挡水隔板与模型箱的接缝处用大量钣金胶填实，并在挡板前后涂胶，确保挡水隔在高转速下不发生位移。尤其要注意底脚处的密封效果，因为此处土压力十分大，相当于实际 48m 深处的土压力，会对挡水隔板造成极大的压力，若密封处理不好，会导致泥土漏到挡水隔板后，一是影响地表沉降数据，降低埋深；二是可能会将水带入板后，损坏电磁阀。

挡水隔板上有 10 个用来连接电磁阀和隧道输液孔的水管接头，需要清洗该接头，确保接上水管后水流能自由流通。

（8）将 10 根隧道模型上的水管插入挡水隔板的接头上。由于操作空间较小，插入顺序应遵循"从下往上，对称插入"的原则。同时，要注意此时水管长度不能留太长，否则当把隧道模型箱前盖板盖上后，这些水管会挤在一个 1cm 不到的狭小空间里，容易产生弯管、折管，导致水管不通畅，进而无法排液。安装前盖板之前，应在箱壁和挡土板上涂抹凡士林，减少边界摩擦力对试验结果的影响。

由于空间需要，装土需要在盖板安装后才能进行，而此时隧道下方没有任何支撑。经考虑，决定采用"吊装法"进行隧道模型的安装，具体做法是采用玻璃绳缠绕隧道一周后两头勒紧，将绳子固定在两侧的轨道上。经实践证明，采用吊装法隧道定位稳定，装土过程中不会发生偏移，且可以通过玻璃绳调节隧道位置。

（9）按照天然含水率的 105% 配制重塑土，放搅拌机内真空搅拌 2h 后开始进行装土工作。装土时需要注意的地方有：①配制的重塑土应均匀、有一定流动性，若搅土机搅拌不充分，会有部分土过硬，将不能采用；②隧道下方不易放土，在土面超过隧道底面之前应注意隧道正下方是否填充密实，如若有空隙应在两边加土压入填充；③装土的同时需要插入绑有孔压计、土压计的钢条和 2 根带孔排水管，排水管用双层纱布包裹防止土体进入管中；④考虑到排水固结会导致土体下沉，填土高度应超出设计土面高度，经过试验可得经验高度确定在63cm左右为宜，并且超埋深可以弥补上方覆土固结度不够的缺点；⑤连接应变片的电线在土里应留有一定长度，这样电线在随着土体一起运动时才能有一定的余量，不至于拉坏应变片；⑥装土完毕后土面应尽量抹平；⑦为防止隧道在固结阶段上浮，在隧道两端用2个钢架进行支撑，固定隧道，当固结完成后，这组支撑不会产生作用；⑧最后往排水管内倒水至土面，形成一条排水的通道，并有一定的护壁作用。

（10）起吊隧道模型箱到离心机上，调好配重，连接孔压计、土压计到离心机中轴的信号板上，开启离心机，进行固结。固结时主要关注孔压的变化情况，初期孔压减小较快，其后稳定在1h降低5~6MPa，根据孔压计埋设的位置可以推算出超孔隙水压力完全消散时的静水压力。当孔压计读数降到目标值附近时即可认为固结完成。由于采用单面排水方法，且土的渗透系数很小，即使是在80g的加速度情况下，本次试验的固结时间依旧很长，一般在27h左右。

（11）待固结完成后，准备铺设摄影测量用的木屑。将隧道模型箱吊出来后，小心拆下前盖板（防止土体塌坏），将木屑均匀铺在土体的正面。木屑的作用是作为标记点与土体一起发生位移，软件通过捕捉木屑的像素从而测出该地的土体位移。铺设木屑时考虑到前盖板会对木屑有挤压作用，木屑太薄则上机转动后不是很明显，不能满足摄影测量要求，因此木屑必须有一定厚度。经过实践，发现在土体正面喷上一层水后，铺洒上去的木屑能够满足厚度要求。

（12）布置LVDT位移传感器。为了防止LVDT的端头插入土中，不能反映真实地表沉降，采用瓶盖垫在端头与土之间，并在瓶盖下洒一点细沙，减小对土的压强；同时在土面铺一层保鲜膜，防止在高速旋转中土面水分迅速蒸发。

（13）再次将隧道模型箱吊上离心机，安装排液用马达，将马达的螺杆与液缸的螺杆连接起来。将LVDT、应变片、孔压计、土压计的接头插在离心机中轴的信号板上，并将电线固定在离心机上，防止高速转动下电线被扯坏。孔压计、土压计的电线仅有发丝粗细，用绑扎带固定时需要多垫一圈纱布，防止绑扎带将其勒坏。

（14）正式开始试验。首先由于之前停机土体产生了回弹，需要额外转一段时间来稳定土体。因此，开始排液前需多转1h左右等待土体沉降稳定。开始排液，根据拱北隧道施工组织计划可知分部开挖的间隔时间为8d，简单换算可得试验排液间隔时间为1min 48s。每块开挖的总工期时长为110d，对应的试验时间为24min30s。每块的排液时间可以根据液缸直径、马达转速、分块面积进行计算。分部排液顺序图见图3-18，分部开挖的时间如表3-5所示。

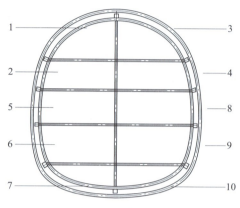

图3-18　分部排液顺序图

分部开挖时间表　　　　　　　　　　　　　　　　　　　　　表3-5

分部编号	开挖时刻（min）	排液时间（s）	分部编号	开挖时刻（min）	排液时间（s）
1	0	16	7	10.8	8
2	1.8	16	8	12.6	20
3	3.6	16	9	14.4	20
4	5.4	16	10	16.2	8
5	7.2	20	结束	40.7	
6	9.0	20			

以上试验过程对应的主要试验步骤图如图3-19所示。

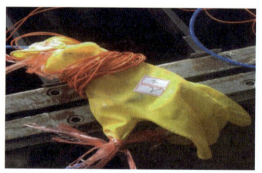

a）清理模型箱　　　　　　　　　　　　　　　b）密封电磁阀

图 3-19

c）配制代土液

d）膜内注代土液

e）密封隧道黏胶

f）黏结挡土板，清孔

g）吊装隧道

h）装土

i）固结后土面

j）拆除前盖板

图 3-19

k）铺木屑　　　　　　　　　　　l）布设 LVDT

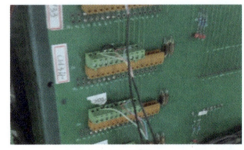 

m）传感器连接到信号板　　　　　n）线路绑扎

o）试验完成

图 3-19　试验步骤图

3.1.8　土工试验

3.1.8.1　快速剪切试验

为满足相似模型条件，试验用土需要进行土工试验来检测黏聚力 c 值、内摩擦角 φ 值。可采用三轴试验或直剪试验进行检测。从试验精确度要求和时间上来考虑，选用固结快剪试验。

固结快剪是先使土样在某种荷载下固结至排水变性稳定，再以较快速度施加剪力直至破坏（图 3-20）。本次试验采用 4 级荷载：50kPa、

图 3-20　剪坏的土样

100kPa、150kPa、200kPa，分别在隧道上方、隧道中部、隧道下方各取一组土样进行试验。固结快剪试验结果图如图3-21所示。

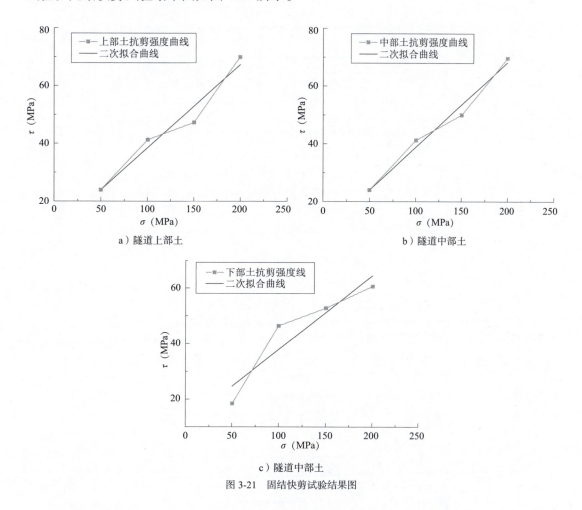

a）隧道上部土
b）隧道中部土
c）隧道中部土
图3-21 固结快剪试验结果图

由图3-21可知，最终得到的试验结果为：隧道上部土：c=9.569MPa，φ=16.08°；隧道中部土：c=9.569MPa，φ=16.4°；隧道下部土：c=11.3MPa，φ=15.0°。

由地勘报告可知，拱北隧道暗挖段主要穿越土层为③-1、③-2、③-3、④-3、⑤-3、⑥-1土层，该土层根据地勘报告结果，c=5～20.16MPa，φ=4.6°～12.02°，可以看出试验中土层c值基本处于地勘报告范围内，较为接近⑤-3土层；φ测定结果偏大。

3.1.8.2 固结试验

为测定试验箱中不同位置处土体的e-p曲线，得到土体压缩模量，对隧道上部、隧道中部、隧道底部土体分别进行单轴固结试验。试验得到各部位土体e-p曲线如

图 3-22 所示。

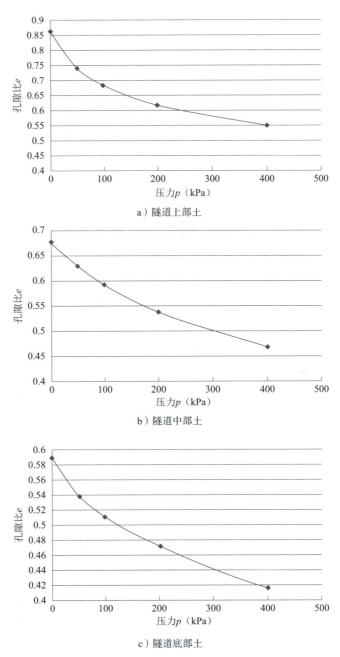

图 3-22　各部位土体一维固结试验 e-p 曲线图

由固结试验可得到 3 个位置处的压缩模量分别为：隧道上部土：$E_{s1-2}(1)$=2.52MPa，隧道中部土：$E_{s1-2}(2)$=2.93MPa，隧道底部土：$E_{s1-2}(3)$=3.78MPa。由图 3-22 可以看出，压缩模量由上至下随土体深度增大。地勘报告中压缩模量 E_{s1-2}=0.24～6.38MPa，测定结果处于地勘报告范围内，且接近土体平均压缩模量。

3.2 离心机试验结果分析

3.2.1 地表及深层地层位移分析

3.2.1.1 地表沉降分析

根据 LVDT 测读到的地表沉降数据，得到的工况 1 的地表沉降结果见图 3-23。从图 3-23 可以看出，工况 1 随着开挖顺序的不同，地表沉降曲线呈现不同的形态：当隧道开挖第 1 块、第 2 块时，隧道中轴线左侧地表沉降较大，中轴线左侧 -9.6m 处的沉降大于中轴线处的沉降；当隧道开挖第 4 块时，中轴线右侧的沉降较大，9.6m 处沉降最大，隧道全部开挖结束后沉降最大点发生在右侧 9.6m 处，为 18.13mm。

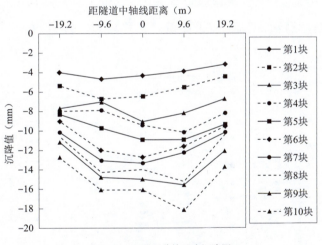

图 3-23　工况 1 分块地表沉降图

各测点开挖过程沉降变化曲线见图 3-24。从图 3-24 可以看出，隧道开挖前 4 块时各测点沉降较大，第 5 块～第 10 块期间；地表沉降速率较前 4 块的缓。隧道轴线左右侧 19.2m 处位移在第 3 块之后较为接近，最后开挖结束后右侧位移略大于左侧位移。隧道轴线左侧 -9.6m 处与隧道轴线正上方的沉降在开挖过程中较为接近，至开挖结束时两者沉降分别为 16.00mm 与 16.09mm，隧道轴线正上方略大于隧道轴线左侧 -9.6m 处；隧道轴线右侧 9.6m 处在开挖第 3 块后沉降逐渐增大，开挖第 1 块、第 2 块过程中位移量较小。

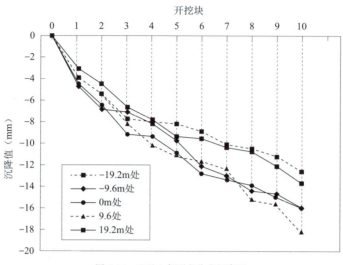

图 3-24　工况 1 各测点分步沉降图

工况 2（1% 地层损失率，有桩基础）地表沉降分布规律基本与工况 1 相同（图 3-25），开挖结束后同样是隧道轴线右侧 9.6m 处沉降位移较大，为 18.59mm，最大位移与工况 1 较为接近，稍稍大于工况 1。

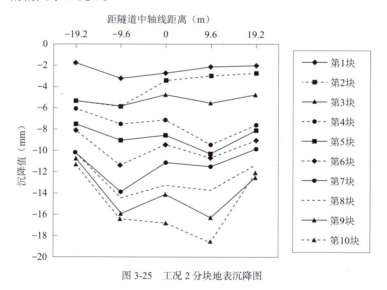

图 3-25　工况 2 分块地表沉降图

从图 3-26 可以看出，由于桩基础的存在，使得隧道轴线正上方处的沉降相对减小，开挖至第 8 块时，工况 2 的沉降速度开始增加，说明桩基础侧底部开挖使得地表沉降增大，最后工况 2 与工况 1 沉降值基本相同。整体上由于桩基础的存在使得地表沉降相比无桩基础略小。

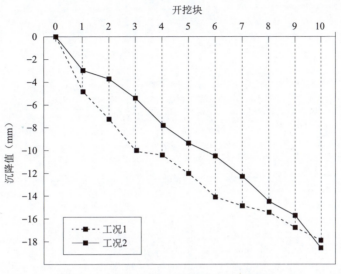

图 3-26　工况 1、工况 2 隧道轴线上方测点沉降

工况 3 各开挖步地表沉降的分布规律与工况 1 基本相同（图 3-27），开挖结束后隧道轴线右侧 9.6m 处沉降最大，为 31.99mm，明显大于工况 2 中的最大沉降 18.59mm。

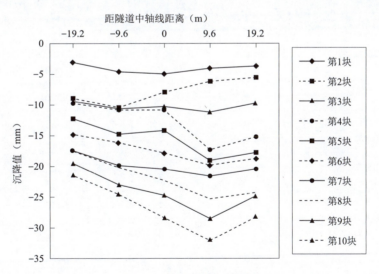

图 3-27　工况 3 分块地表沉降图

由图 3-28 可以看出，工况 3 中隧道轴线上方测点沉降值明显大于工况 1、工况 2；当开挖至第 4 块之后，沉降值的差距越发明显，累计沉降差值增大；且第 4 块之后沉降随时间变化基本趋向于线性增长。

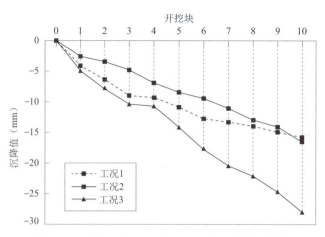

图 3-28　工况 1、工况 2、工况 3 隧道轴线上方测点沉降

从数值大小上来看，有管幕试验的地表沉降基本是无管幕试验地表沉降的 43% 左右，详见表 3-6。

工况 2（有管幕）与工况 4（无管幕）的地表沉降比值表　　　表 3-6

分 步	测　点				
	LVDT-1	LVDT-2	LVDT-3	LVDT-4	LVDT-5
1	0.3159	0.3871	0.3491	0.5353	0.4731
2	0.4679	0.4309	0.2746	0.4095	0.4273
3	0.4128	0.3847	0.2412	0.3262	0.4069
4	0.4388	0.4282	0.2957	0.4267	0.4746
5	0.4404	0.4212	0.3128	0.4479	0.4297
6	0.4463	0.4715	0.3259	0.4461	0.4715
7	0.4773	0.4839	0.3474	0.4496	0.4973
8	0.4705	0.4893	0.3753	0.4305	0.4476
9	0.4372	0.5195	0.3679	0.4542	0.4170
10	0.4099	0.5036	0.3874	0.4318	0.3589
110d 后	0.3881	0.4792	0.4009	0.4561	0.3358
均值	0.4278	0.4545	0.3344	0.4376	0.4309

根据查阅文献提及的 FLAC 软件二维数值分析，有管幕情况的地表沉降比没有管幕

的情况减少 40%~50%，这与本次试验结果吻合。

通过图 3-26~图 3-28 看出隧道的开挖有明显的分部特征。当开挖第 1 块、第 2 块时，LVDT-1、LVDT-2 的读数变化明显，增速明显高于 LVDT-4、LVDT-5，体现出第 1 块、第 2 块分部开挖引起的地表沉降；当开挖第 3 块、第 4 块时，右侧开挖引起 LVDT-4、LVDT-5 沉降加速，再加上前 2 块排液引起的土层位移、变形尚未完全稳定，右侧 2 个测点的读数变化明显加快，而左侧 2 个测点增速放缓；之后步骤有着相同的趋势，即当某一侧开挖时，该侧的沉降会明显加快；当开挖另一侧时，由于时空效应影响，该侧会保持一个较低的沉降速率，进入一个沉降缓慢增长的平台。隧道正中央测点 LVDT-3 由于同时受到两侧开挖效应的影响，沉降速率比较均匀。另外从试验数据中可以得到，同侧开挖时间段产生的测点沉降，例如测点 LVDT-1 在第 1 块、第 2 块、第 5 块、第 6 块、第 7 块开挖过程中产生的沉降，占测点总沉降的比例在 60%~80% 之间。因此，实际施工中要控制地表沉降，就必须以控制其对应断面开挖的下沉为主，即每一部开挖完成后要及时施作临时支护，封闭仰拱，减小下沉的时间效应。

由图 3-29 可以看出，工况 1 与工况 2 地表沉降变化规律基本相同，隧道中心轴线上方沉降与轴线左侧距轴线 -9.6m 处的沉降基本相同，地表沉降大致呈"W"形状；工况 3 的地表沉降变化明显大于前 2 个工况，且隧道轴线左侧各测点间的沉降差较大，隧道轴线右侧 9.6m 处的沉降明显较大。存在管幕群时，地表沉降为 1~2cm，若无管幕群或管幕群未能起到良好前期支护作用时，地表沉降将达到 3~4cm。

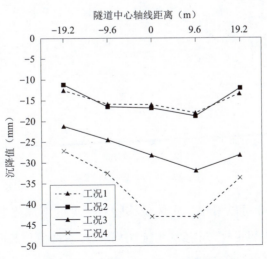

图 3-29 4 个工况开挖结束后地表沉降曲线

本次试验模拟的管幕是一个连续体，而实际工程当中采用的是"管幕+冻结法"施工，顶管周围有 2m 厚的冻土层，其强度不及顶管的强度。因此，有管幕试验的地表沉降值应小于实际工程的地表沉降值。而无管幕的试验工况 4 则完全忽略了管幕的影响，其试验值应当大于实际工程的地表沉降值，因此，拱北隧道实际工程的地表沉降值应该介于工况 2 与工况 4 的试验曲线之间，可以此预测地表沉降范围。

各工况下均为隧道中心右侧附近地表沉降最大，由于试验设备限制，在隧道中心测点与该测点间没有布置传感器；与开挖情况相对应，地表沉降分布规律呈现非对称分布，且轴线右侧位移较大，开挖地表沉降分块现象明显。

3.2.1.2 深部地层位移分析

由于在 80g 重力场下进行离心机试验，各构件较小，若采用在土体中预埋套管加设 LVDT 传感器的方式测定土体位移无疑会对土体性质产生较大影响，其尺寸效应无法忽略，所以，深部土体的位移发展规律采取高速摄影测量的方式测定。

工况 2（1% 地层损失率有管幕有桩基础）开挖结束后，土体位移矢量图见图 3-30。

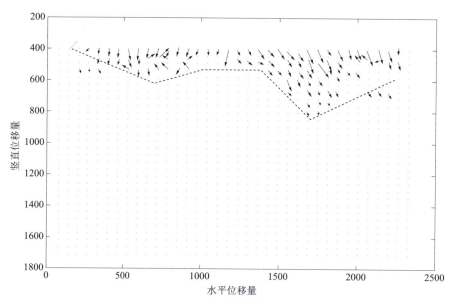

图 3-30 工况 2 土体位移矢量图

从位移矢量图 3-30 可以看出，土体位移随着深度的增加逐渐减小，地表沉降位移较大，且与地表 LVDT 测量规律相似。隧道中轴线左右两侧位移较大；隧道右侧由于有桩基础的存在，深部位移较左侧更小。

从位移方向上来看，隧道正上方处由于拱顶下沉，位移方向向下；拱底处位移较小，方向以朝向拱底方向为主，说明施工完成拱底向上隆起，但是位移较拱顶沉降量值较小。隧道上半部位移多为向隧道内部发展，隧道下半部位移多为向外凸出，结果与后面章节隧道断面收敛位移结果相似。

3.2.2 隧道结构变形及内力分析

3.2.2.1 隧道结构变形分析

工况 2、工况 3、工况 4 的断面收敛结果如表 3-7 ~ 表 3-9 所示。工况 1 由于试验设备原因未能及时完成摄影测量设备的安装，故工况 1 没有相应数据。

工况 2 断面位移收敛表（mm）　　　　　　　　　　　　　表 3-7

分步	拱顶竖向位移	拱底竖向位移	竖向净空收敛	左侧水平位移	右侧水平位移	横向净空收敛
1	3.72	0.02	−3.70	−0.35	−0.03	0.32
2	3.84	0.74	−3.10	1.04	0.68	−0.36
3	3.96	1.51	−2.45	0.82	1.01	0.19
4	5.30	2.81	−2.49	0.85	0.84	−0.02
5	1.62	1.08	−0.55	1.16	0.53	−0.63
6	1.94	2.93	0.99	1.02	0.37	−0.65
7	5.00	2.25	−2.75	0.83	0.61	−0.23
8	4.82	1.87	−2.95	1.00	0.31	−0.69
9	5.09	1.86	−3.23	1.33	0.22	−1.10
10	6.58	0.81	−5.77	0.47	0.69	0.22

注：以向右、向下为正方向。

工况 3 断面位移收敛表（mm）　　　　　　　　　　　　　表 3-8

分步	拱顶竖向位移	拱底竖向位移	竖向净空收敛	左侧水平位移	右侧水平位移	横向净空收敛
1	6.17	−5.54	−0.63	1.34	1.19	−0.16
2	6.48	−5.94	−0.54	2.32	1.59	−0.72
3	6.79	−5.29	−1.50	2.31	1.90	−0.41
4	7.10	−5.68	−1.42	2.96	1.97	−1.00
5	6.90	−5.35	−1.54	3.11	1.64	−1.47
6	7.38	−6.66	−0.71	2.59	1.62	−0.97

续上表

分步	拱顶竖向位移	拱底竖向位移	竖向净空收敛	左侧水平位移	右侧水平位移	横向净空收敛
7	8.37	−5.14	−3.23	2.45	1.95	−0.51
8	8.47	−3.24	−5.23	3.01	1.92	−1.08
9	8.67	−2.50	−6.18	3.31	1.88	−1.43
10	9.22	−1.48	−7.73	1.69	2.06	0.37

注：以向右、向下为正方向。

工况 4 断面位移收敛表（mm） 表 3-9

分步	拱顶竖向位移	拱底竖向位移	竖向净空收敛	左侧水平位移	右侧水平位移	横向净空收敛
1	8.09	2.69	−5.40	3.67	−0.77	−4.44
2	10.68	3.44	−7.24	4.16	0.23	−3.93
3	16.14	3.40	−12.74	3.79	2.36	−1.43
4	21.23	4.14	−17.09	5.29	2.68	−2.60
5	21.12	4.10	−17.02	6.33	1.99	−4.34
6	21.58	5.24	−16.34	6.05	1.50	−4.55
7	22.32	3.94	−18.38	5.71	1.59	−4.12
8	22.14	3.76	−18.38	6.08	0.95	−5.13
9	22.69	3.02	−19.68	6.17	0.27	−5.91
10	23.50	2.74	−20.76	5.62	0.58	−5.04

注：以向右、向下为正方向。

从表 3-7～表 3-9 可以看出，隧道的拱顶沉降值要小于正上方的地表沉降。3 组工况均竖向压缩，净空收敛分别为 5.77mm、7.73mm、20.76mm。而从横向来看，在有管幕的情况下，工况 2、工况 3 最终横向收敛值为 0.22mm、0.37mm。

从图 3-31～图 3-35 可以看出，隧道竖向受压情况明显，对应的为第 1 块、第 7 块、第 10 块；侧向受压情况对应的为第 2 块、第 3 块、第 5 块、第 6 块，其余阶段基本不变。前期随着隧道上方土体开挖，正上方的土压力减小，两侧土压力对隧道的挤压作用加强，从而导致隧道断面在侧向上受压更明显。随着开挖步逐渐下移，两侧土压力释放，隧道由主要是横向受压变为纵向受压。工况 4 的曲线在初期有一个急速压缩段，经分析可能是由于去除管幕后，摄影测量测得的隧道边界为液囊，而液囊在初期排液时会产生明显的下沉，反映到净空收敛曲线上就是初期的急速压缩。后期工况 4 的曲线变化特征基本与工况 2、工况 3 的情况一样。实际工程中，当进行初期开挖时要注意工地两边的堆载不能过大，防止在侧向土压和挖去部分土体的共同影响下，产生隧道上浮的现象。开挖后期应做好对洞内拱顶沉降的监测。

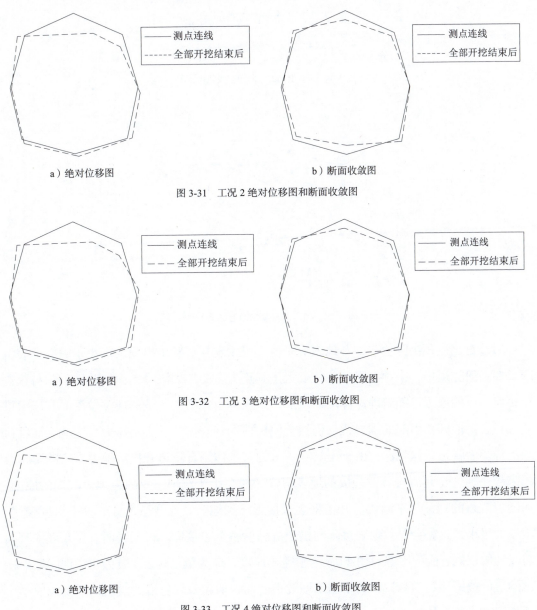

a）绝对位移图　　　　　　　　　　b）断面收敛图

图 3-31　工况 2 绝对位移图和断面收敛图

a）绝对位移图　　　　　　　　　　b）断面收敛图

图 3-32　工况 3 绝对位移图和断面收敛图

a）绝对位移图　　　　　　　　　　b）断面收敛图

图 3-33　工况 4 绝对位移图和断面收敛图

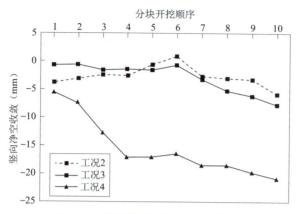

图 3-34　3 组工况的竖向净空收敛比较图

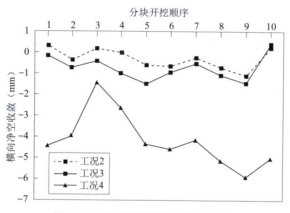

图 3-35　3 组工况的横向净空收敛比较图

通过对比拱顶沉降值与中心地表沉降值，可发现在试验中拱顶沉降小于中心地表沉降。在一般隧道中，拱顶沉降值往往要大于其正上方的地表沉降，而试验结果却与该规律相反，可能原因是随着埋深深度的增加，土压力也在增大。虽然埋深较深时有压力拱效应存在，但开挖引起的围岩扰动仍然会使拱顶受到较大的垂直土压力，这就会加剧拱顶沉降。而隧道埋深越深，由于土具有一定的自承作用，隧道开挖给地表带来的影响会越来越小，这也是盾构隧道造成的地表沉降一般会小于浅埋暗挖隧道地表沉降的原因。而随着隧道的埋深越来越浅，开挖将会直接影响到地表，且隧道上方的覆土深度较浅，土压力很小，这就会导致地表沉降与拱顶沉降值越来越接近。根据断面直径与埋深判断超浅埋的依据：覆跨比 $H/D<0.4$（H 为覆盖土厚度、D 为隧道跨度）时为超浅埋隧道。拱北隧道的覆跨比约为 0.22，属于超浅埋隧道。而一般超浅埋隧道的洞内拱顶变位值小于地表沉降，符合试验结果。

3.2.2.2 弯矩及轴力计算原理

离心机试验工况 1~工况 3 均为有管幕条件，由于在隧道衬砌外侧与液囊间粘贴应变片存在工艺操作上的困难，工况 1~工况 3 仅在等效管幕群外侧黏贴应变片，因此，工况 1~工况 3 量测的仅是等效管幕群的内力。只有工况 4 无管幕条件下隧道衬砌外部贴设应变片的方式来进行测量衬砌内力。试验中隧道外侧共贴设 10 片应变片，各应变片位置见图 3-15，图 3-15 中数字为应变片编号（以下仅对工况 4 数据进行分析）。

由于隧道模型内部有密布的等效支撑模型，所以在隧道内部贴设应变片显得尤为困难。但是对于外部的结构而言，其受力状态往往是弯矩与轴力共同作用的，且由于近似的圆形分布使得该等效环所受的轴力是无法忽略的，所以为了得到较为合理的弯矩轴力值结果，采取以下测量方法：对于外侧的应变值，采取应变片测得的应变值 ε_1；对于内侧的应变值 ε_2，参考 MIDAS 数值模拟的计算结果，提取出测点位置处各开挖步内侧应变值与外侧应变值的比值 a，得到内侧应变值 $\varepsilon_2 = a\varepsilon_1$，这样得到模型环内外侧的应变 ε_1 与 ε_2。假设模型环受弯矩及轴力作用产生弹性应变，在弯矩与轴力作用下产生轴向应变 $\varepsilon_{轴}$ 及弯曲应变 $\varepsilon_{弯}$，计算公式如下：

$$\varepsilon_{轴} = \frac{1}{2}(\varepsilon_1 + \varepsilon_2) \quad (3\text{-}4)$$

$$\varepsilon_{弯} = \varepsilon - \varepsilon_{轴} \quad (3\text{-}5)$$

式中：ε——该点处的应变值。

按照弹性梁截面的弯矩及轴力计算公式，经过离心机试验模型标度得到实际隧道中冻土加管幕环所受的弯矩及轴力。弯矩及轴力计算公式如下：

$$N = \varepsilon_{轴} \times h \times b \quad (3\text{-}6)$$

$$M = \frac{1}{6}\varepsilon_{弯} \times h^2 \times b \quad (3\text{-}7)$$

式中：h——等效环的高度，取 5mm；

b——等效环宽度，取 12.5mm。

这样得出的弯矩与轴力为实际工程中每延米的弯矩与轴力。

3.2.2.3 管幕加冻土环弯矩及轴力结果分析

工况 1~工况 3 将应变片贴设于隧道管幕加冻土等效环上，通过计算方式得到开挖结束后各工况下测点处管幕加冻土等效环的弯矩、轴力值见图 3-36。

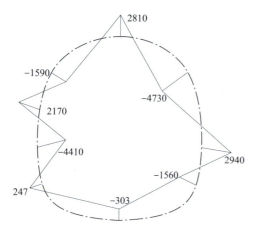
a）工况 1 轴力图（轴力单位：kN）

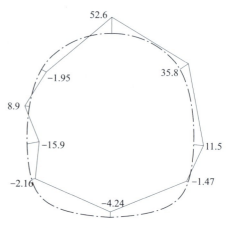
b）工况 1 弯矩图（弯矩单位：kN·m）

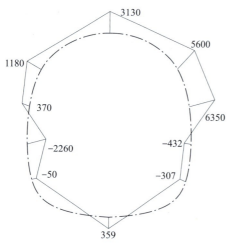
c）工况 2 轴力图（轴力单位：kN）

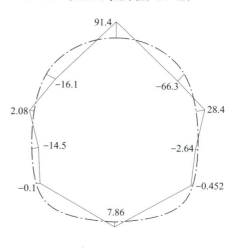
d）工况 2 弯矩图（弯矩单位：kN·m）

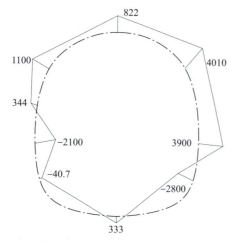
e）工况 3 轴力图（轴力单位：kN）

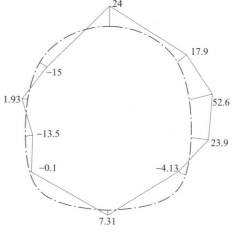
f）工况 3 弯矩图（弯矩单位：kN·m）

图 3-36　各工况弯矩及轴力图

通过读取数据发现，工况 1 的 3 号测点和工况 3 的 3 号测点应变片读数在开挖过程中一直很大，且振荡剧烈，上下变化量很高，所以，判断为应变片失效，舍弃了这些故障测点的数据。

由图 3-36 可以看出，在各工况中，隧道上部各点（1 点、2 点、3 点）相比于其他测点具有较大的弯矩及轴力，在施工过程中对隧道上部的点应进行密切监测。

各测点受力主要以轴力为主，弯矩值相对于轴力较小，说明冻土加管幕环由于本身形状的成拱效应将大部分的施工荷载转化为冻土加管幕环的轴力作用。

桩基础的存在使得隧道冻土加管幕环的轴力与弯矩分布规律发生变化，说明桩基础的存在通过影响土体的运动规律使得管幕环的内力发生重新分布；通过比较工况 1 和工况 2 可以看出，桩基础的存在由于对桩头处及其一定范围内的土体具有约束作用，使得隧道下部的弯矩及轴力有所减小。

拱顶处轴力与弯矩在不同开挖步下的发展规律见图 3-37、图 3-38，即工况 2 的拱顶轴力与弯矩情况。

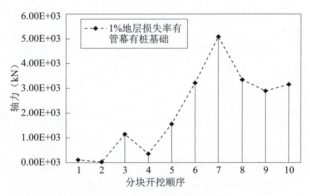

图 3-37　工况 2 的拱顶轴力发展图

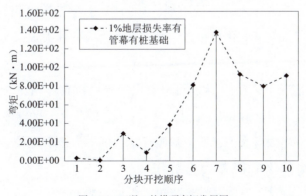

图 3-38　工况 2 的拱顶弯矩发展图

由图 3-37、图 3-38 可以看出，在开挖第 5 块、第 6 块、第 7 块时拱顶处的轴力与弯矩发展较快，隧道弯矩与轴力的发展相对于开挖部位具有一定的滞后性；隧道开挖为左右对称交替进行开挖，在隧道由左侧开挖变至右侧开挖或相反时，拱顶处的轴力与弯矩发展趋势也发生改变，隧道的分块分部开挖效应较为明显。

除拱顶处外，整体上隧道各测点中上部的测点弯矩与轴力较大，尤其是 3 号测点（隧道右上方）轴力与弯矩在各工况中均较大，在施工过程中需要对上部结构的变形及受力密切监测，注意其变形与受力的发展。

3.2.2.4　衬砌弯矩及轴力结果分析

工况 4 中去掉了管幕加冻土等效环，应变片贴设于隧道等效衬砌处。通过式（3-6）、式（3-7）得到开挖结束后工况 4 各测点处弯矩、轴力值，如图 3-39 所示。

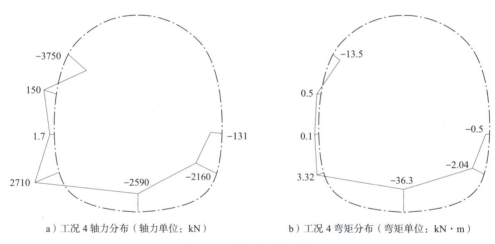

a）工况 4 轴力分布（轴力单位：kN）　　b）工况 4 弯矩分布（弯矩单位：kN·m）

图 3-39　工况 4 弯矩及轴力图

通过读取数据发现，工况 4 中的 1 号、2 号、3 号测点应变片读数在开挖过程中一直很大，且振荡剧烈，上下变化量很高，所以判断为应变片失效，舍弃了这些故障测点的数据。

对于无管幕的情况下，由图 3-39 可以看出，等效衬砌环相比于外部的冻土加管幕环其轴力与弯矩值均较小（除拱底处明显增大），主要是由于衬砌环内部有支撑体系共同承担受力，而管幕环独自受力，所以衬砌环承受的轴力及弯矩较小。

3.2.3　周围构筑物变形及内力分析

工况 2 与工况 3 桩基础沉降随开挖过程变化见图 3-40。

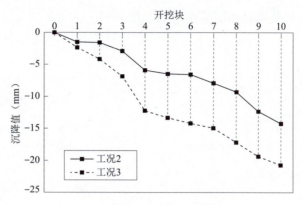

图 3-40　工况 2、工况 3 桩基础沉降

从图 3-40 可以看出，2 种工况桩基础沉降变化趋势基本相同，开挖第 4 块时桩基础沉降变化较大；工况 3 桩基沉降明显大于工况 2 桩基沉降，工况 3 沉降最大值为 20.75mm，工况 2 沉降最大值为 14.24mm。

桩基础与隧道轴线距离为 10.57m，在隧道轴线右侧，这 2 种工况中用隧道轴线右侧 9.6m 处地表沉降减去桩基础沉降得到的沉降差值见图 3-41。

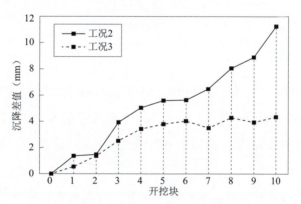

图 3-41　工况 2、工况 3 桩基础沉降与地表沉降差值

从图 3-41 可以看出，当开挖地层损失率为 2% 时，地表与桩基础之间将产生较大的相对沉降；地层损失率为 1% 时，在开挖至第 6 块之后，地表与桩基础沉降差值基本保持不变，地表与桩基础一起沉降；当地层损失率为 2% 时，尤其是开挖至桩基础侧第 3 块时，桩基础与地表会产生更大的相对沉降值，土体相对于桩基础产生更大的沉降，且随着开挖的深入沉降的差值逐步增大，土体相对于桩基础产生向下的位移，这种位移将产生负摩阻力，在外荷载相同的情况下降低桩基础的承载力。

工况 2、工况 3 桩基础轴力图见图 3-42、图 3-43。

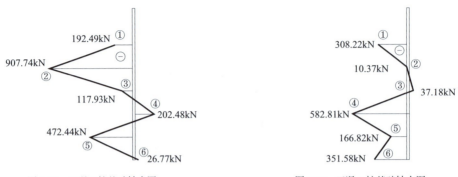

图 3-42　工况 2 桩基础轴力图　　　　图 3-43　工况 3 桩基础轴力图

从桩基础轴力图中可以看出，工况 3 时，在第 1 测点～第 6 测点间均产生了负摩阻区域；工况 2 时，在第 1 测点～第 5 测点产生了负摩阻区域。可以看出随着地层损失率的增大，桩基础负摩阻区域向下移动，在高地层损失率下，开挖后期将在桩基础下方产生负摩阻区域，该现象与前文"高地层损失率下，开挖至后期土体相对于桩基础产生更大的沉降；低地层损失率下，开挖前期土体相对于桩基础产生向下沉降"的现象相吻合。

3.3　本章小结

（1）通过离心机试验初步结果可知，对于五台阶十部开挖方案，在管幕群能够起到良好的超前支护作用下，隧道开挖引起地表沉降最大为 1～2cm；而当管幕群无法起到良好超前支护作用时，隧道开挖引起地表沉降最大为 3～4cm。两者之比在 30%～45% 之间。

（2）从沉降分布形式看，由于五台阶十部开挖方案为非对称开挖形式，从而引起地表沉降槽为显著非对称形式，非对称最大沉降点发生在隧道的右侧。根据离心机试验位移监测点布置情况，试验中最大点在隧道右侧 9.6m 位置附近。因此在施工过程中，建议选取隧道中心轴线右侧部分测点为地表沉降安全控制点。

（3）对于深部地层位移，从位移方向上来看，隧道正上方处由于拱顶下沉，位移方向向下；拱底处位移较小，方向以朝向拱底方向为主，说明施工完成拱底向上隆起，但是位移较拱顶沉降较小。

（4）前期随着隧道上方土体开挖，正上方土压力减小，两侧土压力对隧道的挤压作用加强，从而导致隧道断面在侧向上受压更明显，隧道左右两侧将产生相对较大的横向挤压变形，施工中应对此密切关注；随着开挖步逐渐下移，两侧土压力释放，隧道由主要是横向受压变为纵向受压，拱顶沉降效果将更为明显，开挖后期应做好对洞内拱顶沉降的监测。

（5）管幕加冻土超前支护圈主要以承受轴力为主，成拱效应较明显，各工况下隧道上部受力较大；对于无管幕情况下，等效衬砌环相比于外部的冻土加管幕环其轴力与弯矩值均较小（除拱底处明显增大），主要是由于衬砌环内部有支撑体系共同承担受力，而管幕环独自受力，所以衬砌环承受的轴力及弯矩较小。

（6）随着地层损失率增大，桩基础沉降显现出不同的规律。在开挖初期，不同地层损失率下土体均相对于桩基础产生竖向沉降。开挖后期，低地层损失率下，土体与桩基础基本不产生相对位移；高地层损失率下，土体与桩基础相对位移持续增大，土体产生更大的竖向沉降。土体与桩基础的相对沉降将产生负摩阻区域，降低桩基础承载力。

第 4 章
CHAPTER 4
五台阶十部开挖方案三维数值模拟

为了分析隧道开挖过程中，隧道三维变形和受力特性，选用 ABAQUS 进行隧道开挖的三维数值模拟，重点研究五台阶十部开挖方案。通过数值模拟技术，不仅可以展现出管幕支撑体系的结构特性，而且能够反映出岩土介质的力学特点。

4.1 五台阶十部开挖方案三维模型分析

4.1.1 模型参数

4.1.1.1 基本模型几何参数

采用地层结构法建立隧道三维模型，该模型考虑了管幕施工引起的结构参数变化，能够反映出管幕结构、衬砌及临时支撑的施工特点。

数值模拟计算中，出于实际施工过程的考虑，将初期支护分为管幕和初衬两部分。如图 4-1 所示，初衬、二衬、管幕结构均呈马蹄形环状，管幕结构采用实体单元和嵌入其中的梁单元模拟，管幕与初衬、

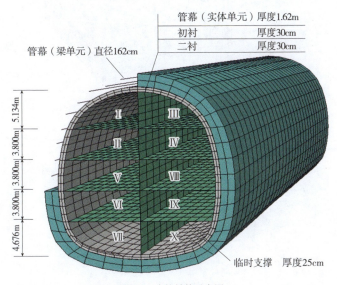

图 4-1 支护结构示意图

初衬与二衬之间紧密相贴。隧道内部临时支撑与衬砌相连接,将其简化为板壳结构。模型中土层按其土性分为3层,土体长150m,宽200m,高42.4m,模型尺寸及其坐标轴如图4-2所示。

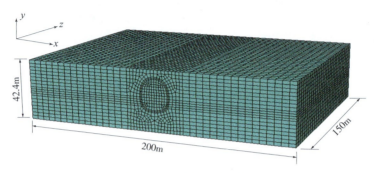

图4-2 基本模型尺寸示意图

4.1.1.2 周边环境的模拟

(1) 筏式浅基础

在基本模型的基础上,用实体单元模拟筏式浅基础,将其嵌入到土体中,基础厚度1.40m,长度37.80m,宽度15m,基础表面作用有竖向荷载20kPa,如图4-3所示。

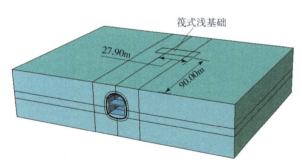

图4-3 含有筏式浅基础的模型示意图

(2) 桩基础

在基本模型的基础上,将承台等效成为长度、宽度均为4.08m,高度2.4m的六面体,承台下方的沉管灌注桩等效成为截面边长0.48m的六面体桩,在承台上施加120kPa的竖向荷载,如图4-4所示。

4.1.1.3 模型材料参数

(1) 土体

按照土体参数的不同,将土体分为3层:最上一层为黏性土,厚度19m;中间一层为砂性土,厚度6.4m;最下层为黏性土,厚度17m。

管幕结构所在区域分为3层,

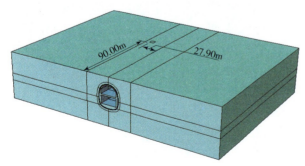

图4-4 含有桩基础的模型示意图

采用弹性模型，取与之高度相对应土层的弹性模量和泊松比。开挖土体在开挖前需进行注浆加固处理，注浆后土体参数有所提升，土体具体参数详见表4-1。

材料参数表　　　　　　　　　　表4-1

类　型	单元类型	材料模型	模型参数
地层1	实体单元	摩尔库伦模型	$\rho=1.8\text{g/cm}^3$，$E=15\text{MPa}$，$\varphi=5°$，$c=10\text{kPa}$
地层1（注浆）	实体单元	摩尔库伦模型	$\rho=1.8\text{g/cm}^3$，$E=15\text{MPa}$，$\varphi=35°$，$c=10\text{kPa}$
地层2	实体单元	摩尔库伦模型	$\rho=2.0\text{g/cm}^3$，$E=30\text{MPa}$，$\varphi=27°$，$c=0.1\text{kPa}$
地层2（注浆）	实体单元	摩尔库伦模型	$\rho=2.0\text{g/cm}^3$，$E=30\text{MPa}$，$\varphi=35°$，$c=10\text{kPa}$
地层3	实体单元	摩尔库伦模型	$\rho=1.8\text{g/cm}^3$，$E=20\text{MPa}$，$\varphi=20°$，$c=17\text{kPa}$
管幕1	实体单元	弹性模型	$\rho=1.8\text{g/cm}^3$，$E=15\text{MPa}$
管幕1	梁单元	弹性模型	$\rho=2.756\text{g/cm}^3$，$E=38.7\text{GPa}$
管幕2	实体单元	弹性模型	$\rho=2.0\text{g/cm}^3$，$E=30\text{MPa}$
管幕2	梁单元	弹性模型	$\rho=2.756\text{g/cm}^3$，$E=38.7\text{GPa}$
管幕3	实体单元	弹性模型	$\rho=1.8\text{g/cm}^3$，$E=20\text{MPa}$
管幕3	梁单元	弹性模型	$\rho=2.756\text{g/cm}^3$，$E=38.7\text{GPa}$
初次衬砌	实体单元	弹性模型	$\rho=2.5\text{g/cm}^3$，$E=38.33\text{MPa}$
临时支撑	壳单元	弹性模型	厚度59cm，$E=5.58\text{MPa}$
二次衬砌	实体单元	弹性模型	$\rho=2.5\text{g/cm}^3$，$E=39.83\text{MPa}$
三次衬砌	实体单元	弹性模型	$\rho=2.5\text{g/cm}^3$，$E=33.5\text{MPa}$
桩基承台	实体单元	弹性模型	$\rho=2.5\text{g/cm}^3$，$E=31.5\text{MPa}$
桩基	实体单元	弹性模型	$\rho=2.5\text{g/cm}^3$，$E=33.0\text{MPa}$
筏式浅基础	实体单元	弹性模型	$\rho=2.5\text{g/cm}^3$，$E=31.5\text{MPa}$

（2）管幕模型

采用土层中嵌入梁单元的方法模拟管幕结构，所在土体采用弹性实体单元。梁单元截面半径取0.81m，利用截面抗弯刚度等效的方法，将梁单元弹性模量折算为38.7GPa。

（3）隧道衬砌

初期衬砌由间距40cm的22b型钢支撑和30cm厚的C25喷射混凝土构成，二次衬砌为30cm厚的C35轻钢架模筑混凝土，初衬和二次衬砌在保证截面抗弯刚度不变的前提下等效为单一材质的马蹄形环。三次衬砌为钢筋混凝土结构，采用实体单元模拟。衬砌详细参数参见表4-1。

（4）临时支撑

工程中临时支撑采用HK400b型钢，间距1.2m，在保证截面压缩刚度（EA）和抗弯刚度（EI）不变的前提下，将临时支撑简化成为厚度59cm，弹性模量5.58GPa的壳单元模型。

（5）周边环境

筏式浅基础采用弹性模型模拟，弹性模量取31.5GPa。桩基础承台的弹性模量取31.5GPa，桩基础经折算成正方形截面后弹性模量为33.0GPa。

4.1.2 模拟施工步骤

数值模拟未考虑导洞开挖后土体应力释放，导洞一开挖便立即施作初衬和临时支撑，二次衬砌施作保证与掌子面5m间距。根据施工方案将其分为27个施工步骤，土体开挖及结构施作顺序如下。

（1）添加梁单元管幕结构，考虑周边环境的模型添加周边结构（筏式浅基础、桩基础），在周边结构上施加竖向荷载；

（2）开挖Ⅰ导洞，立即施作初衬、临时支撑及二衬，初衬和临时支撑时刻领先二衬5m；

（3）Ⅰ导洞开挖10m后，开挖Ⅱ导洞，立即施作初衬、临时支撑及二衬，初衬和临时支撑时刻领先二衬5m；

（4）Ⅱ导洞开挖10m后，开挖Ⅲ导洞，施作初衬、临时支撑及二衬，初衬和临时支撑时刻领先二衬5m；

（5）Ⅲ导洞开挖10m后，开挖Ⅳ导洞，施作初衬、临时支撑及二衬，初衬和临时支撑时刻领先二衬5m；

（6）Ⅳ导洞开挖15m后，开挖Ⅴ导洞，施作初衬、临时支撑及二衬，初衬和临时支撑时刻领先二衬5m；

（7）Ⅴ导洞开挖10m后，开挖Ⅵ导洞，施作初衬、临时支撑及二衬，初衬和临时支撑时刻领先二衬 5m；

（8）Ⅵ导洞开挖 10m 后，开挖Ⅶ导洞，施作初衬、临时支撑及二衬，初衬和临时支撑时刻领先二衬 5m；

（9）Ⅶ导洞开挖 10m 后，开挖Ⅷ导洞，施作初衬、临时支撑及二衬，初衬和临时支撑时刻领先二衬 5m；

（10）Ⅷ导洞开挖 10m 后，开挖Ⅸ导洞，施作初衬、临时支撑及二衬，初衬和临时支撑时刻领先二衬 5m；

（11）Ⅸ导洞开挖 10m 后，开挖Ⅹ导洞，施作初衬、临时支撑及二衬，初衬和临时支撑时刻领先二衬 5m；

（12）施工步序 12～26，台阶法开挖，每施工步进尺 10m；

（13）隧道开挖完毕后，拆除支撑，施加三次衬砌。

4.1.3 数值模拟结果

土体直接开挖时，数值计算结果因为掌子面失稳而无法收敛，因而需要对土体进行注浆处理。以下数值计算结果均建立在掌子面土体经过了注浆加固处理的基础上，注浆后土体参数如表 4-1 所示。

4.1.3.1 数值分析计算结果

（1）位移云图

根据施工设计要求，考虑到实际工程断面（$z=0$）边界条件要较模型复杂，取横断面 $z=10\mathrm{m}$ 处，模型在关键施工步序下的竖向位移云图如图 4-5～图 4-8 所示。

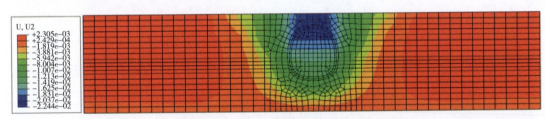

图 4-5 施工步序 1，断面位移云图（$z=10\mathrm{m}$）

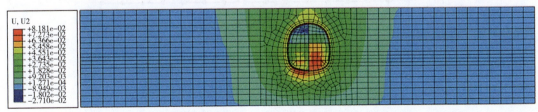

图 4-6 施工步序 11，断面位移云图（$z=10\mathrm{m}$）

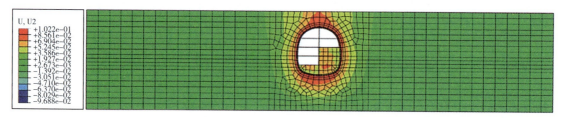

图 4-7 施工步序 21，断面位移云图（$z=10m$）

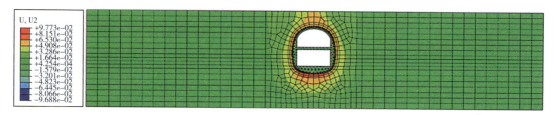

图 4-8 施工步序 27，断面位移云图（$z=10m$）

从图 4-5 中可以看出，管幕施作后由于自重的增加，隧道上方土体出现沉降，施工步序 1，地表沉降 2.02cm。随着隧道的开挖，隧道周边的土体开始呈现向上位移的趋势，地表也由初始的沉降转入隆起，施工步序 27 地表隆起量为 5.48cm（图 4-6～图 4-8）。

（2）纵向地表竖向位移图

记录隧道中心线位置地表沿纵向（z 轴方向）的沉降（隆起）值，绘制成图，如图 4-9～图 4-11 所示。图中均以沉降为负值、隆起为正值。由于管幕密度大于土体，因此施工步序 1 中土体开始出现了一定的沉降，如图 4-9 所示。

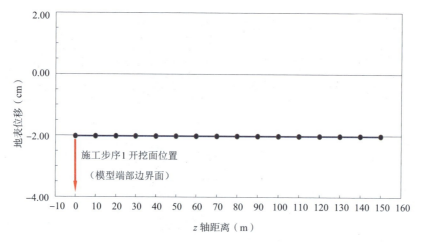

图 4-9 施工步序 1（管幕施工完毕），沿纵向地表竖向位移图

随着施工的进行，地表逐渐呈现上浮隆起的趋势。施工步序 26，土体开挖完成，所有二次衬砌成环，地表隆起量达到最大；从图 4-10 可以看出初始开挖断面 $z=0$ 处地表位移最大，为 7.45cm。

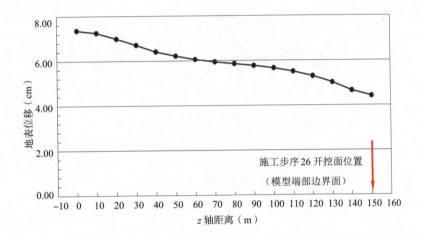

图 4-10　施工步序 26，沿纵向地表沉降（隆起）图

施工步序 27，拆除临时支撑三次衬砌施作完毕后，地表隆起虽然有所消减，但土体仍呈现上浮趋势，地表沿纵向隆起量如图 4-11 所示。

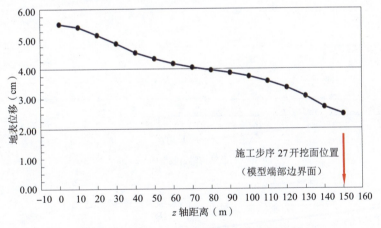

图 4-11　施工步序 27，沿纵向地表沉降（隆起）图

（3）横向地表竖向位移图

随着施工的进行，地表逐渐呈现以 $x=0$ 为对称中心的隆起现象，取 $z=0$ 平面，做出横向地表竖向位移分布图（图 4-12）。

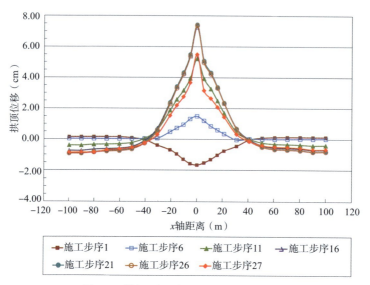

图 4-12 横向地表沉降（隆起）图（$z=10$m）

（4）衬砌变形

将 $z=10$m 处断面，衬砌结构竖直收敛曲线如图 4-13 所示，水平收敛曲线如图 4-14 所示。可以看出在衬砌成环之后，竖直方向和水平方向均呈向内收敛趋势，水平方向收敛量（7~10mm）要大于竖直方向收敛量（<1mm）。

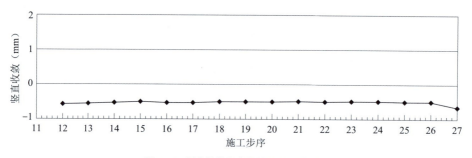

图 4-13 衬砌结构竖直收敛图（$z=10$m）

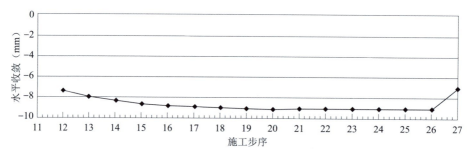

图 4-14 衬砌结构水平收敛图（$z=10$m）

（5）衬砌内力

施工步序 26 中，将 $z=10$m 处衬砌（初衬及二衬）和临时支撑交接处的截面内力提取出来，绘制每延米衬砌轴力、弯矩以及剪力图。竖向坐标取截面位置的相对高度，其中轴力方向以受压为正，弯矩方向以衬砌外侧受拉、内侧受压为正，剪力方向以截面顺时针方向为正，截面位置及其编号如图 4-15 所示。

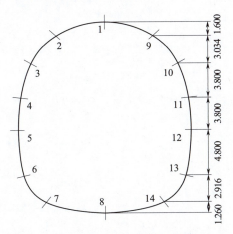

图 4-15　截面位置及编号示意图（尺寸单位：m）

随着隧道断面的开挖，由于外力发生了改变，隧道衬砌将经历内力重分布的过程。比较各施工步下内力的分布情况，可以看出弯矩和剪力大体上呈现上升趋势。如图 4-16 ~ 图 4-21 所示，截面 3 在施工步序 6 状态下的弯矩为 307.0kN·m，当开挖进行到施工步序 26 时弯矩已经增加到了 451.8kN·m，该位置的剪力也由最初的 775.8kN 增加到了 1219kN。

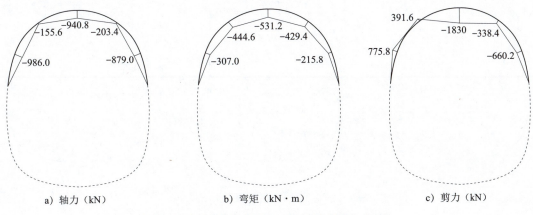

图 4-16　施工步序 6，初次及二次衬砌内力图（$z=10$m）

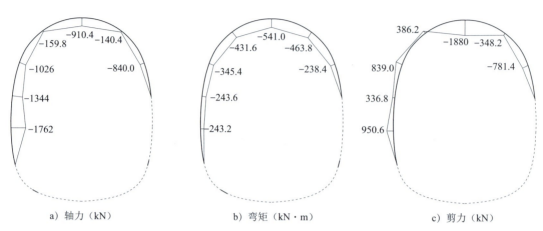

图 4-17 施工步序 8，初次及二次衬砌内力图（$z=10$m）

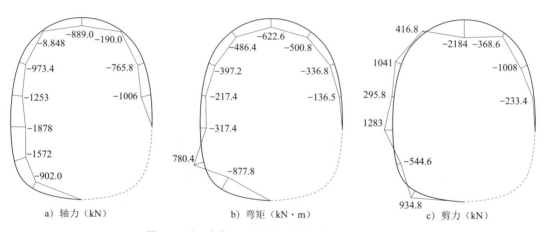

图 4-18 施工步序 10，初次及二次衬砌内力图（$z=10$m）

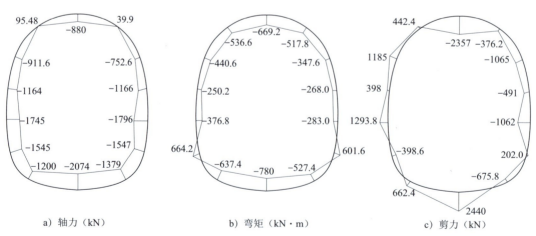

图 4-19 施工步序 12，初次及二次衬砌内力图（$z=10$m）

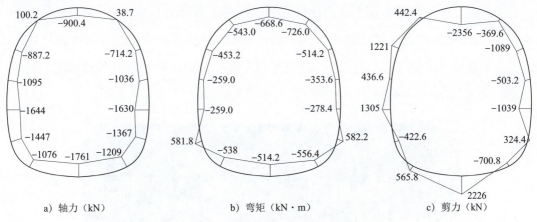

图 4-20 施工步序 19，初次及二次衬砌内力图（$z=10$m）

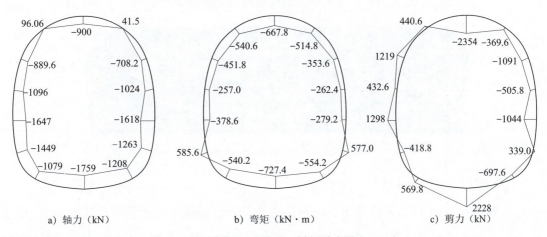

图 4-21 施工步序 26，初次及二次衬砌内力图（$z=10$m）

除隧道拱顶位置外，轴力均呈现增加趋势，拱顶处截面内力随着施工的进行逐渐减小，尤其是截面 2 和截面 9 尤为明显，截面 2 的轴力在施工步序 6 下的压力为 155.6kN，到施工步序 10 时压力已经减小到 8.848kN，之后轴力表现为拉力。在隧道施作过程中，拱顶受到来自上部的土压力，衬砌竖向呈向内收敛趋势，下部的临时支撑对上部衬砌的约束作用随着开挖的进行愈加明显，因而表现出轴力由压力转变成为拉力的现象。

在施工步序 12 下 $z=10$m 的断面实现了二次衬砌的成环，通过图 4-19 b）可看出，此时衬砌以外侧受压、内侧受拉为主，隧道下方两侧截面 6 及截面 13 为内侧受压、外侧受拉。

4.1.3.2 考虑筏式浅基础的模型计算结果

（1）位移云图

筏式浅基础采用嵌固的形式和土体接触，顶部施加了 20kPa 的竖向荷载。图 4-22

是不考虑周边环境的模型剖面竖向位移云图，隧道呈明显的上浮趋势。图 4-23 是施工步序 27 时，考虑筏式浅基础的模型，$z=90$m 剖面竖向位移云图。由图 4-23 可以看出，筏式浅基础所在区域的隆起量要小于周边区域，其中远离隧道的部分基础出现了沉降，可以看出筏式浅基础发生了沿 z 轴顺时针方向的转动。

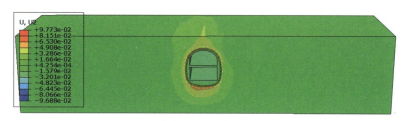

图 4-22　不考虑周边环境的模型剖面竖向位移云图

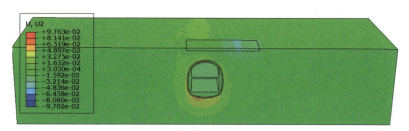

图 4-23　考虑筏式浅基础的模型剖面竖向位移云图（$z=90$m）

（2）筏式浅基础对隧道受力的影响

从图 4-24 ~ 图 4-27 可以看出，含有筏式浅基础的模型弯矩和剪力与基本模型相差较小。筏式浅基础对隧道轴力影响较大，尤其是隧道上部衬砌轴力，相较基本模型轴力增加了 10% ~ 20%。截面 10 在基本模型中轴力为 759.2kN，在含有筏式浅基础的模型中轴力为 920.2kN，增加了 21.2%。

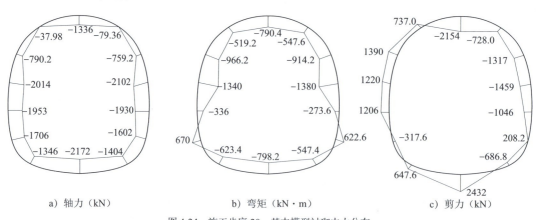

图 4-24　施工步序 20，基本模型衬砌内力分布

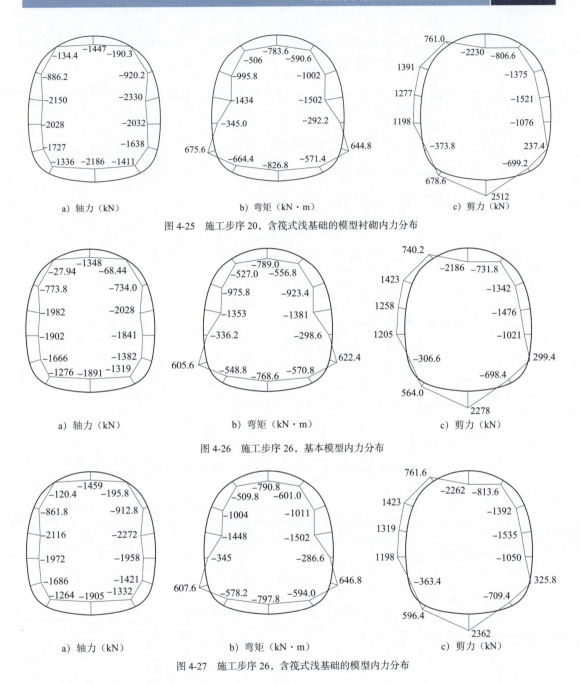

图 4-25 施工步序 20，含筏式浅基础的模型衬砌内力分布

图 4-26 施工步序 26，基本模型内力分布

图 4-27 施工步序 26，含筏式浅基础的模型内力分布

（3）筏式浅基础内力分布

筏式浅基础剪力和弯矩在施工步序 1 和施工步序 26 下的内力分布情况如图 4-28～图 4-31 所示，其中弯矩方向以基础上方受拉、下方受压为正，剪力方向以顺时针为正。从图 4-28～图 4-31 可以看到，距离筏式浅基础左端 10～18m 为弯矩及剪力变化

较大的区域。距离筏式浅基础左端 14m 处的断面在隧道开挖前的施工步序 1 弯矩为 38.86kN·m，隧道开挖完毕后弯矩增加到 350.1kN·m，弯矩增加了 311.24kN·m。距离左端 14m 处的断面在隧道开挖前的施工步序 1 剪力由 34.89kN 增加到了 310.3kN。

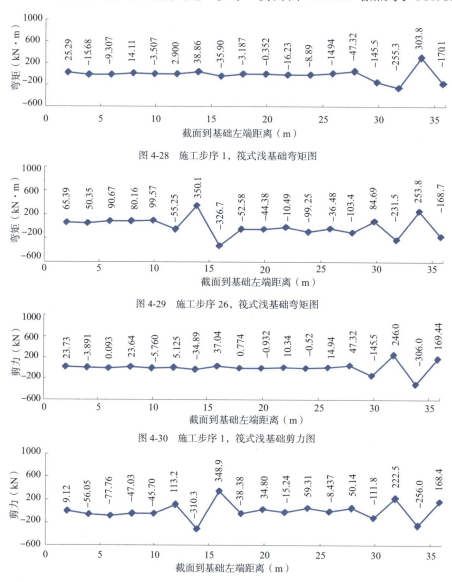

图 4-28　施工步序 1，筏式浅基础弯矩图

图 4-29　施工步序 26，筏式浅基础弯矩图

图 4-30　施工步序 1，筏式浅基础剪力图

图 4-31　施工步序 26，筏式浅基础剪力图

4.1.3.3　含有桩基础的模型计算结果

（1）桩基础竖向位移云图

桩基础竖向位移云图如图 4-32 所示。

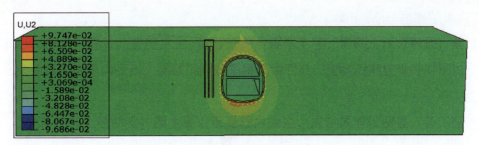

图 4-32　含有桩基础的模型剖面竖向位移云图

（2）桩基础竖直应力及位移云图

由于施工步序 26，隧道开挖完毕，但尚未施作三次衬砌，土体位移达到最大值，因而桩基础处于最不利的受力状态，桩基础竖向应力云图如图 4-33 所示。从图 4-33 可以看出，右侧（即靠近隧道一侧）的桩基础竖直方向应力要明显大于左侧的桩基础，因而以下的受力分析以右侧桩基础为主。同时，可以看出，该桩体中部偏下位置应力较大，两端应力偏小，这可能是因为隧道开挖的时候，桩体受到了负摩阻力的影响。图 4-34 为施工步序 26 时桩基础的竖向位移云图，从图 4-34 可以看出，右边邻近隧道的桩体竖直位移要大于左侧远离隧道的桩体，并且桩体底部位移要大于桩体上部的位移值。

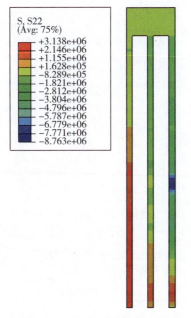

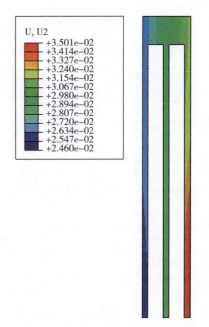

图 4-33　施工步序 26，桩基础竖向应力云图　　　图 4-34　施工步序 26，桩基础竖向位移云图

（3）桩基础水平位移曲线

桩基础水平位移曲线如图 4-35 所示，桩基顶端向左侧位移，底端向右侧位移，位移零点位于底端上方 10m 处。

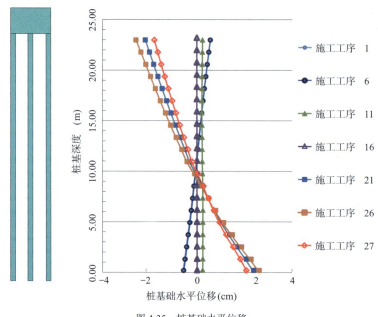

图 4-35 桩基础水平位移

（4）桩基础对隧道结构受力的影响

图 4-36～图 4-39 为隧道成环时及土体开挖完毕后基本模型和含桩基础的模型内力图，从图 4-36～图 4-39 可以看出，桩基础对衬砌结构影响较小。

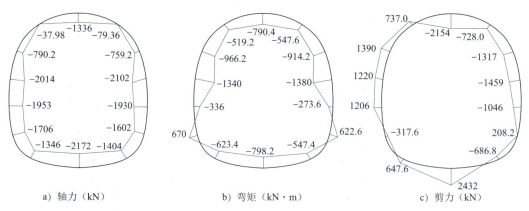

图 4-36 施工步序 20，基本模型衬砌内力分布

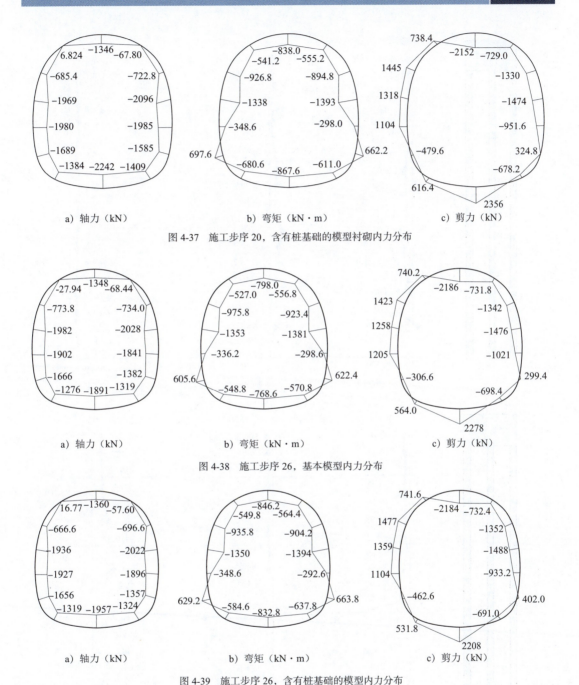

图 4-37 施工步序 20，含有桩基础的模型衬砌内力分布

图 4-38 施工步序 26，基本模型内力分布

图 4-39 施工步序 26，含有桩基础的模型内力分布

(5) 桩基础内力分布

桩基础内力图如图 4-40、图 4-41 所示，其中轴力方向以受拉为正、受压为负，桩底轴力为桩端力；弯矩方向以左侧受拉、右侧受压为正；剪力方向以顺时针方向为正。

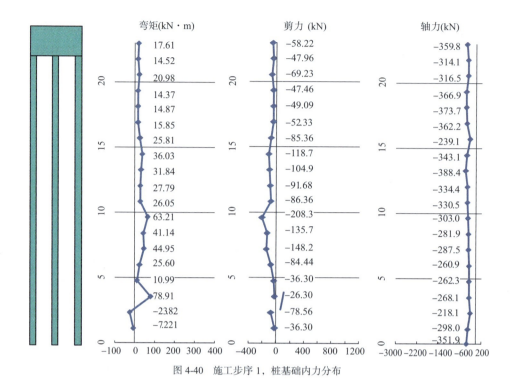

图 4-40　施工步序 1，桩基础内力分布

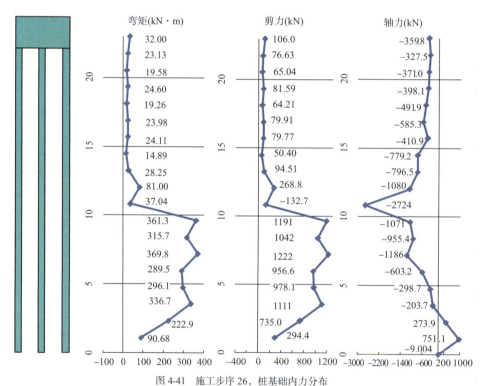

图 4-41　施工步序 26，桩基础内力分布

4.1.4 小结

从图 4-40 可以看出,桩顶轴力(359.8kN)和桩端力(351.9kN)相近,且各截面轴力均处在 200~400kN 之间,因此可以推断施工步序 1,桩体以端部承载为主。结合图 4-33 以及图 4-34 可以确定,在隧道开挖的过程中,桩体的上部受到来自土体的负摩阻力,使得距离底端 11m 处的截面轴力由 -330.5kN 增加到 -2724kN。桩底也受到了负摩阻力,桩端力由 -351.9kN 减小到了 -9.004kN,同时距离桩底 3m 以内的截面轴力表现为拉力。

由于隧道开挖土体出现了向隧道侧的位移,带动了邻近桩基产生一定的水平位移,从而增大了桩基的弯矩和剪力。距离桩底 7m 处弯矩由 44.95kN·m 增加到 369.8kN·m,剪力由 148.2kN 增加到 1222kN。

4.2 本章小结

针对五台阶十部开挖方案,通过 ABAQUS 三维数值模拟试验和离心机试验,可以得出以下结论:

(1)根据数值模拟结果,可看出结构内力和地层位移均能满足设计需求,五台阶十部开挖方案是可行的,能够满足实际工程需要。

(2)由于五台阶十部开挖方案为非对称开挖形式,从而引起地表沉降槽为显著非对称形式,非对称最大沉降点发生在隧道右侧,根据离心机试验位移监测点布置情况,试验中沉降最大点在隧道右侧 9.6m 附近。因此在施工过程中,建议选取隧道中心轴线右侧部分测点为地表沉降安全控制点。

(3)前期随着隧道上方土体开挖,正上方土压力减小,两侧土压力对隧道挤压作用加强,从而导致隧道断面在侧向上受压更明显,隧道左右两侧将产生相对较大的横向挤压变形,施工中应对此密切关注;随着开挖步逐渐下移,两侧土压力释放,隧道由主要是横向受压变为纵向受压,拱顶沉降效果将更为明显,开挖后期应做好对洞内拱顶沉降的监测。

(4)数值模拟结果说明,隧道开挖引起的土体相对沉降会使得桩基础产生负摩阻力,降低了桩基础的承载力,建议在施工过程中加强对桩基础沉降的相关监测。

第 5 章
CHAPTER 5
五台阶十四部理论分析研究及施工

5.1 五台阶十四部施工方案介绍

2016年1月28日，广东省交通运输厅组织召开港珠澳大桥珠海连接线拱北隧道暗挖段设计变更方案评审会议。由于五台阶十四部工法有利于施工组织，同时能够及时支撑、尽快封闭成环，故拱北隧道暗挖段最终采用五台阶十四部开挖方案。该方案采用2道竖向斜撑，具有五台阶十五部方案的多导洞开挖的特点，有利于临时支撑的受力；顶部2个导洞与五台阶十部方案相似，截面较大，利于大规模机械开挖，因而兼具2种开挖方案的优点。五台阶十四部开挖方案相应的步骤及结构支护程序较为复杂，具体如表5-1所示。

五台阶十四部开挖具体施工步骤　　　　　　　　表5-1

开挖步骤示意图	开挖步骤说明
	开挖第1台阶： 先对A-1、A-2分区进行纵向水平注浆加固，先开挖A-1分区，A-2分区落后A-1分区5m错位开挖。各分区每开挖1~2个工字钢间距时，紧跟施作初期支护与临时支护结构；二次衬砌分别在各分区内部施作，距离开挖面约10m。同时，对下部第2台阶进行竖向注浆加固

续上表

开挖步骤示意图	开挖步骤说明
	开挖第 2 台阶： 第 2 台阶与第 1 台阶纵向间隔 20m 开挖。对于第 2 台阶，先对 B-1 分区进行纵向水平注浆加固，然后边开挖边对 B-2 分区进行横向水平加固；B-2 分区滞后于两侧 B-1 分区约 5m，各分区每开挖 1~2 个工字钢间距时，应紧跟施作初期支护与临时支护结构。二次衬砌分别在各分区内部施作，距离开挖面约 10m。
	开挖第 3 台阶： 第 3 台阶与第 2 台阶纵向间隔 15m 开挖，工序、工法与前述类似
	开挖第 4 台阶： 第 4 台阶与第 3 台阶纵向间隔 15m 开挖，工序、工法与前述类似
	开挖第 5 台阶： 第 5 台阶与第 4 台阶纵向间隔 10m 开挖，工序、工法与前述类似

续上表

开挖步骤示意图	开挖步骤说明
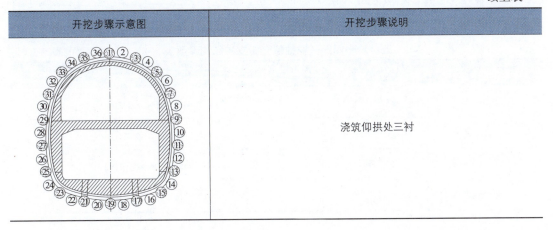	浇筑仰拱处三衬

5.2 五台阶十四部开挖方案与初步方案对比

5.2.1 有限元数值分析模型

针对有限元分析方法，数值模型的建立以及参数的选取将对结果产生较为重要的影响。图 5-1 为五台阶十四部开挖对应的数值分析模型网格图，表 5-2 为五台阶十四部开挖数值分析土体参数表。

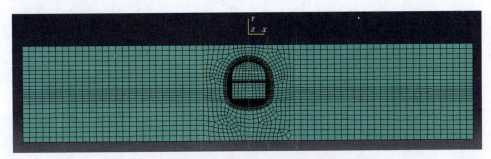

图 5-1 五台阶十四部开挖数值分析模型网格图

五台阶十四部开挖数值分析土体参数表　　表 5-2

类 型		材料模型	模型参数
地层	地层 1	摩尔库伦模型	$\rho=1.8\text{g/cm}^3$，$E=15\text{MPa}$，$\varphi=5°$，$c=10\text{kPa}$
	地层 2	摩尔库伦模型	$\rho=2.0\text{g/cm}^3$，$E=30\text{MPa}$，$\varphi=27°$，$c=0.1\text{kPa}$
	地层 3	摩尔库伦模型	$\rho=1.8\text{g/cm}^3$，$E=20\text{MPa}$，$\varphi=20°$，$c=17\text{kPa}$
管幕		弹性模型	$\rho=2.5\text{g/cm}^3$，$E=200\text{MPa}$

分部开挖时，折减 60% 待开挖土体的模量，以模拟开挖的施工效应，以及施工扰动带来的影响。表 5-3 为五台阶十四部开挖数值分析支护结构参数表。

五台阶十四部开挖数值分析支护结构参数表　　　表 5-3

类　型		材料模型	模 型 参 数
支护	初期支护	弹性模型	$\rho = 2.5 \text{g/cm}^3$，$E = 38.33 \text{GPa}$
	二次衬砌	弹性模型	$\rho = 2.5 \text{g/cm}^3$，$E = 39.83 \text{GPa}$
	三次衬砌	弹性模型	$\rho = 2.5 \text{g/cm}^3$，$E = 33.50 \text{GPa}$
临时支撑		弹性模型	$\rho = 7.8 \text{g/cm}^3$，$E = 210 \text{GPa}$

5.2.2　数值分析结果

针对上述表 5-1 所示的具体开挖步骤，图 5-2 为每一开挖步对应的地层位移云图，图 5-3、图 5-4 为对应的地层竖向位移云图和水平位移云图。从整体位移云图上看，由于断面覆土较浅，未形成压力拱效应，坑底土体向上的整体位移趋势明显，需要在设计要求的基础上尽早完成二衬的封闭成环。

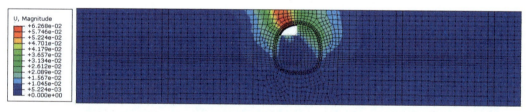

a）开挖第 1 块

b）开挖第 2 块

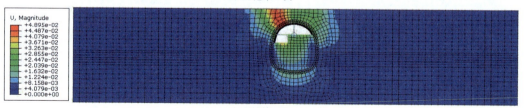

c）开挖第 3 块

图　5-2

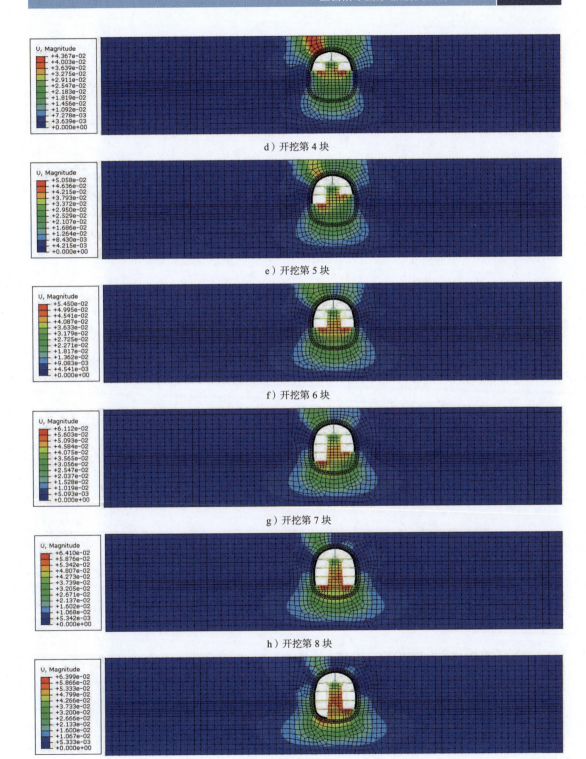

d）开挖第 4 块

e）开挖第 5 块

f）开挖第 6 块

g）开挖第 7 块

h）开挖第 8 块

i）开挖第 9 块

图 5-2

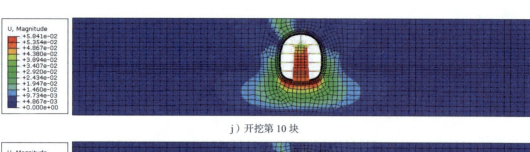

j）开挖第 10 块

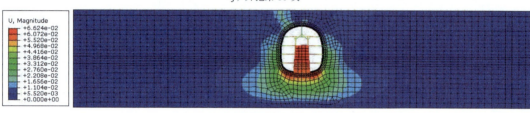

k）开挖第 11 块

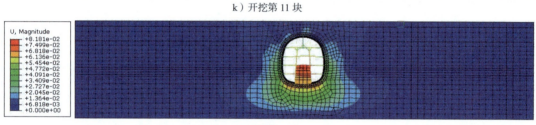

l）开挖第 12 块

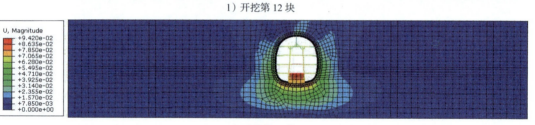

m）开挖第 13 块

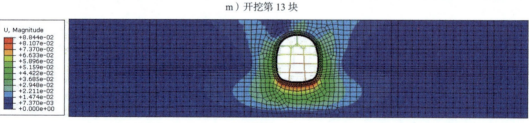

n）开挖第 14 块

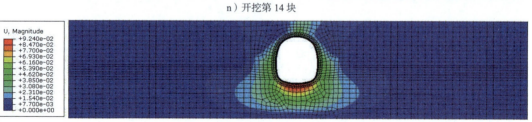

o）拆除临时支撑

图 5-2

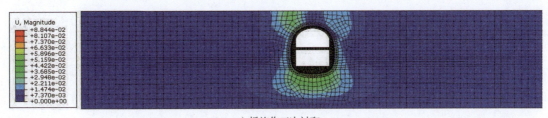

p）拆施作三次衬砌

图 5-2　五台阶十四部每一开挖步对应的地层位移云图

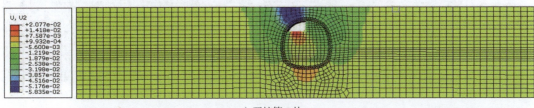

a）开挖第 1 块

b）开挖第 2 块

c）开挖第 3 块

d）开挖第 4 块

e）开挖第 5 块

图　5-3

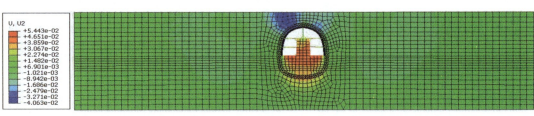

f）开挖第 6 块

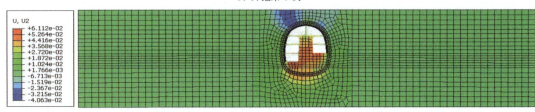

g）开挖第 7 块

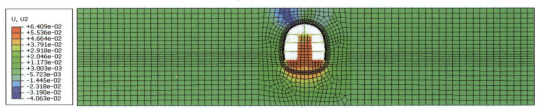

h）开挖第 8 块

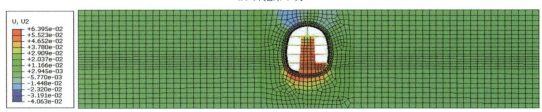

i）开挖第 9 块

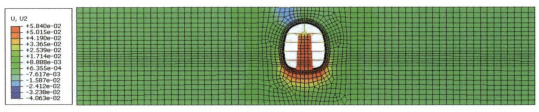

j）开挖第 10 块

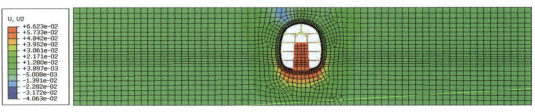

k）开挖第 11 块

图 5-3

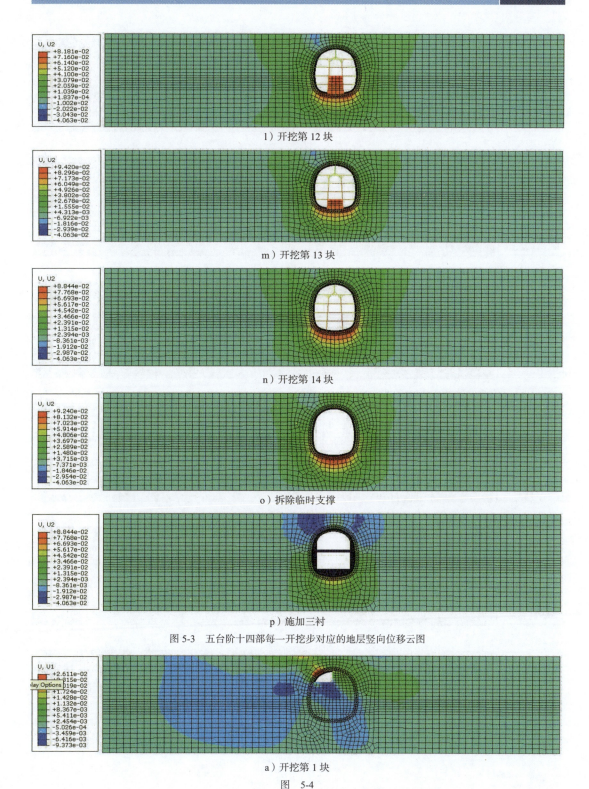

l）开挖第 12 块

m）开挖第 13 块

n）开挖第 14 块

o）拆除临时支撑

p）施加三衬

图 5-3 五台阶十四部每一开挖步对应的地层竖向位移云图

a）开挖第 1 块

图 5-4

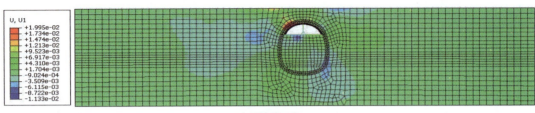

b）开挖第 2 块

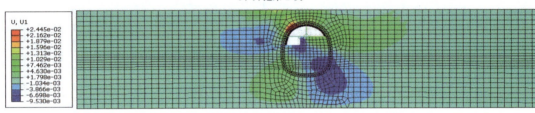

c）开挖第 3 块

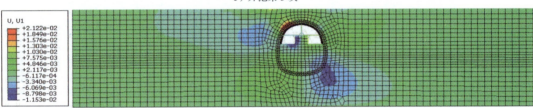

d）开挖第 4 块

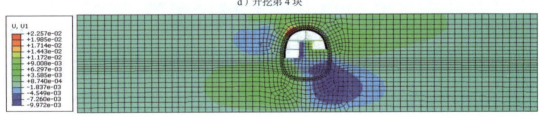

e）开挖第 5 块

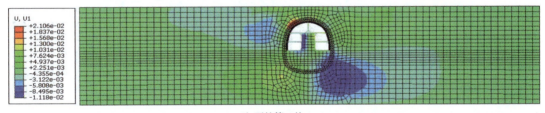

f）开挖第 6 块

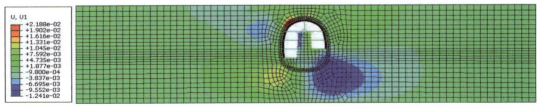

g）开挖第 7 块

图 5-4

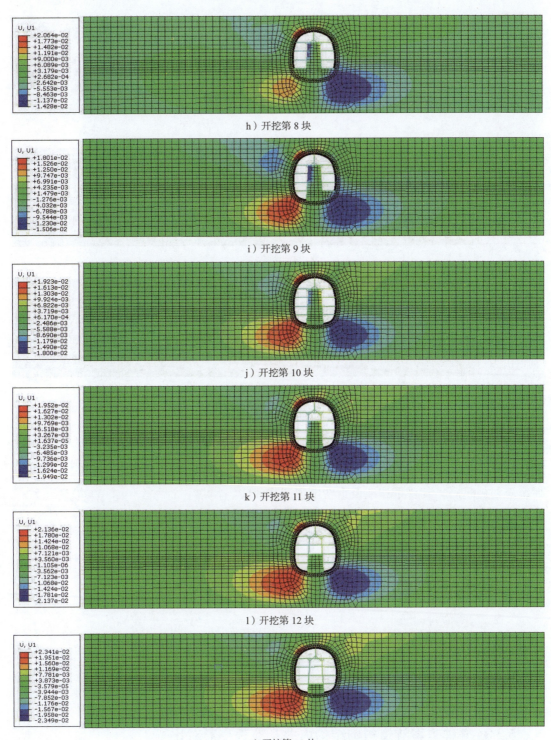

h）开挖第 8 块

i）开挖第 9 块

j）开挖第 10 块

k）开挖第 11 块

l）开挖第 12 块

m）开挖第 13 块

图 5-4

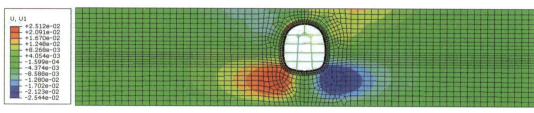

n）开挖第 14 块

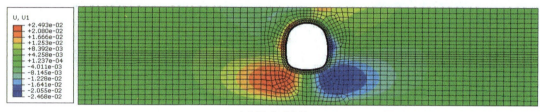

o）拆除临时支撑

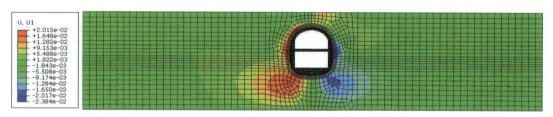

p）拆施作三次衬砌

图 5-4 五台阶十四部每一开挖步对应的地层水平位移云图

如图 5-5 所示，开挖第 5 块初期，地表整体呈现沉降效应（最大的 3cm），当发展至开挖后期，地表逐渐形成隆起，开挖第 14 块及拆除临时支撑时达到最大隆起量约 2cm。后续三衬施筑后，其自重让地表重新出现沉降效应。

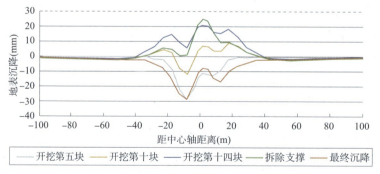

图 5-5 五台阶十四部地表沉降槽随开挖步骤变化图

5.2.3 4 种方案隧道衬砌结构内力及地表变形对比

五台阶十四部斜撑开挖方案及支撑最不利工况下内力、位移如表 5-4、表 5-5 和

图 5-6 所示，每个开挖步工况最大临时支撑轴力如表 5-6 所示。

五台阶十四部方案各开挖步最大衬砌内力和位移　　　　　表 5-4

开挖步骤	最大弯矩（kN·m）/位置（初衬）	最大弯矩（kN·m）/位置（二衬）	最大轴力（kN）/位置（初衬）	最大轴力（kN）/位置（二衬）	最大竖向位移（mm）/位置
开挖第 1 块	60.3/第 1 步开挖衬砌中②	81.09/第 1 步开挖衬砌中②	374.3/第 1 步开挖衬砌中②	129.8/拱顶①	−58.1/第 1 步开挖衬砌中②
开挖第 2 块	195.7/拱顶①	12.8/第 1 步开挖衬砌中②	1360/拱顶①	702.8/第 1 步开挖衬砌中②	−45.7/第 1 步开挖衬砌中②
开挖第 3 块	212.2/拱顶①	285.8/拱顶①	1101/拱顶①	923.0/拱顶①	−43.9/第 1 步开挖衬砌中②
开挖第 4 块	226.5/拱顶①	288.0/拱顶①	857/拱顶①	1196/拱顶①	−39.2/第 1 步开挖衬砌中②
开挖第 5 块	226.8/拱顶①	288.3/拱顶①	840.7/拱顶①	1186/拱顶①	−35.3/第 1 步开挖衬砌中②
开挖第 6 块	227.9/拱顶①	287.9/拱顶①	812.3/拱顶①	1200/拱顶①	−32.2/第 1 步开挖衬砌中②
开挖第 7 块	231.3/拱顶①	289.1/拱顶①	748.5/拱顶①	1242/拱顶①	−27.2/第 1 步开挖衬砌中②
开挖第 8 块	236.0/拱顶①	289.9/拱顶①	667.4/拱顶①	1319/拱顶①	−24.2/第 1 步开挖衬砌中②
开挖第 9 块	218.3/拱顶①	286.5/拱顶①	949.9/拱顶①	1033/拱顶①	−19.1/第 1 步开挖衬砌中②
开挖第 10 块	198.5/拱顶①	283.1/拱顶①	1291/拱顶①	685.5/拱顶①	−18.3/第 1 步开挖衬砌中②
开挖第 11 块	201.9/拱顶①	283.7/拱顶①	1228/拱顶①	740.1/拱顶①	−13.2/第 1 步开挖衬砌中②
开挖第 12 块	210.9/拱顶①	284.3/拱顶①	1074/拱顶①	891.5/拱顶①	−7.49/第 1 步开挖衬砌中②
开挖第 13 块	226.5/拱顶①	288.0/拱顶①	810.7/拱顶①	1163/拱顶①	−1.25/第 1 步开挖衬砌中②
开挖第 14 块	175.6/第九步开挖衬砌中⑧	116.7/第九步开挖衬砌中⑧	1608/拱底③	1820/拱顶①	−8.044/拱底③
施加临时支撑	229.0/拱底③	444.0/拱底③	3106/拱顶①	4001/第 10 步开挖衬砌中④	5.278/拱底③
浇筑完成三衬	229.2/拱底③	444.7/拱底③	3146/拱顶①	4015/第 10 步开挖衬砌中④	−30.54/拱底③

五台阶十四部方案各开挖步最大临时支撑轴力和位移　　　表 5-5

开 挖 步 骤	最大轴力（kN）/位置	最大竖向位移（mm）/位置
开挖第 1 块	1019/ 第①步开挖斜撑⑤	−32.11/ 第①步开挖竖撑⑥
开挖第 2 块	1490/ 第①步开挖竖撑⑥	−25.00/ 第①步开挖竖撑⑥
开挖第 3 块	1610/ 第①步开挖竖撑⑥	−12.66/ 第①步开挖竖撑⑥
开挖第 4 块	1726/ 第①步开挖竖撑⑥	−8.240/ 第①步开挖竖撑⑥
开挖第 5 块	1736/ 第①步开挖竖撑⑥	−4.880/ 第①步开挖竖撑⑥
开挖第 6 块	1760/ 第①步开挖竖撑⑥	−1.182/ 第①步开挖竖撑⑥
开挖第 7 块	1786/ 第①步开挖竖撑⑥	2.847/ 第①步开挖竖撑⑥
开挖第 8 块	1828/ 第①步开挖竖撑⑥	7.097/ 第①步开挖竖撑⑥
开挖第 9 块	1670/ 第①步开挖竖撑⑥	8.880/ 第①步开挖竖撑⑥
开挖第 10 块	1479/ 第①步开挖竖撑⑥	10.63/ 第①步开挖竖撑⑥
开挖第 11 块	1508/ 第①步开挖竖撑⑥	16.00/ 第①步开挖竖撑⑥
开挖第 12 块	1585/ 第①步开挖竖撑⑥	22.18/ 第①步开挖竖撑⑥
开挖第 13 块	1718/ 第①步开挖竖撑⑥	29.24/ 第①步开挖竖撑⑥
开挖第 14 块	3603/ 第③步开挖竖撑⑦	36.30/ 第①步开挖竖撑⑥

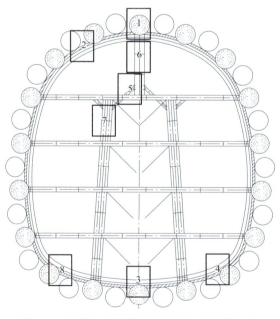

图 5-6　五台阶十四部开挖方案最大内力和变形位置图

5个方案支护结构体系受力极值比较　　　　　　表 5-6

支护结构内力	五台阶十五部	四台阶八部	五台阶十部 A	五台阶十部 B	五台阶十四部
衬砌最大弯矩（kN·m）	1032（对照组）	2541（+146%）	1438（+39%）	1919（+86%）	444.7（−56%）
衬砌最大轴力（kN）	1949（对照组）	5836（+199%）	2667（+37%）	4077（+109%）	4015（+106%）
临时支撑轴力（kN）	1121（对照组）	2006（+79%）	2156（+92%）	2416（+115%）	3603（+221%）

注：5个方案中临时支撑形式不尽相同，因此轴力变化受临撑刚度影响较大。

图 5-7 为 5 种方案地表沉降对比图。由图 5-7 可以看到，四台阶八部和五台阶十部 B 方案的地表沉降最大值接近 90mm；五台阶十部 A 方案沉降较小，最大沉降量约为 50mm；五台阶十四部开挖方案沉降最小，最大值约为 35mm。五台阶十五部方案的沉降值介于五台阶十四部与五台阶十部 A、B 方案之间。

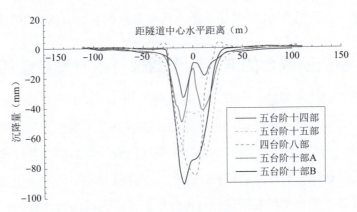

图 5-7　各方案地表沉降对比图

5.2.4　小结

本节主要采用 ABAQUS 二维数值模拟方法，针对五台阶十四部开挖方案和其他几种开挖方案就地表位移、支护结构内力和支护结构位移进行对比，得到如下结论：

（1）地表位移：采用五台阶十四部开挖方案时，地表最终沉降要小于其他 4 种开挖方案，大约在 3.5cm 左右；采用五台阶十五部开挖方案时，开挖过程中地表隆起最大值为 2cm，最终沉降为 7cm；采用五台阶十部开挖 A 方案时，开挖过程中地表隆起最大值为 2cm，最终沉降为 5cm；采用五台阶十部开挖 B 方案时，开挖过程中地表隆起最大值为 1cm，沉降达到 14cm；采用四台阶八部开挖方案时，沉降达到 13cm。

（2）临时支撑轴力：五台阶十四部开挖方案顶部临时支撑轴力为3603kN，相对其余4种开挖方案较大（五台阶十五部开挖方案的为1121kN，四台阶八部开挖方案的为2006kN，五台阶十部开挖A方案的为2156kN，五台阶十部开挖B方案的为2416kN）。需注意的是，五台阶十四部开挖方案的最大临时支撑轴力发生在顶部竖撑处，其他各临时支撑轴力与其余4种开挖方案相仿。

（3）衬砌轴力：五台阶十四部开挖方案最大衬砌轴力为4015kN，五台阶十五部开挖方案的为1949kN，四台阶八部开挖方案的为5836kN，五台阶十部开挖A方案的为2667kN，五台阶十部开挖B方案的为4077kN。相较其他4种开挖方案，五台阶十四部开挖方案的衬砌轴力要小于四台阶八部开挖方案的，与五台阶十部开挖B方案相近，处于可接受的范围内。

（4）衬砌弯矩：五台阶十四部开挖方案的衬砌最大弯矩为444.7kN·m，要远小于其他4种开挖方案：五台阶十五部开挖方案的为1032kN·m，四台阶八部开挖方案的为2541kN·m，五台阶十部开挖A方案的为1438kN·m，五台阶十部开挖B方案的为1919kN·m。

5.3　基于流固耦合的五台阶十四部开挖方案数值模拟

基于拱北隧道的工程背景，本节的目的是利用FLAC3D中流固耦合的计算，分析流固耦合效应对于富水地层浅埋超大隧道开挖的影响，并与实测结果进行对比。首先介绍计算所采用的数值模型；然后介绍FLAC3D中流固耦合计算的模块和原理，通过考虑与不考虑流固耦合的情况，对比两者在孔压变化、土体位移和结构内力等方面的区别，并将流固耦合的计算结果与实测数据进行对比分析，验证流固耦合计算的合理性。

5.3.1　数值分析模型

5.3.1.1　有限差分模型尺寸

拱北隧道长度为255m，由于流固耦合计算费时，综合考虑计算效率和消除边界效应的影响，计算方案建模纵向长度取为60m。模型侧向边界取隧道中心线以外70m，共140m。竖向尺寸取为60m，上表面采用地表自然边界。由于管幕截面较大，相对于其他构件不可忽略，故计算时管幕冻结加固部分采用实体单元进行模拟（刚度等效折减）。三维数值模拟模型如图5-8所示，其沿 X、Y、Z 方向的尺寸分别为140m、60m、60m，共有单元149400个，节点155295个。开挖以及施作支护结构的工序严格参考第2章的拱北隧道施工方案。

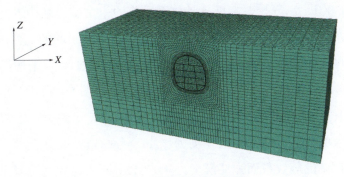

图 5-8 三维数值模拟计算模型

5.3.1.2 材料模型及计算参数

用 Mohr-Coulomb 本构模型模拟土层材料,采用等效刚度折减的方法,用各向同性弹性模型(elastic)模拟衬砌结构、冻结管幕以及临时支撑。采用空模型(null)模拟开挖部分。模型上边界为自由边界,底边界约束竖向位移,其他侧向边界均约束水平位移。基于拱北隧道地勘报告,并结合数值计算效率,将土体简化为 3 层,土体具体计算参数如表 5-7 所示,支护结构参数如表 5-8 所示。

土体计算参数　　　　　　　　　　　　　　表 5-7

土　层	杨氏模量(MPa)	黏聚力(kPa)	内摩擦角(°)	泊　松　比	干密度(g/cm³)
淤泥质黏土	7	35	16	0.27	13
砂土	16	1	35	0.28	15
粉质黏土	40	45	20	0.23	13

支护结构参数　　　　　　　　　　　　　　表 5-8

支护结构	E(GPa)	v	γ(kN/m³)
初期衬砌	30	0.17	25
二次衬砌	30	0.20	25
横向临时支撑	7	0.30	78.5
竖向临时支撑	14	0.30	78.5
冻结管幕区	3.37	0.25	25

拱北隧道的超前支护结构为超大直径钢顶管管幕+冻土层的复合结构形式,管幕的抗弯刚度为 $6.43 \times 10^6 kN/m^2$(E=210GPa),管内混凝土的抗弯刚度为 $9.17 \times 10^6 kN/m^2$

（C30 混凝土，E=30GPa）。开挖时超前支护体系可作为一个整体结构进行考虑，由于管幕直径很大，其纵向刚度远远大于管幕间的连接刚度，开挖引起的上覆土层的卸荷由管幕的纵向抗弯刚度承担。采用等效刚度的方法将管幕+冻土组合结构等效为一环形加固层。考虑和不考虑管幕内填充混凝土时计算截面单元如图 5-9 所示，取冻土层厚度为 2.3m，管幕间的中心距为 1.977m，根据勘察设计资料，冻土层弹性模量取 300MPa。按截面抗弯刚度等效的方法，单元等效厚度为 2.3m，考虑填充混凝土时，单元等效宽度为 3.954m，计算得到的等效截面弹性模量为 4.07GPa；不考虑填充混凝土时，单元等效宽度 1.977m，计算得到的等效截面弹性模量为 3.37GPa。由于考虑和不考虑填充混凝土影响的等效刚度相差不大，综合考虑管内水平填充混凝土施工等不利因素，计算分析时冻结管幕超前支护结构等效截面弹性模量取 3.37GPa。

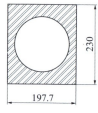
a）不考虑填充混凝土

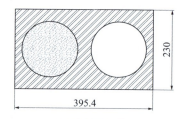
b）考虑填充混凝土

图 5-9 等效刚度计算截面（尺寸单位：cm）

其中，等效刚度的计算遵循截面抗弯刚度相等的原则，计算公式为：

$$EI = \sum_{i=1}^{n} E_i I_i \quad (5-1)$$

式中：E——等效弹性模量；

I——等效截面惯性矩；

n——参与构成该截面的构件数；

E_i——实际截面某一构件的弹性模量；

I_i——实际截面某一构件的截面惯性矩。

5.3.2 FLAC3D 中的流固耦合计算

FLAC3D 可以模拟多孔介质中的流体流动，比如地下水在土体中的渗流问题。FLAC3D 既可以单独进行流体计算，只考虑渗流的作用，也可将流体计算与力学计算进行耦合，也就是常说的流固耦合计算。土体的固结就是一种典型的流固耦合现象，在土体固结过程中超孔隙水压力的逐渐消散导致了土体发生沉降，在这个过程中包含了 2 种力学效应：①孔隙水压力（简称孔压）的改变导致有效应力的改变，从而影响土体的力学性能，如有效应力的减小可能使土体达到塑形屈服；②土体中的流体会对土体体积的改变产生反作用，表现为流体孔压的变化。FLAC3D 中流固耦合计算遵循的原理如下。

5.3.2.1 流动法则

在 FLAC3D 中，地下水的流动规律遵循 Darcy 定律。对于均匀、各向同性并且有恒定密度的流体而言，该定律表达式如下：

$$q_i = -k_{il}\hat{k}(s)[p - \rho_f x_j g_j] \tag{5-2}$$

式中：q_i——具体的渗透矢量；

i——i=1,2,3 流体排出向量方向；

l——渗流路径；

k_{il}——土体介质绝对动态系数张量（FLAC3D 中的渗透性张量）；

$\hat{k}(s)$——相对动态系数，是流体饱和度 s 的函数；

p——孔隙水压力；

ρ_f——流体密度；

g_j——重力矢量的 3 个分量，j=1、2、3。

在 FLAC3D 的饱和/非饱和渗流计算中，气体的压力被恒定假定为 0。

5.3.2.2 平衡法则

对小变形而言，流体平衡可以表示如下：

$$-q_{i,i} + q_v = \frac{\partial \zeta}{\partial t} \tag{5-3}$$

式中：q_v——流体源体积密度（1/s）；

ζ——速度梯度（流量梯度），描述流体含量变化的变量或是由于流体扩散运动而引起的单位体积内流体体积变化的变量；

t——时间。

而动态平衡方程则可表述为以下形式：

$$-\sigma_{ij,j} + \rho g_i = \rho \frac{dv_i}{dt} \tag{5-4}$$

式中：$\sigma_{ij,j}$——σ_{ij}对 j 所对应的基矢求偏导；

i, j——$i, j=1,2,3$ 应力矢量方向；

ρ——容积密度，$\rho = (1-n)\rho_s + ns\rho_w$；

ρ_s——固体密度，$(1-n)\rho_s = \rho_d$（固体干密度）；

ρ_w——液体密度；

v_i——速度。

5.3.2.3 本构法则

流体容量的改变 ζ 与孔隙水压力 p、饱和度 s 和力学体积应变 ε 是相关的，相应方程表示如下：

$$\frac{1}{M}\frac{\partial p}{\partial t} + \frac{n}{s}\frac{\partial s}{\partial t} = \frac{1}{s}\frac{\partial \zeta}{\partial t} - \alpha \frac{\partial \varepsilon}{\partial t} \tag{5-5}$$

式中：M——Biot 模量（N/m²）；

n——孔隙率；

α——Biot 系数，用来表达流体和固体颗粒膨胀的系数。

在 FLAC3D 流固耦合的系列公式中，毛细作用忽略不计（即当饱和度小于 1 时，液体压力等于气体压力），并且在非饱和孔隙水压力恒定为 0。前述的相对流体动态系数 $\hat{k}(s)$ 和饱和度 s 相关，受一个饱和度的三次方程所控制。当饱和度为 0 时 $\hat{k}(s)$ 等于 0，当完全饱和时 $\hat{k}(s)$ 等于 1，其方程如下：

$$\hat{k}(s) = s^2(3-2s) \tag{5-6}$$

5.3.2.4 相容方程

速度梯度和应变率的相互关系如下式：

$$\xi_{ij} = \frac{1}{2}(v_{i,j} - v_{j,i}) \tag{5-7}$$

式中：ξ_{ij}——应变率；

$v_{i,j}$、$v_{j,i}$——速度梯度。

5.3.2.5 建模及计算方法

在 FLAC3D 流固耦合的计算当中，可以选择不同程度耦合的计算模式。选择不同耦合程度时需要考虑下面 3 个主要因素：①模拟时标与扩散进程特征时间的比率；②耦合过程中对系统施加的外界扰动特性；③流固刚度比。

(1) 时标

通过从扰动的开始阶段计算时间来考虑时标系数，定义 t_s 为分析所需要的时标，t_c 为耦合扩散过程的特征时间。

短期性态：如果相对于耦合扩散过程的特征时间，t_s 非常短，即 $t_s \ll t_c$，在模拟过程中流体渗流的影响几乎可以忽略不计，则可以用 FLAC3D 进行不排水模拟（CONFIG gw，SET fluid off）。数值模拟中不涉及真实的时间，但是如果给流体体积模量一个实际值，则其体积应变会导致孔隙水压力产生变化。

长期性态：如果 $t_s \gg t_c$，且在分析时标 t_s 里一直伴随着排水现象，则孔压场可以不耦合到力场中。稳定状态的孔压场可以用单纯的渗流模拟确定（set fluid on，set mech off），然后力学场可以通过在设置流体模量为 0 的力学模式（set fluid off，set mech on）中将模型循环计算到平衡为止。

(2) 耦合过程中的扰动特性

流固耦合系统的强制扰动可以分为流体扰动和力学扰动，分别基于流体渗流边界条件变化和应力边界条件变化。位于层间含水层内井的瞬时流体渗流是井内孔压变化引起的，而公路路堤饱和地基固结则是由路堤高度确定的力学荷载引起的。如果扰动是由于孔压的变化（即孔压边界条件的变化），则流体的流动很可能不与力学过程耦合；如果是机械力产生的扰动，则非耦合的程度取决于下述的流体和固体的刚度比，即流固刚度比。

(3) 流固刚度比

流体和固体的刚度比 R_k 对于流固耦合计算模式的选取有着重要的影响。

① 相对刚性的岩土介质（$R_k \ll 1$），如果岩土介质骨架的刚度很大或流体是高压缩性的，则 R_k 很小，孔隙水压力的扩散方程可以不耦合，扩散率由流体控制，建模方法取决于流体或固体扰动的力学机制：

a. 在固体力学控制的模拟中，孔压可以假定保持不变。在弹性模拟中，固体表现出的力学行为好像流体不存在；而在塑性分析中，孔压存在则可能导致塑性破坏，这种模拟方法在边坡稳定分析中使用。

b. 在孔压控制的弹性模拟中，例如由于流体排出导致的沉降，体积应变不会显著影响孔压场，并且流体计算可以独立进行（set fluid on，set mech off），在这种情况下扩散率是精确的，因为对于 $R_k \ll 1$，总压缩系数等于流体的扩散率。一般来说，孔隙水压力的变化会影响应变,但这种影响可在随后的力学模式中将模型循环到平衡状态来加以研究(set fluid off, set mech on)。

②相对较软的岩土介质($R_k \gg 1$),如果岩土介质的骨架刚度很小或者流体不可压缩,则 R_k 很大,在这种情况下,系统要进行耦合,扩散率由岩土骨架控制。建模方法也取决于流体或固体扰动的力学机制:

a. 在固体力学控制的模拟中,计算将会非常耗时。在这种情况下可以适当减小 M(或 k_f),使得 $R_k \ll 20$,对计算结果不会有明显影响。

b. 在多数孔压控制的系统中,大多数例子及经验表明,孔压力场和机械力场的耦合是很微弱的,如果介质是弹性的,数值模拟可用单纯渗流模式中的渗流计算进行(set fluid on, set mech off),然后在单纯力学计算模式中(set fluid off, set mech on)使模型达到平衡。但必须引起注意的是,为了保持系统的扩散率,M(或 k_f)在流体计算阶段必须调整到:

$$M^a = \frac{1}{\frac{1}{M} + \frac{a^2}{k + \frac{4G}{3}}} \tag{5-8}$$

$$k_f^a = \frac{n}{\frac{n}{k_f} + \frac{1}{k_\mu + \frac{4G}{3}}} \tag{5-9}$$

式中:k——渗透系数(cm/s);

G——剪切模量,可由 0 的参数(E, μ)通过弹性力学公式计算得到;

k_f——室温下纯水的体积模量,$k_f = 2 \times 10^9$ Pa;

K_μ——不排水体积模量(对于岩石,即弹性体积模量 K),可由 0 的参数(E, μ)通过弹性力学公式计算得到,E 为弹性模量,μ 为泊松比。

在 FLAC3D 中,选择建模方法的步骤,可以通过表 5-9 进行。

流固耦合计算建模方法步骤　　　　表 5-9

时 标	扰动类型	刚度比	建模方法和主要计算命令	调整流体体积模量
$t_s \gg t_c$ 稳定渗流分析	流体或力学扰动	任意 R_k	无渗流模式下的有效应力分析	无流体
			渗流模式下的有效应力分析	0

续上表

时 标	扰动类型	刚度比	建模方法和主要计算命令	调整流体体积模量
$t_s \ll t_c$	流体或力学扰动	任意 R_k	孔隙水压力的生成	实际值
t_s 在 t_c 范围内	流体扰动	任意 R_k	不耦合，两步法求解 Config fluid (1) Set fluid on mech off	调整 $M^a(k_f^a)$
			(2) set fluid off mech on	$M^a(k_f^a)=0$
	力学扰动	任意 R_k	流固耦合 Config fluid Set fluid on mech on	调整 $M^a(k_f^a)$ 使得 $R_k \leqslant 20$

对于考虑流固耦合的拱北隧道计算模型，土体的渗流参数见表 5-10，因为地表为排水边界，且拱北隧道地处沿海地区，左右两侧的地下水补给丰富，所以地表以及左右边界为固定孔压边界，底部为不透水边界。

土体流体力学参数   表 5-10

土 层	孔 隙 率	渗透系数（cm/s）
淤泥质黏土	0.67	2.29×10^{-7}
砂土	0.50	4.61×10^{-3}
粉质黏土	0.67	6.69×10^{-7}

FLAC3D 分析含有孔隙水压力的问题时，根据是否设置流体计算，有渗流模式和无渗流模式 2 种计算模式。对于渗流模式中的具体问题，必须通过分析时标、扰动属性和流固刚度比等因素来选择合理的计算方案。力学过程和流体扩散过程的特征时间 t_c^m 和 t_c^f 分别为：

$$t_c^m = \sqrt{\frac{\rho}{K_\mu + \frac{4G}{3}}} L_c \quad (5-10)$$

$$t_c^f = \frac{L_c^2}{c_d} \quad (5-11)$$

式中：L_c——特征长度（模型体积与表面积之比）；

ρ——岩土体密度；

c_d——扩散率，对于完全流固耦合模式可由下式得出：

$$c_\mathrm{d} = \frac{k_\mathrm{m}}{\dfrac{1}{M} + \dfrac{\alpha^2}{K_\mu + \dfrac{4G}{3}}} \quad (5\text{-}12)$$

式中：k_m——迁移系数（$\mathrm{m^2 \cdot pa^{-1} \cdot s^{-1}}$），在 FLAC3D 中它与渗透系数 k（$\mathrm{cm \cdot s^{-1}}$）换算公式为：$k_\mathrm{m} = 1.062 \times 10^{-6} k$；

M——Biot 模量，对于颗料不可压缩的情况（$a=1$），有 $M = \dfrac{k_\mathrm{f}}{n}$。

流固耦合问题中的扰动分为孔压扰动和力学扰动。扰动指的是流固耦合问题中引起系统平衡状态发生改变的外界条件，包括流体边界条件（如抽水井等带来的孔隙水压力变化）和力学边界条件（如荷载变化）。FLAC3D 流固耦合问题中另一个重要的指标就是流固刚度比R_k，流固刚度比是指流体模量和固体模量之间的比值，定义为：

$$R_\mathrm{k} = \frac{\alpha^2 M}{k + \dfrac{4G}{3}} \quad (5\text{-}13)$$

而对于饱和或非饱和渗流，很显然，拱北隧道地处沿海富水地层，地下水的补给非常充分，所以本章节研究的问题属于饱和渗流的问题。FLAC3D 流固耦合中，针对不同程度耦合的问题选择不同的计算模式，对于计算的精度以及消耗的时间都有很大的影响。为了合理地选择计算模式，将本问题的一些指标列入表 5-11，以便分析。

流固耦合计算相关指标 表 5-11

Biot 模量 M（Pa）	特征长度（m）	扩散率 c_d	特征时间（s）		流固刚度比	扰动类型
			t_c^m	t_c^f		
4×10^9	60	2.6×10^{-4}	2.2×10^{-2}	6×10^6	200	力学

假设每一轮开挖进尺（即 1.2m）耗时半天，故整个开挖过程（112 轮）耗时将近 2 个月时间。所以问题分析的时标 $t_\mathrm{s} = 5 \times 10^6 \mathrm{s}$，由于冻结管幕的存在，地下水无法向隧道里面渗流，整个过程属于开挖的力学扰动引起的超孔压积累和消散的过程，而且流固刚度比 $R_\mathrm{k} \gg 1$。所以，应该采取完全流固耦合的计算方式。

完全流固耦合计算开挖时，先开挖掉该开挖进尺部分的土体，用一定迭代步数模拟开挖之后到上衬砌这一段时间的变形，再激活支护单元计算达到平衡。由于此过程相对于渗流是瞬时发生的，整个过程关闭渗流场，开启力学场，相当于使模型在不排水的条件下达到平衡状态,变形的同时产生超孔隙水压力。随即开启渗流场,使用完全流固耦合的计算方式计算土体在该进尺开挖时间(接近半天)内的排水变形量(固结变形量),耦合计算该时步完成后,进入下一开挖进尺过程的计算,如此循环往复,直至开挖完成。所以,整个过程采取了完全流固耦合的计算模式。

5.3.3 数值模拟结果分析

5.3.3.1 孔隙水压力分析

本节数值模拟结果为考虑和不考虑流固耦合计算结果的对比,其中孔压变化分析部分属于流固耦合计算结果。为了体现孔压变化的时空规律,选取沿隧道纵向(Y方向)$Y=0$m、$Y=30$m 和 $Y=60$m 断面作为研究对象。图 5-10 ~ 图 5-12 分别是沿隧道纵向 $Y=0$m、$Y=30$m 和 $Y=60$m 断面周围土体关键监测点的孔压变化曲线。

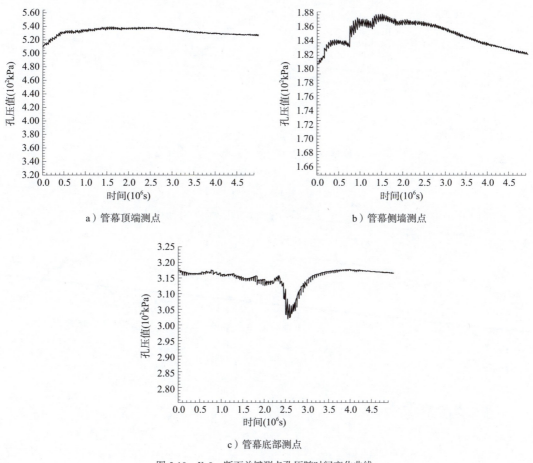

a)管幕顶端测点

b)管幕侧墙测点

c)管幕底部测点

图 5-10 $Y=0$m 断面关键测点孔压随时间变化曲线

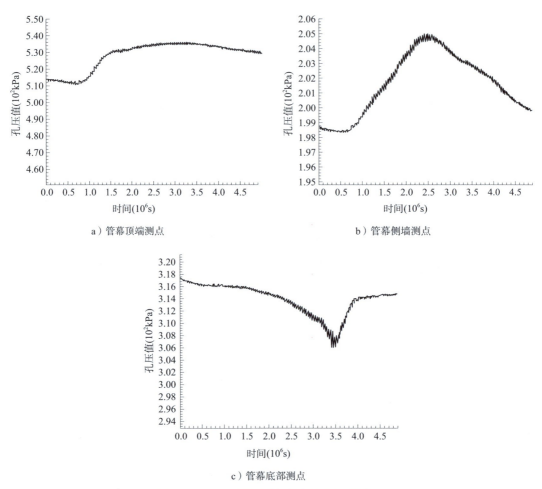

a）管幕顶端测点 b）管幕侧墙测点

c）管幕底部测点

图 5-11　$Y=30$m 断面关键测点孔压随时间变化曲线

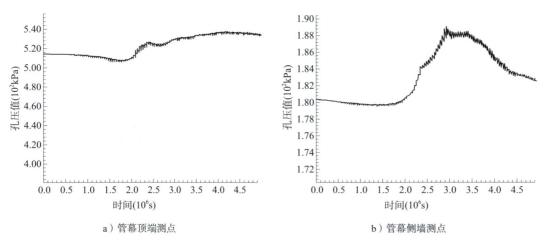

a）管幕顶端测点 b）管幕侧墙测点

图 5-12

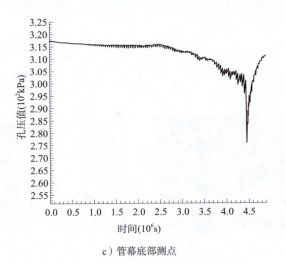

c）管幕底部测点

图 5-12　$Y=60m$ 断面关键测点孔压随时间变化曲线

$Y=0m$ 断面管幕顶端土体孔压随着开挖的进行呈现先升高后降低的趋势，由图 5-10 可见，峰值以及孔压波动最剧烈的时候处于开挖一开始的时期，这是因为 A 台阶最先开挖，对该断面管幕顶端土体孔压扰动也最剧烈。而后期主要表现为土体固结排水，孔压缓慢降低。

$Y=0m$ 断面管幕侧墙外土体孔压随着开挖的进行也呈现先升高后降低的趋势，土体孔压增大的幅度较管幕顶端大。达到峰值的时间大概为 C 台阶开始开挖的时候，因为 C 台阶的位置恰好是侧墙的位置，显然，这时候对孔压的扰动达到最大，孔压的波动在这期间也最剧烈。而孔压波动的持续时间较管幕顶端也更久，这是因为台阶之间间隔较长，开始开挖 C 台阶的时候，开挖已经持续了相当长一段时间，所以造成了这种现象。而后期主要表现也为土体固结排水，孔压波动不大并缓慢降低。

$Y=0m$ 断面管幕底部外土体孔压随着开挖的进行呈现先降低后升高的趋势，这是因为拱底隆起使底部土体膨胀从而产生了负的超孔隙水压力，超孔隙水压力的消散又使得孔压得到回升。因为下层台阶开始开挖时已经处于开挖的末期，所以该点孔压的波动一直持续到了开挖末期，峰值对应的时间也几乎和下层台阶开始开挖的时间一致。而负孔压消散也明显比顶端和侧墙处的正孔压消散要快。

$Y=30m$ 和 $Y=60m$ 断面对应的 3 个代表孔压监测点的孔压变化规律和 $Y=0m$ 断面相似。区别在于扰动的时间更久，峰值也相对延后。显然，这是由于开挖顺序不同引起的，当对应的较近开挖区域开挖到 $Y=30m$ 和 $Y=60m$ 断面附近时，这些点的扰动程度才达到最大。

从图 5-13 可以看出，整个开挖过程，隧道左右以及上部产生正超孔隙水压力，而隧道下部产生负超孔隙水压力，侧墙上部则产生较大的正超孔隙水压力。

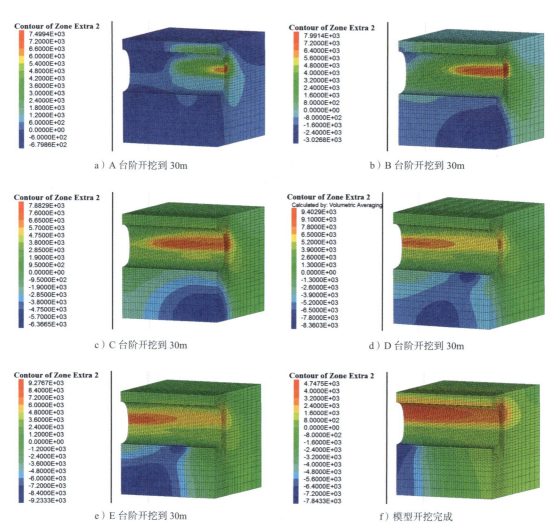

a）A 台阶开挖到 30m　　　　　　　　b）B 台阶开挖到 30m

c）C 台阶开挖到 30m　　　　　　　　d）D 台阶开挖到 30m

e）E 台阶开挖到 30m　　　　　　　　f）模型开挖完成

图 5-13　超孔隙水压力随开挖过程变化云图

随着开挖的进行，模型 Y 轴方向前半段的超孔隙水压力逐渐得到消散，后半段的超孔隙水压力主要处于积累的过程。

$Y=0$m 断面底部的负超孔隙水压力从达到峰值到消散完毕，大约耗时 20d，而侧墙的正超孔隙水压力从达到峰值到消散 80% 大约耗时 60d。开挖完成时，模型前半段侧墙上部的正超孔隙水压力依然保持一定数值，最大值为 2kPa 左右，而模型前半段底部土体的负超孔隙水压力几乎消散完毕。

由于仅仅考虑开挖这段时间内的流固耦合效应，开挖完成即结束计算。但真实施工情况下，开挖完成后还要进行冻结圈的解冻，此处没有考虑开挖结束时的超孔隙水压力后续长期消散的过程。所以开挖结束时，隧道纵向后半部分断面底部有较大的负超孔隙水压力，前半部分的负超孔隙水压力基本消散完毕。但对于隧道前半部分，由于开挖历时较长，所以正超孔隙水压力和负超孔隙水压力都经历了一个完整的产生、消散的过程。开挖完成之后，$Y=0$m 断面的负超孔隙水压力消散完毕，侧墙的正超孔隙水压力为 2kPa 左右，消散了 80%。

如图 5-14 所示，整个模型的渗流矢量随着开挖进行到不同阶段，也有着明显不同的分布特征。整个开挖过程，由于管幕冻结圈的止水作用，并没有产生因内部与外界形成水头差所引起的渗流。开挖时渗流的发生，是由于土体受力学扰动产生超孔隙水压力后并逐渐消散所引起的。

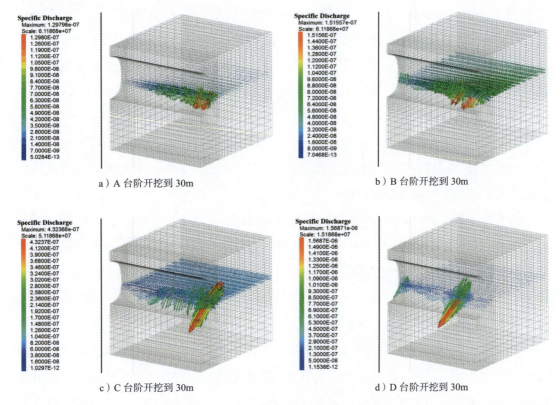

a）A 台阶开挖到 30m　　　　　　　b）B 台阶开挖到 30m

c）C 台阶开挖到 30m　　　　　　　d）D 台阶开挖到 30m

图 5-14

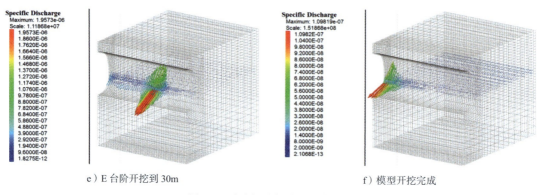

e）E 台阶开挖到 30m　　　　　　　　f）模型开挖完成

图 5-14　渗流矢量随开挖过程分布图

由于中间砂土层的存在，整个模型较大的渗流矢量都发生在该砂土层。A 台阶开挖到 $Y=30m$ 断面时，最大的渗流矢量为 1.29×10^{-7}m/s，位于 $Y=0m$ 断面附近的砂土层。B 台阶开挖到 $Y=30m$ 断面时，最大的渗流矢量为 1.52×10^{-7}m/s，位于 $Y=25m$ 断面附近的砂土层。C 台阶开挖到 $Y=30m$ 断面时，最大的渗流矢量为 4.32×10^{-7}m/s，位于 $Y=10m$ 断面附近的砂土层。D 台阶开挖到 $Y=30m$ 断面时，最大的渗流矢量为 1.57×10^{-6}m/s，位于 $Y=25m$ 断面附近的砂土层。E 台阶开挖到 $Y=30m$ 断面时，最大的渗流矢量为 1.96×10^{-6}m/s，位于 $Y=30m$ 断面附近的砂土层。当模型开挖完成时，模型前半段的渗流矢量较小，最大的渗流矢量为 1.10×10^{-7}m/s，位于 $Y=60m$ 断面附近的砂土层。

最大的渗流矢量发生在隧道与砂土层交界的部位，沿隧道外轮廓切向进行流动，并未指向隧道径向方向。说明施工时候要密切关注砂土层附近的地下水渗流，防止发生可能的涌水事故。同时也该密切调试冻结参数，因为该处地下水流速较快时可能带来局部难以冻结的现象，影响冻结壁厚度和止水效果。

由于侧墙附近产生的正超孔隙水压力最大，所以在整个模型中，该部位也是水头（位置水头 + 压力水头）最大的地方，渗流表现为该部位向上部较小正超孔隙水压力区以及隧道下部负超孔隙水压力的补给作用，以及沿着砂土层向隧道两侧边界进行排水。渗流矢量在砂土层和黏土层中的大小差别非常大。由于显示的问题，黏土层中的渗流矢量不明显，但规律依然符合上述的分析。

上下黏土层的渗透矢量如图 5-15 所示。隧道顶部正超孔隙水压力的消散主要是通过地面排水边界进行排水而实现，而地下水的排出显然会引起地表的额外沉降。隧道侧墙外正超孔隙水压力较大的区域主要以该区域为中心呈向外放射状，其中下部靠近砂土层的渗透矢量较大。而隧道拱底两侧起拱线外的渗透矢量主要沿着隧道外轮廓切线方向流向拱底，对拱底产生负超孔隙水压力的部位进行地下水补给。

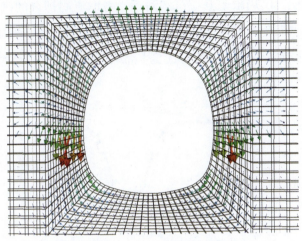

图 5-15　隐藏掉砂土层后上下黏土层的渗流矢量分布

5.3.3.2　位移对比分析

在数值模拟过程中，设置了 4 条数值计算位移监测线，如图 5-16 所示，分别对比不考虑和考虑流固耦合计算结果的位移。

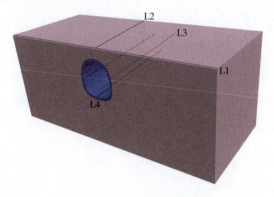

图 5-16　数值模拟位移监测线布置

图 5-17 为 $Y=0$ 断面地表沉降监测线 L1 随开挖进程的变化曲线。可以看到随着开挖进行，地表发生明显沉降，形成沉降槽，以沉降 1mm 为标准，沉降槽的宽度为 60m 左右。由于第 1 台阶的 A-2 分区滞后 A-1 分区 5m 开挖，所以最大沉降值稍稍偏离 $X=0$ 的位置，大概位于 $X=5m$ 的位置。考虑流固耦合的地表沉降最大值为 17.5mm，比不考虑流固耦合的略大，增大了约 5mm，沉降槽的影响范围基本一致。考虑流固耦合时沉降值的增大主要是由于隧道上部正超孔隙水压力消散带来的固结沉降引起的。而沉降槽的

影响范围几乎一致，这是因为冻结管幕不允许地下水渗入隧道内，由此带来的排水固结变形引起的额外位移，仅局限于开挖范围附近。考虑流固耦合的拱顶（$X=0$）位移值为11.4mm，不考虑流固耦合的拱顶位移值为10.9mm，比较接近，原因是拱顶以上土体的正超孔隙水压力消散导致该部分土体自身发生固结沉降，所以，是否考虑流固耦合对于拱顶位移的影响较小。

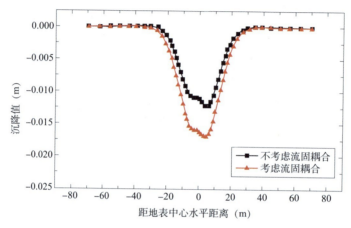

图 5-17　开挖完成时的地表沉降曲线（监测线 L1）

数值模拟结果表明，隧道的开挖会引起地表的沉降，这与实测数据中开挖引起的地表沉降增量规律较为一致，越靠近地表中心点沉降越大。

图 5-18 为考虑流固耦合的拱顶下沉曲线，拱顶下沉基本在 B 台阶通过该断面后逐渐趋于稳定，与第 2 章实测数据中的规律较为一致，均表现为拱顶下沉，趋于稳定的时间也较为一致。

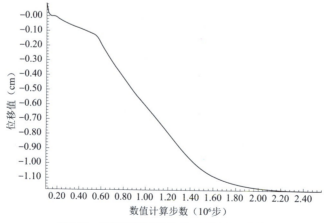

图 5-18　考虑流固耦合的拱顶下沉数值模拟结果

由图 5-19 可以发现，在开挖过程中，整个模型的正孔压分布处于模型的中上部分，数值较大，分布也较广，所以下部产生的负孔压并不能抵抗上部正孔压消散引起的整体沉降。

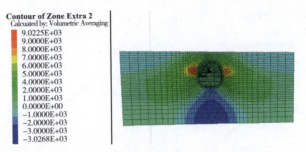

图 5-19 开挖过程中超孔隙水压力典型分布云图

图 5-20、图 5-21 分别为不考虑和考虑流固耦合情况下开挖完成后模型的水平位移云图，可以发现两者分布较为一致，主要表现为隧道上部两侧土体发生往隧道中心线的相向侧移，最大的侧值都位于隧道地表中心线两侧 10m 左右。考虑流固耦合的侧移值普遍比不考虑流固耦合的情况略大，最大值为 12mm，比不考虑流固耦合的侧移值增大了 10%。

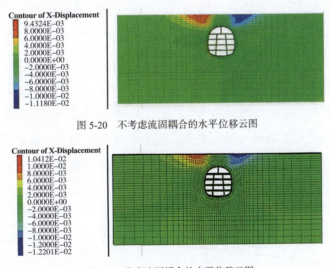

图 5-20 不考虑流固耦合的水平位移云图

图 5-21 考虑流固耦合的水平位移云图

图 5-22 为侧墙横向位移监测线 L3 随开挖过程的变化曲线，由于每一步开挖都考虑到在添加支护之前，地层有一定变形，所以该侧墙监测线呈现向隧道内收敛的趋势。最大位移值为 4mm（考虑流固耦合）和 5.8mm（不考虑流固耦合），考虑流固耦合的最大收敛值比不考虑流固耦合的减小了 31%。由于侧墙正超孔隙水压力和下侧负超孔隙水压力的消散，使整个隧道呈现压扁的趋势，侧墙也有向外扩展的趋势，使得其与之前由于开

挖引起的向隧道内收敛的趋势有所抵消。此时，收敛值明显减小，最大收敛值为4mm。在整个开挖过程中，隧道侧墙横向位移都表现为向隧道内部的收敛位移，与第2章实测数据中收敛变形测线的监测结果较为一致。

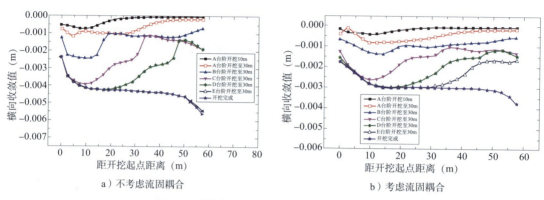

图5-22 侧墙随开挖过程水平位移曲线（监测线L3）

图5-23为拱底隆起变形监测线随着开挖过程的变化曲线。考虑流固耦合的最大隆起值为15mm，比不考虑流固耦合的略小，减小了17%。考虑流固耦合与不考虑流固耦合两者变化趋势相似，仅仅是在E台阶开挖的时候，考虑流固耦合情况的隆起值增加幅度要明显比不考虑流固耦合情况大。这是因为之前分析孔压场时，发现负超孔隙水压力的消散比正超孔隙水压力快得多，正超孔隙水压力的消散基本贯穿整个开挖过程，D、E台阶开挖时对底部孔压的扰动（产生底部负超孔隙水压力）更大，此时产生的负超孔隙水压力很快得到了消散，水头更高的地方很快对底部产生负超孔隙水压力的部位进行了补给，导致此处体积膨胀，所以有一个隆起值的增量。由于该阶段的位移增幅较大，开挖时要注意此处隆起对结构内力带来的影响。

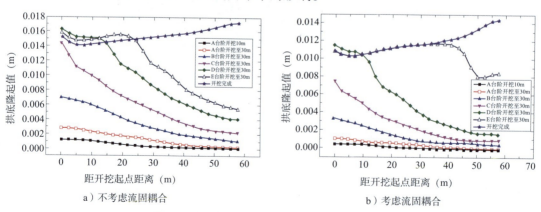

图5-23 拱底隆起随开挖过程变化曲线（监测线L4）

5.3.3.3 支护结构内力提取方法

在隧道施工模拟中，采用三维实体单元模拟隧道衬砌能够更好地模拟隧道衬砌与围岩之间的相互作用。在 FLAC3D 里，特别是在考虑流固耦合的计算中，实体单元能够很好地赋予渗流参数，但却给后处理造成了一定麻烦：计算得到的实体单元应力往往不能非常直观地反映衬砌的工作状态及安全性。基于上述原因，为了更好地利用实体单元模拟衬砌，并且能够得到直观的计算结果（如弯矩、内力等），姚长春（2007）利用 FLAC3D 内嵌 FISH 语言，编制了 FISH 函数，进行二次开发，根据计算得到的实体单元的应力，经过一定处理得到衬砌的弯矩、轴力，使衬砌内力更加直观。

拱北隧道初期支护和二次衬砌较薄，在 30cm 左右，在数值模拟过程划分为 2 层单元。因此，本次计算以衬砌划分为 2 层单元为例求解。

在计算求解之前有必要介绍一下 FLAC3D 三维实体单元应力特点。如图 5-24 所示，FLAC3D 计算得到的单元应力反映的是其单元质心点的应力状态，也就是说其单元质心点的应力是精确的，正如有限元计算中高斯点的应力是精确的一样；而单元边界上的应力则是由外推得到，存在一定的计算误差。因此，在提取单元应力，编制 FISH 函数时仅利用实体单元质心处的应力及其他参数。

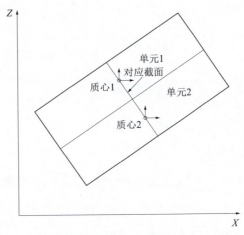

图 5-24　FLAC 中单元质心受力图

由 FLAC3D 求得衬砌单元应力后，读取衬砌同一截面上 2 个单元质心的应力及坐标。在衬砌各单元质心应力分量已知的情况下，对于等厚度衬砌，可按下述方法求解计算：设已知 2 个对应单元质心的坐标分别为质心 1（x_1，y_1）、质心 2（x_2，y_2），则衬砌通过它们所在截面的法向可求得这 2 个单元质心的衬砌截面与竖直面之间的夹角为：

$$\alpha = \arctan \frac{x_2 - x_1}{y_2 - y_1} \tag{5-14}$$

在所选截面上各个质心点对应的法向应力 σ_n 的计算式为：

$$\sigma_n = \sigma_x \cos^2\theta + \sigma_y \sin^2\theta + \sigma_{xy}\sin(2\theta) \tag{5-15}$$

式中：σ_x、σ_y、σ_{xy}——质心点的应力分量；

θ——所选截面的外法线与 σ_x 之间的夹角，以逆时针方向为正，且 $\theta = -\alpha$。

设 2 个质心点上的法向应力按式（5-17）算出，分别为 σ_{n1} 和 σ_{n2}，假定 2 个单元之间法向应力按线性分布，则截面的外边缘法向应力可按式（5-16）、式（5-17）计算：

$$\sigma_1 = \frac{\sigma_{n1} + \sigma_{n2}}{2} + \frac{\sigma_{n1} + \sigma_{n2}}{2\xi} \tag{5-16}$$

$$\sigma_2 = \frac{\sigma_{n1} + \sigma_{n2}}{2} - \frac{\sigma_{n1} + \sigma_{n2}}{2\xi} \tag{5-17}$$

其中对于衬砌划分为 2 层单元而言，$\xi = 0.5$。

在已求得截面边缘应力值 σ_1 和 σ_2 的情况下，根据材料力学压弯组合计算公式，可推出所选截面上弯矩 M 和轴力 N 的计算式为：

$$M = bh^2 \frac{\sigma_1 - \sigma_2}{12} \tag{5-18}$$

$$N = bh \frac{\sigma_1 + \sigma_2}{2} \tag{5-19}$$

式中：b、h——所选截面的宽度和厚度（通常情况下 b 取 1m）。

5.3.3.4 结构内力对比分析

由于拱北隧道分多条超长台阶逐层推进，初衬、临时支撑以及二衬的受力非常复杂，并且随着推进过程变化，有必要研究推进过程中结构内力的变化，以对施工进行指导。同时，对比考虑流固耦合与不考虑流固耦合结构内力的区别，再将流固耦合计算得到的内力结果与实测数据进行对比，以探究考虑流固耦合是否更合理。其中，采用 5.3.3.3 节介绍的方法计算弯矩和轴力。

选取 $Y=30$m 截面为研究对象，内力数值计算提取点如图 5-25 所示。以不同开挖过程为对象分别研究结构内力，对比不考虑与考虑流固耦合结构内力的区别。

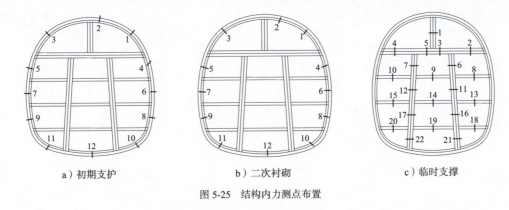

a）初期支护　　　　　　　　b）二次衬砌　　　　　　　　c）临时支撑

图 5-25　结构内力测点布置

图 5-26 为初衬通过监测断面 A 台阶，不考虑和考虑流固耦合时，初衬内力数值提取点的轴力、弯矩对比。不考虑流固耦合的初衬最大轴力为 512kN，位于 A-2 分区 3 号点；考虑流固耦合初衬的最大轴力为 499kN，位于 A-2 分区 3 号点。不考虑流固耦合的初衬最大弯矩值为 49kN·m，位于 A-1 分区 1 号点；考虑流固耦合初衬的最大弯矩值为 55kN·m，位于 A-1 分区 1 号点。

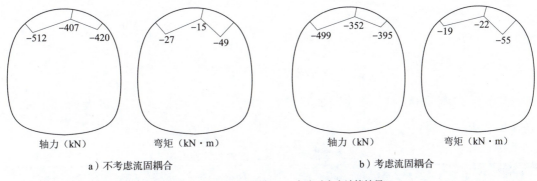

轴力（kN）　　　　弯矩（kN·m）　　　　轴力（kN）　　　　弯矩（kN·m）

a）不考虑流固耦合　　　　　　　　　　　　b）考虑流固耦合

图 5-26　初衬通过监测断面 A 台阶时内力计算结果

图 5-27 为二衬通过监测断面 A 台阶，不考虑和考虑流固耦合时，二衬内力数值提取点的轴力、弯矩对比。不考虑流固耦合的二衬最大轴力为 437kN，位于 A-1 分区 2 号点；考虑流固耦合二衬的最大轴力为 512kN，位于 A-2 分区 3 号点。不考虑流固耦合的二衬最大弯矩值为 81kN·m，位于 A-2 分区 3 号点；考虑流固耦合二衬的最大弯矩值为 88kN·m，位于 A-1 分区 1 号点。

图 5-28 为临时支撑通过监测断面 A 台阶，不考虑和考虑流固耦合时，临时支撑内力数值提取点的轴力对比。不考虑流固耦合的临时支撑最大轴力为 703kN，位于竖撑 1 号点；考虑流固耦合临时支撑的最大轴力为 735kN，位于竖撑 1 号点。

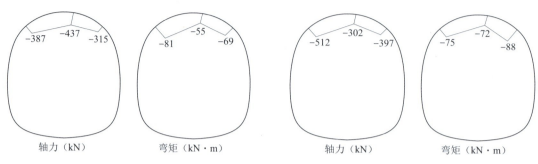

a）不考虑流固耦合　　　　　　　　　b）考虑流固耦合

图 5-27　二衬通过监测断面 A 台阶时内力计算结果

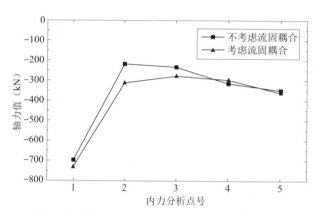

图 5-28　临时支撑通过监测断面 A 台阶时轴力计算结果

初衬、二衬和临时支撑分别通过该监测断面 A 台阶时，各自最大内力汇总见表 5-12、表 5-13。

不考虑流固耦合结构最大内力及位置汇总　　　　表 5-12

支 护 结 构	最大轴力值（kN）	位　　置	最大弯矩值（kN·m）	位　　置
初期衬砌	512	A-2:3	49	A-1:1
二次衬砌	437	A-1:2	81	A-2:3
临时支撑	703	竖撑 1	—	—

考虑流固耦合结构最大内力及位置汇总　　　　表 5-13

支 护 结 构	最大轴力值（kN）	位　　置	最大弯矩值（kN·m）	位　　置
初期衬砌	499	A-2:3	55	A-1:1
二次衬砌	512	A-2:3	88	A-1:1
临时支撑	735	竖撑 1	—	—

图 5-29 为初衬通过监测断面 B 台阶，不考虑和考虑流固耦合时，初衬内力数值提取点的轴力、弯矩对比。不考虑流固耦合的初衬最大轴力为 601kN，位于 B-1 分区 5 号点；考虑流固耦合初衬的最大轴力为 592kN，位于 B-1 分区 5 号点。不考虑流固耦合的初衬最大弯矩值为 55kN·m，位于 A-1 分区 1 号点；考虑流固耦合初衬的最大弯矩值为 70kN·m，位于 A-1 分区 1 号点。

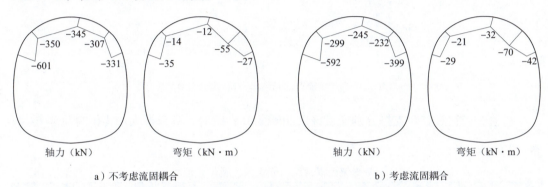

图 5-29 初衬通过监测断面 B 台阶时内力计算结果

图 5-30 为二衬通过监测断面 B 台阶，不考虑和考虑流固耦合时，二衬内力数值提取点的轴力、弯矩对比。不考虑流固耦合的二衬最大轴力为 476kN，位于 A-1 分区 2 号点；考虑流固耦合二衬的最大轴力为 489kN，位于 A-1 分区 1 号点。不考虑流固耦合的二衬最大弯矩值为 95kN·m，位于 A-2 分区 3 号点；考虑流固耦合二衬的最大弯矩值为 92kN·m，位于 A-1 分区 2 号点。

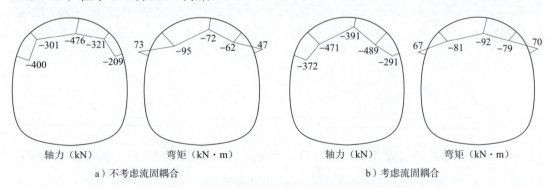

图 5-30 二衬通过监测断面 B 台阶时内力计算结果

图 5-31 为临时支撑通过监测断面 B 台阶，不考虑和考虑流固耦合时，临时支撑内力数值提取点的轴力对比。不考虑流固耦合的临时支撑最大轴力为 895kN，位于竖撑 1 号点；考虑流固耦合临时支撑的最大轴力为 1007kN，位于竖撑 6 号点。

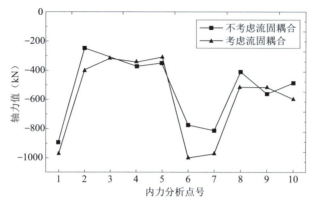

图 5-31 临时支撑通过监测断面 B 台阶时轴力计算结果

初衬、二衬和临时支撑分别通过该监测断面 B 台阶时，各自最大内力汇总见表 5-14、表 5-15。

不考虑流固耦合结构最大内力及位置汇总　　表 5-14

支 护 结 构	最大轴力值（kN）	位　　置	最大弯矩值（kN·m）	位　　置
初期衬砌	601	B-1:5	55	A-1:1
二次衬砌	476	A-1:2	95	A-2:3
临时支撑	895	竖撑 1	—	—

考虑流固耦合结构最大内力及位置汇总　　表 5-15

支 护 结 构	最大轴力值（kN）	位　　置	最大弯矩值（kN·m）	位　　置
初期衬砌	592	B-1:5	70	A-1:1
二次衬砌	489	A-1:1	92	A-1:2
临时支撑	1007	竖撑 6	—	—

图 5-32 为初衬通过监测断面 C 台阶，不考虑和考虑流固耦合时，初衬内力数值提取点的轴力、弯矩对比。不考虑流固耦合的初衬最大轴力为 717kN，位于 C-1 分区 7 号点；考虑流固耦合初衬的最大轴力为 731kN，位于 C-1 分区 7 号点。不考虑流固耦合的初衬最大弯矩值为 91kN·m，位于 A-1 分区 1 号点；考虑流固耦合初衬的最大弯矩值为 102kN·m，位于 A-1 分区 1 号点。

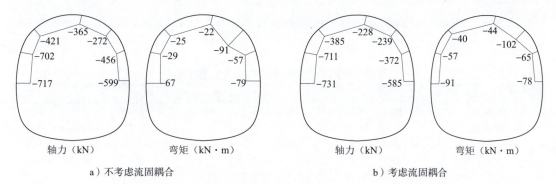

图 5-32　初衬通过监测断面 C 台阶时内力计算结果

图 5-33 为二衬通过监测断面 C 台阶，不考虑和考虑流固耦合时，二衬内力数值提取点的轴力、弯矩对比。不考虑流固耦合的二衬最大轴力为 502kN，位于 A-1 分区 2 号点；考虑流固耦合二衬的最大轴力为 570kN，位于 B-1 分区 5 号点。不考虑流固耦合的二衬最大弯矩值为 116kN·m，位于 A-2 分区 3 号点；考虑流固耦合二衬的最大弯矩值为 111kN·m，位于 A-1 分区 2 号点。

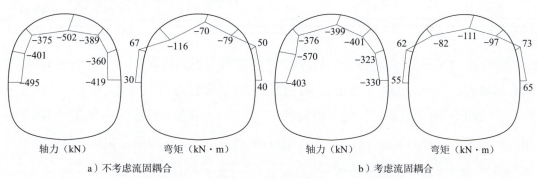

图 5-33　二衬通过监测断面 C 台阶时内力计算结果

图 5-34 为临时支撑通过监测断面 C 台阶，不考虑和考虑流固耦合时，临时支撑内力数值提取点的轴力对比。不考虑流固耦合的临时支撑最大轴力为 1074kN，位于竖撑 11 号点；考虑流固耦合临时支撑的最大轴力为 1456kN，位于竖撑 12 号点。

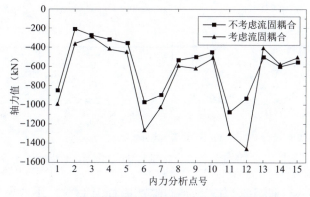

图 5-34　临时支撑通过监测断面 C 台阶时轴力计算结果

初衬、二衬和临时支撑分别通过该监测断面 C 台阶时，各自最大内力汇总见表 5-16、表 5-17。

不考虑流固耦合结构最大内力及位置汇总　　　表 5-16

支 护 结 构	最大轴力值（kN）	位　置	最大弯矩值（kN·m）	位　置
初期衬砌	717	C-1:7	91	A-1:1
二次衬砌	502	A-1:2	116	A-2:3
临时支撑	1074	竖撑 11	—	—

考虑流固耦合结构最大内力及位置汇总　　　表 5-17

支 护 结 构	最大轴力值（kN）	位　置	最大弯矩值（kN·m）	位　置
初期衬砌	731	C-1:7	102	A-1:1
二次衬砌	570	B-1:5	111	A-1:2
临时支撑	1456	竖撑 12	—	—

图 5-35 为初衬通过监测断面 D 台阶，不考虑和考虑流固耦合时，初衬内力数值提取点的轴力、弯矩对比。不考虑流固耦合的初衬最大轴力为 791kN，位 C-1 分区 6 号点；考虑流固耦合初衬的最大轴力为 850kN，位于 C-1 分区 7 号点。不考虑流固耦合的初衬最大弯矩值为 112kN·m，位于 C-1 分区 6 号点；考虑流固耦合初衬的最大弯矩值为 103kN·m，位于 A-1 分区 1 号点。

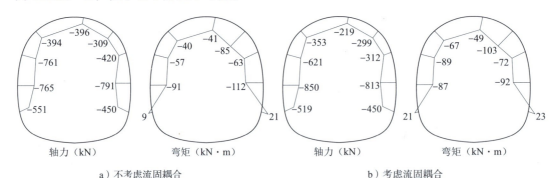

a）不考虑流固耦合　　　　　　　　　　　b）考虑流固耦合

图 5-35　初衬通过监测断面 D 台阶时内力计算结果

图 5-36 为二衬通过监测断面 D 台阶，不考虑和考虑流固耦合时，二衬内力数值提

取点的轴力、弯矩对比。不考虑流固耦合的二衬最大轴力为691kN,位于C-1分区7号点;考虑流固耦合二衬的最大轴力为752kN,位于D-1分区9号点。不考虑流固耦合的二衬最大弯矩值为109kN·m,位于A-2分区3号点;考虑流固耦合二衬的最大弯矩值为120kN·m,位于A-2分区3号点。

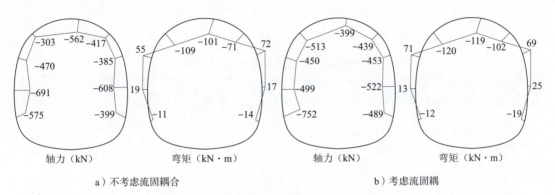

图 5-36 二衬通过监测断面D台阶时内力计算结果

图5-37为临时支撑通过监测断面D台阶,不考虑和考虑流固耦合时,临时支撑内力数值提取点的轴力对比。不考虑流固耦合的临时支撑最大轴力为1432kN,位于竖撑16号点;考虑流固耦合临时支撑的最大轴力为1498kN,位于竖撑16号点。

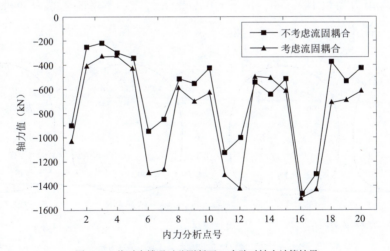

图 5-37 临时支撑通过监测断面D台阶时轴力计算结果

初衬、二衬和临时支撑分别通过该监测断面D台阶时,各自最大内力汇总见表5-18、表5-19。

不考虑流固耦合结构最大内力及位置汇总　　表 5-18

支 护 结 构	最大轴力值（kN）	位　　置	最大弯矩值（kN·m）	位　　置
初期衬砌	791	C-1:6	112	C-1:6
二次衬砌	691	C-1:7	109	A-2:3
临时支撑	1432	竖撑 16	—	—

考虑流固耦合结构最大内力及位置汇总　　表 5-19

支 护 结 构	最大轴力值（kN）	位　　置	最大弯矩值（kN·m）	位　　置
初期衬砌	850	C-1:7	103	A-1:1
二次衬砌	752	D-1:9	120	A-2:3
临时支撑	1498	竖撑 16	—	—

图 5-38 为初衬通过监测断面 E 台阶，不考虑和考虑流固耦合时，初衬内力数值提取点的轴力、弯矩对比。不考虑流固耦合的初衬最大轴力为 997kN，位于 C-1 分区 7 号点；考虑流固耦合初衬的最大轴力为 1076kN，位于 C-1 分区 6 号点。不考虑流固耦合的初衬最大弯矩值为 121kN·m，位于 C-1 分区 6 号点；考虑流固耦合初衬的最大弯矩值为 107kN·m，位于 C-1 分区 6 号点。

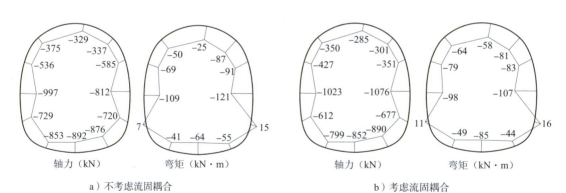

a）不考虑流固耦合　　　　　　　　　　　b）考虑流固耦合

图 5-38　初衬通过监测断面 E 台阶时内力计算结果

图 5-39 为二衬通过监测断面 E 台阶，不考虑和考虑流固耦合时，二衬内力数值提取点的轴力、弯矩对比。不考虑流固耦合的二衬最大轴力为 725kN，位于 E-1 分区 11 号点；考虑流固耦合二衬的最大轴力为 918kN，位于 E-1 分区 11 号点。不考虑流固耦

合的二衬最大弯矩值为 112kN·m，位于 A-2 分区 3 号点；考虑流固耦合二衬的最大弯矩值为 123kN·m，位于 A-2 分区 3 号点。

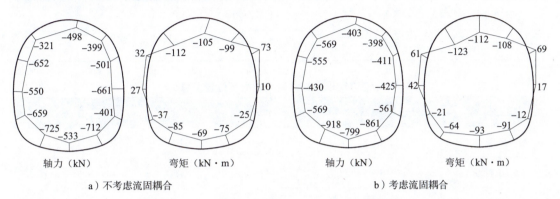

a）不考虑流固耦合　　　　　　　　　b）考虑流固耦合

图 5-39　二衬通过监测断面 E 台阶时内力计算结果

图 5-40 为临时支撑通过监测断面 E 台阶，不考虑和考虑流固耦合时，临时支撑内力数值提取点的轴力对比。不考虑流固耦合的临时支撑最大轴力为 1705kN，位于竖撑 22 号点；考虑流固耦合临时支撑的最大轴力为 1929kN，位于竖撑 21 号点。

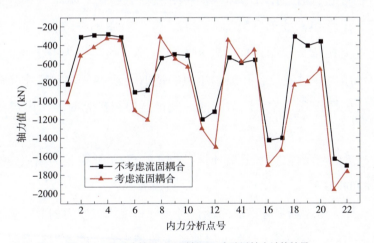

图 5-40　临时支撑通过监测断面 E 台阶时轴力计算结果

初衬、二衬和临时支撑分别通过该监测断面 E 台阶时，各自最大内力汇总见表 5-20、表 5-21。

不考虑流固耦合结构最大内力及位置汇总　　　　　　　　　表 5-20

支护结构	最大轴力值（kN）	位　　置	最大弯矩值（kN·m）	位　　置
初期衬砌	997	C-1:7	121	C-1:6

续上表

支 护 结 构	最大轴力值（kN）	位　　置	最大弯矩值（kN·m）	位　　置
二次衬砌	725	E-1:11	112	A-2:3
临时支撑	1705	竖撑22	—	—

考虑流固耦合结构最大内力及位置汇总　　　　表 5-21

支 护 结 构	最大轴力值（kN）	位　　置	最大弯矩值（kN·m）	位　　置
初期衬砌	1076	C-1:6	107	C-1:6
二次衬砌	918	E-1:11	123	A-2:3
临时支撑	1929	竖撑21	—	—

从整个开挖过程来看，不考虑流固耦合与考虑流固耦合，初衬、二衬和临时支撑的内力与分布都有所不同。考虑流固耦合相较于不考虑流固耦合，拱顶附近的轴力有所降低，而侧墙附近的轴力有所增加，拱底附近轴力变化不明显。弯矩的分布规律也较为相似，较大的弯矩都处于拱肩部、侧墙。考虑流固耦合相较于不考虑流固耦合，拱顶拱底的弯矩有所增大，而侧墙的弯矩有所减小。这是因为考虑流固耦合的情况，拱顶正超孔隙水压力和拱底负超孔隙水压力的消散导致拱顶发生额外沉降，拱底发生额外隆起，同时侧墙正超孔隙水压力消散，使得隧道衬砌相对不考虑流固耦合有被竖向压扁的趋势。

对于二衬，考虑与不考虑流固耦合时，弯矩的分布规律也较为相似，拱顶拱底的弯矩普遍大于侧墙的弯矩。

对于临时支撑，考虑与不考虑流固耦合时，分布规律也较为相似，竖撑的轴力值普遍大于横撑的内力值，越往下，台阶的竖撑轴力值越大。考虑流固耦合时的竖撑轴力普遍大于不考虑流固耦合时的竖撑轴力。

5.3.3.5　考虑流固耦合结构内力计算结果与实测对比

图 5-41 为典型实测断面初衬、二衬实测内力与数值模拟对比图。初衬数值模拟结果与 K2+390、K2+640 断面实测值的绝对值相差较大，这是因为隧道采用了多重复合衬砌，数值模拟难以把众多的参数都取得相当准确；同时由于冻结参数的改变，冻土的支护强度也在改变。但实测值的分布规律与考虑流固耦合时的类似，拱肩 4 号点、5 号点

与侧墙 6 号点、7 号点的弯矩值较大。数值模拟拱底的弯矩值较大，与 K2+640 断面也较为一致，但实测 K2+390 断面该处的弯矩值很小，可能是因为底部冻结过多，导致该处刚度很大，基底的卸荷几乎作用在了冻土上面，使得初衬的弯矩较小。当然，局部漏水、注浆压力等因素可能都在开挖过程中影响初衬内力。

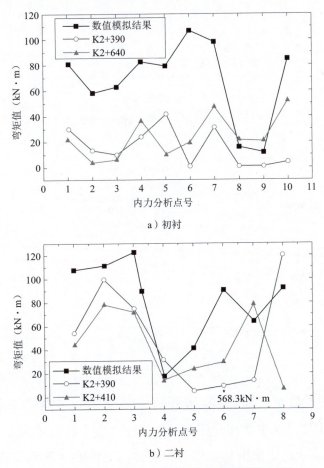

a）初衬

b）二衬

图 5-41　典型断面初衬、二衬实测内力与数值模拟对比图

对比二衬弯矩实测值与数值模拟结果，拱顶和拱底 6 个测点的弯矩值都普遍大于侧墙 2 个测点的弯矩值，规律较为接近，其中 K2+390 断面拱脚测点 6 号点的弯矩实测值为 568.3kN·m，远远大于其余测点弯矩，属于奇异点，分析原因可能是施工因素，如堆土、挖掘机进出等，导致该处局部受力变形，弯矩过大。对于整个过程来说，考虑流固耦合的初衬，二衬内力变化如图 5-42、图 5-43 所示，依然以隧道纵向 $Y=30$m 断面为选取断面。

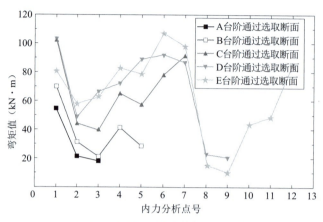

图 5-42 初衬弯矩随开挖过程变化曲线

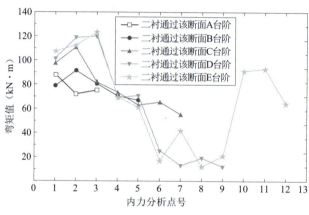

图 5-43 二衬弯矩随开挖过程变化曲线

由图 5-42、图 5-43 可以发现，随着开挖过程的进行，初衬、二衬大多数内力分析点的弯矩都在增加，这主要和开挖的范围增加，应力释放增大有关。在开挖过程中，初衬和二衬的最大弯矩值相差不大，都作为施工期间的主要承载结构，保证施工的稳定性。

从弯矩发展来看，初衬弯矩较大的侧墙 6 号点、7 号点，弯矩的最大增幅均发生在 D 台阶通过该断面之前，最大增幅达到 89%，位于 7 号测点，后续逐渐稳定，变化不大。这说明下部台阶的开挖和初衬的施作对其内力影响不大，6 号点、7 号点弯矩主要由它们所在的 C 台阶的开挖所贡献。

二衬弯矩较大的拱顶 1 号点、2 号点、3 号点，弯矩最大增幅均发生在二衬通过 $Y=30m$ 断面 B 台阶之前，最大增幅达到 83%，位于 2 号测点，后续逐渐稳定，变化不大。这说明下部台阶的开挖和二衬的施作对其内力影响不大,1号点、2号点、3号点弯矩主要由它们所在的 A 台阶的开挖所贡献。

可见,初衬、二衬关键节点的内力发展规律也与第 2 章中实测数据的发展规律较为一致。

如图 5-44 所示,K2+390、K2+410 断面的临时支撑轴力与数值模拟结果相差很大。一方面,数值模拟结果表现为竖撑的轴力普遍大于横撑的轴力,而实测值恰好相反,表现出横撑的实测轴力普遍大于竖撑的实测轴力;另一方面,K2+390 断面横撑 2 号点和 K2+410 断面横撑 4 号点的内力有一个突变现象,远大于其余测点的轴力值。分析原因有以下几个方面:

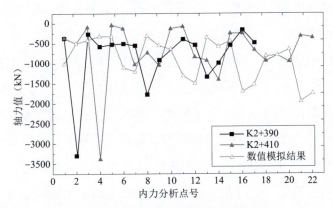

图 5-44 典型监测断面的临时支撑轴力与数值模拟对比

(1)由于拱北隧道为分区分台阶开挖,5 个超长台阶需要工作区间,每个开挖面的出土以及挖土机的进出,都将通过横撑,堆土以及器械压力会使横撑的上半边缘局部变成受压状态。由内力测点可以看出,内力测点位于横撑的上檐。所以出土以及机械的压力,会使得横撑的轴力测值变大。

(2)拱北隧道的几何轮廓高跨比较大,所以侧向土压力的释放程度较大,一定程度增大了横撑的内力。而且侧墙高度方向分布的冻结顶管较拱顶拱底多,施工方案中,每根横撑都是与圆形冻结管相连,而冻结管使得周围土体产生冻胀,横撑左右两头的冻结管同时冻胀,可能也会引起横撑的受压,导致整个隧道的侧向挤压增强,竖向挤压减弱。

所以在拱北隧道中,对于临时支撑的受力,主要不是隧道的开挖卸荷在起作用,反而施工因素以及冻结因素起的作用更为明显。

由此可见，考虑流固耦合影响的数值模拟，比不考虑的情况更为合理，模拟结果与现场实测部分项目的变化规律也较为类似，所以，用考虑流固耦合的数值模拟方法模拟拱北隧道的开挖是可行的。

5.3.4 小结

本节对于富水地层浅埋超大断面隧道的开挖过程进行了基于流固耦合的数值分析，对比了考虑与不考虑流固耦合情况时的孔压渗流场分布、位移变化规律、结构内力等，得出如下结论：

（1）随着开挖进行，对周围地层产生扰动，开挖面附近超孔隙水压力的积累最明显。开挖引起隧道拱顶以及侧墙部分产生正超孔隙水压力，拱底附近产生负超孔隙水压力；负超孔隙水压力消散很快，正超孔隙水压力消散较慢。但经过2个月的施工，$Y=0m$ 断面的负超孔隙水压力已消散完毕，正超孔隙水压力也消散了80%。

（2）整个隧道开挖过程中，超孔隙水压力消散引起渗流发生，较大的渗流矢量都发生在砂土层，最大的渗流矢量位于管幕外轮廓与砂土层的交界处，为 1.96×10^{-6} m/s，施工当中应密切注意该部位的地下水，防止涌水、漏水等工程事故发生。同时，较大的渗流矢量（地下水流速）可能会影响冻结圈厚度，影响冻结效果，进一步增加渗漏风险。

（3）在冻结管幕完好的情况下，考虑流固耦合影响的地表位移比不考虑流固耦合的地表位移略大，主要是由正超孔隙水压力消散带来的固结沉降引起的。考虑流固耦合的地表沉降相比不考虑时增大了5mm左右。考虑流固耦合的最大隆起值却比不考虑流固耦合时减小了5mm左右。对于侧墙收敛，考虑流固耦合情况比不考虑流固耦合的情况减少了2mm。隧道开挖会引起隧道地表的沉降，沉降规律与实测数据整理结果类似。

（4）对于临时支撑，考虑与不考虑流固耦合时，分布规律也较为相似，竖撑的轴力值普遍大于横撑的内力值，越往下，台阶的竖撑轴力值越大。考虑流固耦合时的竖撑轴力普遍大于不考虑流固耦合时的竖撑轴力，最大值为1929kN，相比不考虑流固耦合时的1705kN增大了13%。

（5）初衬、二衬都作为施工期间的主要承载结构，可保证施工的稳定性。在开挖过程中，初衬和二衬的最大弯矩值相差不大。

（6）拱顶下沉、隧道收敛的数值模拟结果均与实测数据规律较为一致。初衬、二衬关键节点弯矩值的数值模拟结果发展规律与实测数据较为一致。初衬侧墙6号点、7号点弯矩随着开挖逐渐增大，在 D 台阶通过该断面后逐渐达到稳定。二衬拱顶 1 号点、2 号点、3 号点弯矩随着开挖逐渐增大，在 B 台阶通过该断面后逐渐达到稳定。临时支撑的分布规律完全相反，数值模拟结果表现为竖撑的轴力普遍大于横撑的轴力，而实测结果则表现出横撑的，轴力普遍大于竖撑的轴力，分析发现决定临时支撑轴力的主要因素应该是现场施工以及冻结因素。

5.4 拱北隧道暗挖段开挖施工方案

5.4.1 施工阶段划分

自管幕、冻结完成后，主要分以下 3 阶段实施暗挖施工。

暗挖及二次衬砌：洞内土体注浆加固、破除地下连续墙、洞身开挖、管间止水、围护冻结、初期支护、临时支护、二次衬砌等。

三次衬砌：分段拆除临时支撑、分段施作三次衬砌、融沉注浆、偶数顶管内填充水泥浆等。

洞内附属及交通工程施工：施作工作井剩余结构及地表回填、交通工程施工等。

5.4.2 施工方案

管幕间冻结圈形成、冻土帷幕达到设计要求后，暗挖段两端东、西工作井进行全断面水平后退式注浆，一次注浆长度 50m。注浆完成后从东、西工作井相向分五台阶十四部开挖，各导洞开挖循环进尺为 1.2m，同一台阶各导洞开挖步距为 5m，上下层台阶导洞开挖步距为 10m，二衬距离掌子面的间距不超过 10m。靠近管幕冻土采用人工开挖，其余土体采用小型挖掘机开挖；随开挖随初期支护，二衬紧跟，支护尽快封闭，步步成环。初期支护混凝土采用潮喷工艺，二衬第 1 台阶采用喷射混凝土，其余采用模筑混凝土；二衬全部完成后，开始三衬施工，三衬下半断面先施作仰拱，再施作侧墙、中板，侧墙、中板采用支架法模筑；三衬上半断面采用钢模板衬砌台车模筑。加强监控量测，信息化施工。

待三衬完成后，利用热盐水循环进行强制解冻，同步进行跟踪式融沉注浆，控制地表沉降；然后对偶数号顶管进行微膨胀混凝土填充。

暗挖完成后，施作工作井运营阶段结构及洞内附属结构。

5.4.3 施工工序

暗挖段开挖、支护施工工序流程图见图 5-45。

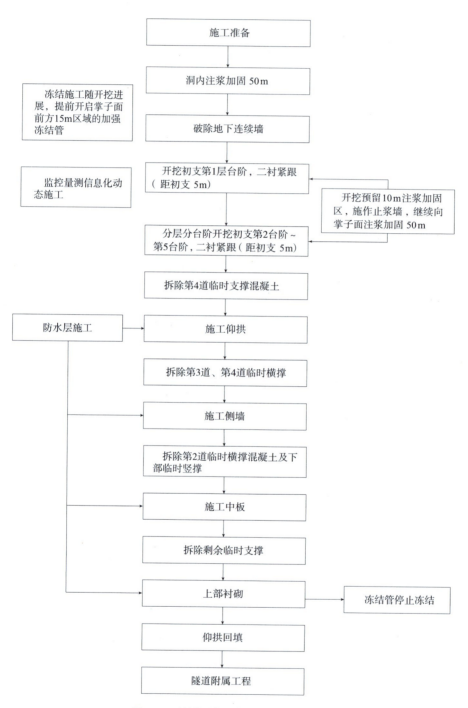

图 5-45　暗挖段开挖、支护施工工序流程图

5.4.4 主要施工方法和工艺

5.4.4.1 封闭空间内土体加固注浆技术

（1）注浆方法

第一循环从工作井向暗挖段注浆，利用原有的工作井地下连续墙和混凝土素墙作为止浆墙，采用 RPD-150C 钻注一体机或"型钢施工平台+RPD-75SL 钻注一体机"进行后退式注浆。后续循环在掌子面采用喷射混凝土施作 100cm 厚止浆墙，RPD-75SL 钻注一体机进行后退式注浆。注浆顺序由外侧向中心，从上到下。

（2）孔口管安装

钻孔前先根据注浆孔起终点坐标计算出其钻进竖直角（坡度）和水平角（方位角），施工时根据计算结果和实际施工效果随时调整。每孔起点段安设套管，套管与孔壁之间采用环氧树脂充填黏结，外露长度保持 30~40cm。钻孔时须确保套管安装牢固和在钻杆前端设置与选用钻杆配套的孔口防突水装置（图 5-46）。开孔套管段采用取芯机成孔，安装 ϕ108mm 孔口管。

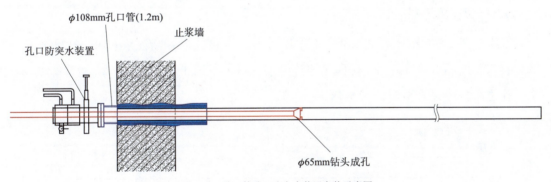

图 5-46　孔口管孔口防突水装置安装示意图

（3）泄压孔

采用 RPD-150C 钻机打孔，孔深 30~40m，拔出钻头后插入双层套管，套管端头安装流量计。泄压孔布置完毕后，方可钻注浆孔进行注浆。

（4）钻孔

根据计算出的水平角和竖直角，调整钻杆的初始仰角和水平角，将棱镜放在钻杆的尾端，用全站仪检查钻杆的姿态，必要时进行调整。每钻进 5m 测量一次钻管姿态，及时调整。

开孔时要轻加压、慢速、大水量，防止将钻孔开斜，钻错方向；每孔起点坐标误差范围不超过20cm，终孔不超过50cm。作业人员未离开作业面之前，不准开钻；钻机运转中不得换挡；孔深超过30m后，不得高压、快速钻进，防止造成塌孔或断杆事故。

（5）注浆

钻机钻至设计深度后采用分段钻杆后退式注浆，每次注浆段为3m。根据钻孔揭示的地质情况和出水量，选用适合的注浆材料。淤泥或淤泥质土、一般性黏性土、残积土的注浆材料以普通水泥浆为主，水泥-硅酸钠（水玻璃）双液浆为辅；砂类土的注浆材料以普通水泥-水玻璃双液浆为主，普通水泥浆为辅。

单段注浆终止条件：注浆压力达到设计值或该段注浆量达到$3.1m^3$，则直接进行下一段注浆。

单个孔段的注浆作业一般应连续进行直至结束，不宜中断，应尽量避免因机械故障、停电、停水、器材等问题造成中断。对于因实行间歇注浆、制止串浆冒浆等有意中断的情况，应先将钻孔清理至原深度以后再行复注。

（6）注浆效果检验

采用检查孔法，钻孔取芯，测定芯样含水率、强度，以判断注浆效果。达到加固土体和改善开挖环境的目的后，破除地下连续墙，进入下道工序。

孔位布置详见图5-47、图5-48。

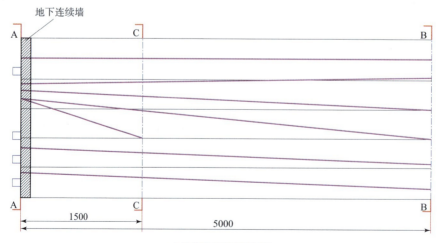

a）注浆孔纵断面布置图

图 5-47

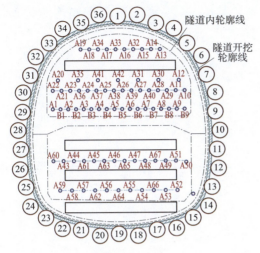

b）注浆孔位

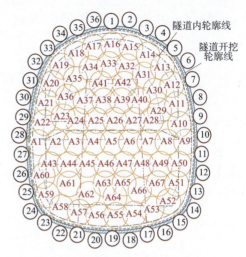

c）注浆扩散范围

图 5-47　第一循环预注浆布孔图（尺寸单位：cm）

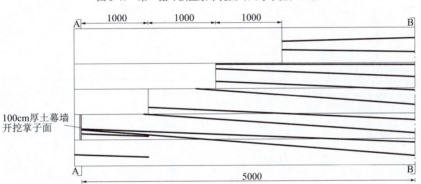

a）注浆施工纵断面布置图

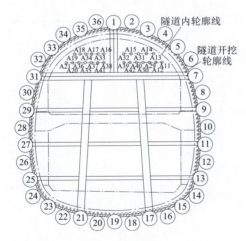

b）第1台阶注浆孔

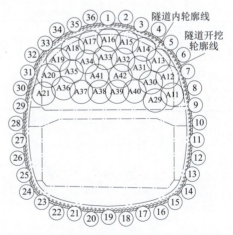

c）第1台阶注浆扩散范围

图　5-48

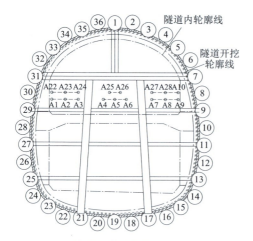

d) 第 2 台阶注浆孔

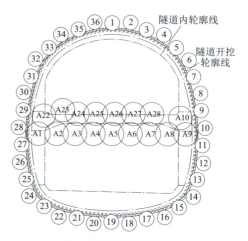

e) 第 2 台阶注浆扩散范围

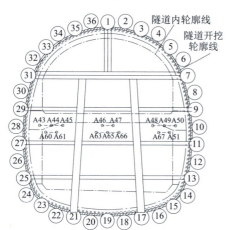

f) 第 3 台阶注浆孔

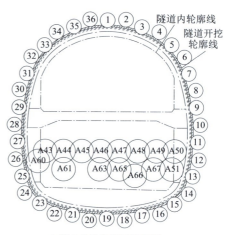

g) 第 3 台阶注浆扩散范围

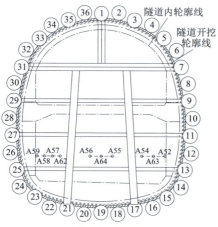

h) 第 4 台阶注浆孔

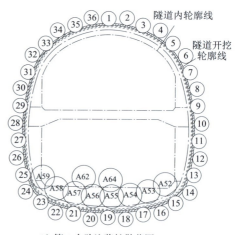

i) 第 4 台阶注浆扩散范围

图 5-48　后续循环预注浆布孔示意图（尺寸单位：cm）

5.4.4.2 土层冻结技术

（1）冻结准备工作完成后，开启圆形冻结管进行积极冻结。

（2）当冻土帷幕厚度发展过大时，开启圆形限位管，控制冻土体积及冻土发展趋势。

（3）冻结区域准备开挖前15d左右，开启掌子面前方至少15m区域内的异形冻结管，对开挖区域进行加强冻结。

（4）隧道内部进行开挖，圆形冻结管和异形冻结管积极冻结维持冻土的厚度。

（5）三衬结束后停止冻结施工，实施强制解冻，同时对土体进行跟踪式融沉注浆。

5.4.4.3 冻土开挖技术

暗挖段开挖采用五台阶十四部开挖法，由上而下分为5个台阶A、B、C、D、E，台阶高度3.8~5.0m。以机械开挖为主，靠近管壁冻土采用风镐人工开挖。采用小型挖掘机装土，各导坑内渣土由小型翻斗运输车运至工作井口，再由小型自卸车运至弃渣场。

（1）第1台阶先开挖导坑A-2，后开挖导坑A-1，导坑A-1滞后导坑A-2约5m。各导坑每开挖1~2个工字钢间距（每个工字钢间距为0.4m）时，紧跟施作初期支护与临时支护结构；各分区开挖距离超过10m时，需及时施作二衬。

（2）第2台阶与第1台阶纵向间隔10m开挖。先开挖中导坑B-2，然后对称开挖左、右2个侧导坑B-1，中导坑B-2与左、右两侧导坑B-1之间纵向保持间距约5m，错位进行开挖。各导坑每开挖1~2个工字钢间距时，紧跟施作初期支护与临时支护结构。当各分区开挖距离超过10m时，开始施作二衬。

（3）第3台阶与第2台阶纵向间隔10m开挖。先开挖中导坑C-2，然后对称开挖左、右2个侧导坑C-1，中导坑C-2与左、右2个侧导坑C-1之间保持间距约5m，错位进行开挖。各导坑每开挖1~2个工字钢间距时，紧跟施作初期支护与临时支护结构。各分区开挖距离超过10m时，开始施作二衬。

（4）第4台阶与第3台阶纵向间隔10m开挖。先开挖中导坑D-2，然后对称开挖左、右2个侧导坑D-1，中导坑D-2与左、右2个侧导坑D-1之间保持间距约5m，错位进行开挖。各导坑每开挖1~2个工字钢间距时，紧跟施作初期支护与临时支护结构。各分区开挖距离超过10m时，开始施作二衬。

（5）第5台阶与第4台阶纵向间隔10m开挖。先开挖中导坑E-2，然后通过中导坑E-2横向开挖2个侧导坑E-1，中导坑E-2与E-1右导坑先行，E-1左导坑滞后中导坑E-2及E-1右导坑。中导坑E-2与左、右2个侧导坑E-1之间保持间距约5m，错位进行开挖。各导坑每开挖1~2个工字钢间距时，紧跟施作初期支护与临时支护结构。各分区开挖距离超过10m时，开始施作二衬。

暗挖段分部开挖顺序图见图5-49，各台阶开挖、运输设备详见表5-22。出渣运输方案详见图5-50。

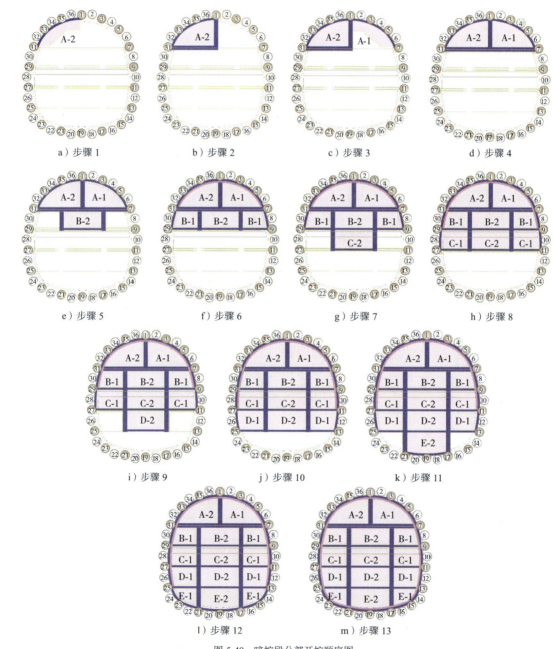

图5-49 暗挖段分部开挖顺序图

第 5 章 五台阶十四部理论分析研究及施工

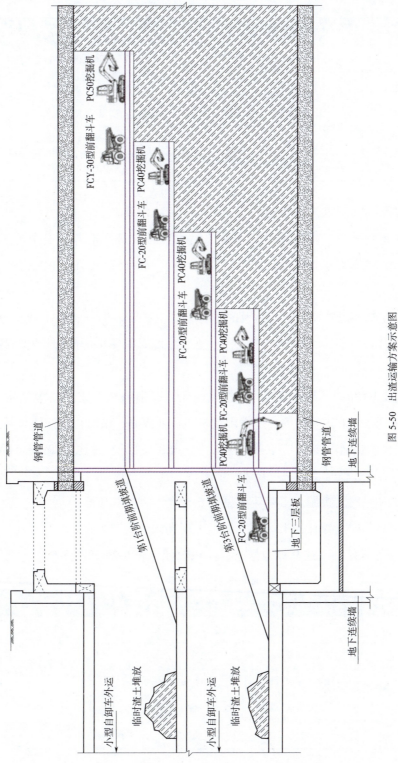

图 5-50 出渣运输方案示意图

各台阶开挖、运输设备　　　　　表 5-22

部　位	开挖、装土设备	导坑内运输设备
第 1 台阶	PC50	FCY-30 型前翻斗车
第 2 台阶	PC40	FC-20 型前翻斗车
第 3 台阶	PC40	FC-20 型前翻斗车
第 4 台阶	PC40	FC-20 型前翻斗车
第 5 台阶	PC40	FC-20 型前翻斗车

开挖过程中，还需注意的事项如下：

（1）冻结是管幕间止水的关键措施，冻结帷幕形成是开挖方案安全可靠实施的基础，必须待冻结帷幕厚度达到设计要求后才能开挖，确保隧道形成完整、封闭的管幕冻土支护体系。

（2）严格控制开挖进尺，开挖后及时施作初期支护和临时支撑，形成全断面环形封闭。有条件施作二次衬砌结构时尽早施作。施工中随时关注掌子面和临时竖撑下的地基稳定情况。

（3）初期支护和临时支撑随导洞开挖及时跟进，形成整体支撑受力结构。开挖时，要委派专人对开挖作业进行指挥，严格限制机械作业界限，以防止碰撞钢架及临时支撑。

（4）第 5 台阶贯通前 10m 应单独开挖掘进，确保支撑受力及变形沉降值受控。

5.4.4.4　初支和临时支撑施工技术

初期支护和临时支撑施工工艺流程见图 5-51。

初支拱架和临时支撑在加工场集中加工，现场人工安装焊接。

钢拱架工字钢有 a～i 这 9 种型号，具体参数详见表 5-23 和图 5-52。

每道钢拱架工字钢参数表　　　　　表 5-23

序号	工字钢编号	半径（cm）	弧长（cm）	单片质量（kg）	片数	备注
1	a	998	291.87	106.24	4	双拼
2	b	708	128.87	104.54	4	双拼
		998	158.33			
3	c	708	281.86	102.98	4	双拼
4	d	2108	306.17	111.45	2	单拼

续上表

序号	工字钢编号	半径（cm）	弧长（cm）	单片质量（kg）	片数	备注
5	e	2108	306.34	111.51	2	单拼
6	f	2108	306.26	111.48	2	单拼
7	g	398	260.31	94.75	2	单拼
8	h	398	77.15	105.66	2	单拼
		1898	213.13			
9	i	1898	304.73	110.92	2	单拼

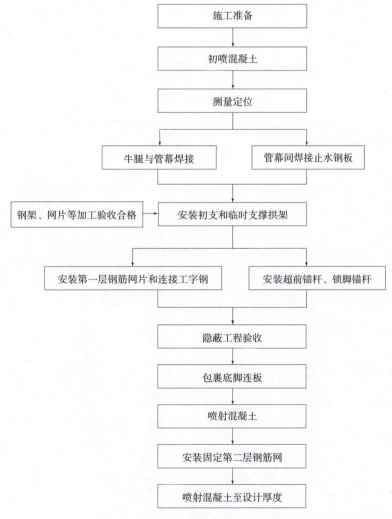

图 5-51　初期支护和临时支撑施工工艺流程图

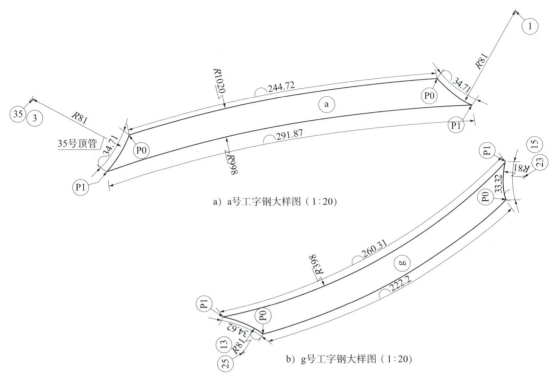

图 5-52 工字钢大样图（尺寸单位：mm）

临时支撑分节拼装制作，连接板螺栓连接，分段长度如图 5-53 所示。

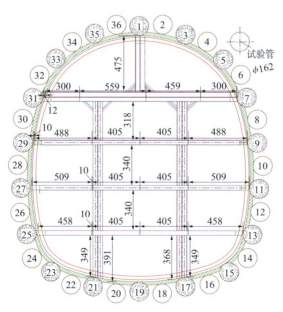

图 5-53 临时支撑分段（尺寸单位：cm）

（1）钢拱架和临时支撑加工

加工流程：施工准备→施工放样→调试设备→下料、加工→检查验收。

加工前做好材料用量计划、进场计划等工作。做好平台场地的安排分区工作。测量人员先根据设计图在独立场地平台上放样，画出1：1的钢架大样图，包括各连接点的法线方向。操作者先复核下料单上各单元钢架的尺寸（考虑型钢弯制伸长率）及用料规格型号，检查是否符合设计要求。操作者按复核后的下料单下料，下料后各种规格、尺寸都分类分开放置并标识，以免误用。对一些小料可合理利用。操作者采用机械设备对钢材进行弯制，弯制必须符合以下要求：

①弯起点必须做标记；

②弯曲机心轴直径应满足相关要求；

③钢筋弯制形状正确，平面上无翘曲不平现象。

弯制要求均合格后，在钢架适当位置标示好钢架单元编号。将制作好的钢架连接钢板焊接到钢架两端部，焊接时应保证钢架几何断面尺寸垂直置于连接钢板的几何中心上，以保证钢架轴线偏差在允许范围内。同时，焊缝高度须达到设计及验收要求。钢架制作完成后，立即上报检查验收，验收合格后，在合格的钢架上标示并做好记录。将合格后的成品钢架存放于成品区，码放整齐，并做好遮盖等防锈措施。首榀钢拱架加工完成后，应放在平整地面上试拼。周边拼装允许偏差为±30mm，平面翘曲应小于20mm。当各部尺寸满足设计要求时，方可进行批量生产。

（2）钢拱架和临时支撑安装

钢拱架安装前分批按设计图检查验收加工质量，不合格者禁用。初期支护和临时支撑随导洞开挖及时跟进，确保支撑体整体受力。拱脚必须支立在牢固的基础上，清除底脚处虚渣及杂物，超挖部分用喷射混凝土填实。其中间段连接板用砂子埋住，以防混凝土堵塞接头板螺栓孔。如图5-54所示，初支钢拱架与钢管幕双面焊接，并用梯形翼板进行加固，焊接厚度不小于5mm。如图5-55所示，临时支撑H型钢与管幕采用T形连接件焊接，段间连接安设垫片拧紧螺栓，确保安装质量。负温焊接控制要点是，焊接前将不小于100mm范围内的管壁用火焰法加热到20℃以上方可施焊。

施工时严格控制中线及高程，确保初喷质量，钢架在掌子面初喷后架立。拱架安装后必须保证垂直度，不能发生扭曲变形。钢架安装到位，钢架后间隙用喷射混凝土填充密实。开挖时,要委派专人对开挖作业进行指挥,严格限制机械作业界限,以防止碰撞钢架。

图 5-54　初支拱架焊接安装

图 5-55　临时支撑安装

(3) 锁脚锚杆施工

临时支撑钢架锁脚采用 2 根 $L=3m$ 的 A42 锁脚锚管进行锁定,锚管采用钢花管,锁脚锚管安装长度和角度应满足设计要求。先在临时支撑上开孔,风枪钻孔后将锚管插入孔内,孔口采用锚固剂封堵严实,并将锚管与临时支撑焊接牢固。焊接采用满焊,浆液采用普通水泥单液浆,加强注浆压力、注浆量的双指标控制。

(4) 超前锚杆施工

临时竖撑处设有 $L=3.5m$ 的 A42 超前锚杆,竖向间距 35cm,纵向排距 2.4m。锚杆采用钢花管。

①布孔：沿临时支撑纵向开孔，开孔方向为隧道轴线偏离一定角度。

②成孔：沿临时支撑开孔方向，采用风枪打眼成孔。

③插管：安设小导管时要求对准管孔方向和角度，必要时使用液压或风动推进器将导管推入，并力求导管尾端在同一剖面且外露长度以30cm为宜。锚管与临时支撑钢架焊接。

④封口：喷混凝土5~8cm厚，管尾周围加强封闭。

⑤注浆：注浆前先进行现场注浆试验，注浆参数通过现场试验按实际情况确定。

（5）钢筋网安装施工

钢筋网片在洞外分片加工制作，人工安装。钢筋网与工字钢翼缘板内侧焊接。钢筋网环向搭接长度为25cm。首层钢筋网被喷射混凝土全部覆盖后，安装第二层钢筋网。

（6）喷射混凝土

喷射混凝土配合比设计是关键，负温喷射混凝土施工时添加硅粉及防冻剂、减水剂等外加剂。喷射混凝土采用潮喷工艺施工，在自建拌和站利用强制搅拌机拌制，严格按设计配合比进行拌和，配合比及搅拌的均匀性检查频率每班不少于2次。由混凝土运输车或导管运输到作业面。混合料在运输、存放过程中，严防雨淋、滴水及大块石等杂物混入，装入喷射机前过筛。喷射作业采取分段、分片由下而上、先墙后拱的顺序进行，每段长度不宜超过6m。喷嘴垂直受喷面做反复缓慢螺旋形运动，螺旋直径20~30cm，同时与受喷面保持一定的距离，一般可取0.6~1.0m。若受喷面被钢筋网或格栅钢架覆盖时，可将喷头稍加倾斜，但不小于70°，以保证混凝土喷射密实，保证钢支撑背面填满混凝土，黏结良好。

喷射混凝土作业时，一般分2次施喷完成，第一次喷射混凝土后安装第二层钢筋网片复喷至设计厚度。后一层在前一层混凝土终凝后进行，若终凝1h后再喷射时，先用风机喷水清洗喷层面。

严格执行喷射机操作规程：连续向喷射机供料；保持喷射机工作风压稳定；完成或因故中断喷射作业时，将喷射机和输料管内的积料清除干净。

喷射混凝土的回弹率控制不大于15%。喷射混凝土施工工艺图如图5-56所示。

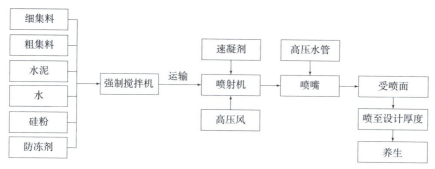

图 5-56 喷射混凝土施工工艺图

5.4.4.5 二衬施工技术

初期支护与二衬之间设置抗剪钢筋,钢筋一端焊接于初支工字钢的翼缘上,另一端与格栅钢架纵向连接筋采用直钩连接,如图 5-57 所示。抗剪钢筋的环向间距一般为 50cm,在格栅钢架节段连接处的 1m 范围内抗剪钢筋间距加密为 25cm。抗剪钢筋若在初期支护喷射混凝土前焊接,会严重影响喷射混凝土质量;若在初期支护喷射混凝土完成后焊接,则需要清除工字钢上的喷射混凝土,施工困难。原设计初期支护与二衬厚度均为 30cm,因抗剪钢筋施工问题,调整初期支护厚度为 22cm,二衬厚度为 38cm。

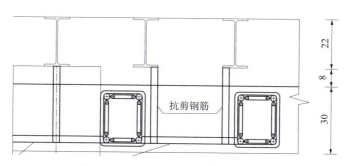

图 5-57 抗剪钢筋设计图(尺寸单位:cm)

二衬采用 C35 轻钢架混凝土结构,第 1 台阶采用喷射混凝土,其他部位采用 30cm×100cm 小型钢模板模筑混凝土。格栅钢架依据隧道分步分台阶开挖工序分节架立,每榀钢筋格栅分 9 节段组装。格栅拱架横断面高 22cm(C25 主筋的外边缘距离),宽 20cm(A12 箍筋外边缘距离),节段与节段之间采用角钢螺栓连接。2 榀格栅钢架的纵向间距为 60cm。临时支撑与 2 榀格栅钢架采用焊接相连,格栅钢架之间采用 C25 连接筋相连。具体参数详见表 5-24 和图 5-58。

每道格栅钢架参数表　　　　　　　表 5-24

序号	节段编号	主筋编号	r（cm）	弧长（cm）	角度（°）	节段数量
1	JD1	N1（外）	976	600.4	35.25	1
2		N2（内）	954	586.9		
3	JD2	N3（外）	976	479	28.12	1
4		N4（内）	954	468.2		
5	JD3	N5（外）	686	480.6	40.14	2
6			2086	44.8	1.23	
7		N6（内）	664	465.2	40.14	
8			2064	44.3	1.23	
9	JD4	N7（外）	2086	368.6	10.12	2
10		N8（内）	2064	364.7		
11	JD5	N9（外）	2086	382.7	10.51	2
12		N10（内）	2064	378.7		
13	JD6	N11（外）	2086	371.3	10.2	2
14			376	16.5	2.51	
15		N12（内）	2064	367.4	10.2	
16			354	15.5	2.51	
17	JD7	N13（外）	376	359.9	54.85	2
18		N14（内）	354	338.9	54.85	
19	JD8	N15（外）	1876	291.2	8.89	2
20		N16（内）	1854	287.7	8.89	
21	JD9	N17（外）	1876	645.7	20.34	1
22		N18（内）	1854	638.1		

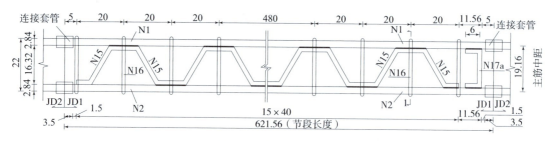

a）格栅钢架 JD1 剖面设计图（1∶5）

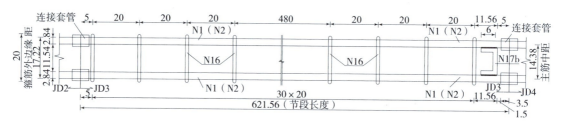

b）格栅钢架 JD1 俯视设计图（1∶5）

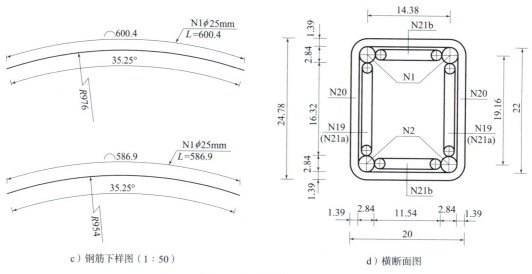

c）钢筋下样图（1∶50）　　　　d）横断面图

图 5-58　格栅钢架设计大样图（尺寸单位：cm）

（1）格栅钢架加工

根据格栅钢架设计图在钢平台上放样，画出 1∶1 的格栅钢架大样图，包括各连接点的法线方向。操作者下料后按下料规格、尺寸分类分开放置并标识，以免误用。对一些小料则合理利用。

钢筋弯制必须符合以下要求：

①弯起点必须做标记；

②弯曲机心轴直径应是钢筋直径的 2.5 倍；

③钢筋弯制形状正确，平面上无翘曲不平现象。

将 4 根主筋分别摆放夹持在模具卡槽上，焊接 U 形筋和几字形筋，焊接完成后安装箍筋并进行焊接，保证焊接质量。最后焊接连接板。连接板采用 14cm×9cm×1.2cm 角钢，连接板的焊接必须保证孔位与主筋的距离及 2 个板孔的模距一致。

将焊接好的格栅钢架在试拼区进行试拼，保证拱架圆顺，直墙架直顺。调运时注意安全，防止操作人员碰伤或造成格栅钢架弯扭。格栅钢架连接示意图如图 5-59 所示。

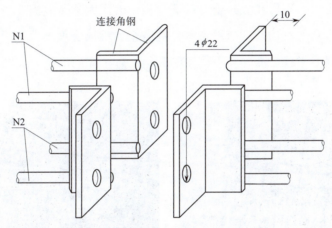

图 5-59　格栅钢架连接示意图（尺寸单位：mm）

（2）格栅钢架安装

格栅拱架安装前分批按设计图检查验收加工质量，不合格者禁用。

严格控制中线及高程，格栅拱架安装后必须保证垂直度，不能发生扭曲变形。其中间段连接板用砂子埋住或用袋子包裹，表面再抹 3cm 厚水泥砂浆，以防混凝土堵塞接头板螺栓孔。

抗剪钢筋直钩端要紧贴格栅钢架纵向连接筋，不得有缝隙，另一端与初支工字钢的翼缘焊接牢固。

（3）二衬混凝土

首层导洞喷射混凝土采用潮喷工艺，工艺同钢拱架支护喷射混凝土。

第 2 层～第 5 层导洞二衬采用模筑混凝土，模板选用 30cm×100cm 小型钢模板，以满足隧道断面尺寸要求。模板支撑拱架采用 10 号工字钢，工字钢加工弧度满足设计结构尺寸要求。要求模板、模板支撑拱架安装牢固，表面清理打磨干净，隔离剂涂刷均匀。模板的连接处必须紧密、牢固可靠，防止出现错位和漏浆现象。模板底部与临时支撑相接，采用砂浆或海绵将缝隙填满，防止漏浆，模板上部预留浇筑孔和振捣孔，最后采用塑料模板封堵浇筑。

采用 A50 型插入式振捣棒垂直插入，振捣距模板不小于 10cm，振点间距 30cm。同时，在模板外部用小锤锤击模板，使模板下部气泡上浮溢出。要注意控制振捣时间，既防漏振致使混凝土不密实，又防过振导致混凝土表面出现砂纹。

拆除模板顺序与安装模板顺序相反，如果模板与混凝土吸附或黏结不能脱开时，可用撬棍撬动模板下口，不得在混凝土上口撬模板，或用大锤砸模板。

保持钢模板本身的整洁及配套设备零件的齐全，堆放合理，保持板面不变形，防止碰撞。安装就位时要平稳、准确，不得碰砸其他已施工完的部位。如图 5-60 所示。

a）二衬格栅钢架

b）二衬喷射混凝土

c）格栅钢架连接板

d）格栅钢架纵向连接钢筋

图 5-60　二衬施工工艺图

5.4.4.6　三衬施工与临时支撑拆除施工技术

（1）施工部署

分东、西两个工区独立组织临时支撑拆除及下层隧道三衬施工，上层隧道三衬由东向西组织单向施工。

下层隧道三衬按仰拱、侧墙、中板顺序浇筑，侧墙和中板采用支架法模筑，充分利用原有临时支撑体系；上层隧道拱墙衬砌采用整体台车一次模筑成型。

根据监控量测结果，三衬一次性施工长度确定为12m。控制仰拱、侧墙、中板、拱部衬砌施工缝处在同一断面上。临时支撑体系和模板拆除过程中，加强监控量测，信息化施工。暗挖段三衬结构施工工序流程见图 5-61。

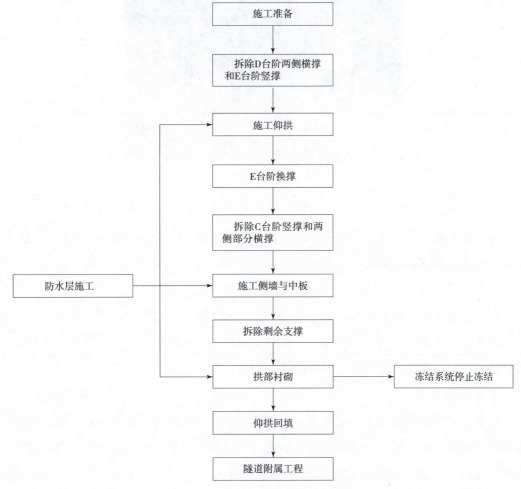

图 5-61　暗挖段三衬结构施工工序流程图

（2）施工顺序

暗挖段三衬结构分段浇筑，先进行仰拱施工，再进行侧墙与中板施工，最后自东向西施工拱部三衬。支撑拆除、防水板及钢筋安装和混凝土浇筑分3个工作面施工，以确保连续平行作业。

① E 台阶竖撑和 D 台阶两侧横撑拆除。

当二衬封闭成环，监测数据稳定后，先破除 E 台阶竖撑（图 5-62）和 D 台阶两侧横撑混凝土。施工仰拱前，依次拆除 D 台阶两侧横撑和 E 台阶竖撑型钢，渣土和支撑材料通过 E 台阶运输至洞外。

图 5-62　拆除 E 台阶竖撑型钢

② 仰拱施工

仰拱施工节段及时铺设仰拱防水层，并紧跟施作防水层垫层；仰拱钢筋以及预埋件安装完成后，浇筑仰拱混凝土至设计高程。

③ E 台阶换撑

E 台阶竖撑根据仰拱施工计划分节段拆除，仰拱施工完成后及时对竖撑进行全部换撑并焊接锚固。同时做好拱顶下沉、收敛及支撑内应力观测记录，并根据监测数据合理调整换撑间距。完成后进行下一循环仰拱施工。

④ A 台阶支撑拆除

自洞口向内破除竖撑支撑间混凝土，并拆除网片和矩形管等连接材料，然后拆除竖撑型钢。拆除一定距离后，及时采用喷射混凝土找平二衬基面，依次循环向前拆除。渣土和支撑材料通过 A 台阶运输至洞外。考虑到隧道围护及支撑体系的稳定，为确保安全，贯通位置两侧各保留 10 榀竖撑和横撑。如图 5-63 所示。

图 5-63 拆除 A 台阶竖撑

竖撑拆除完成后,根据现场施工组织,横撑自分界里程由洞内向洞外破除混凝土,拆除网片和矩形管等连接材料,每隔 10 榀横撑保留 2 榀。根据拆除过程中监测数据,实时分析并调整横撑拆除间距。拆除横撑型钢一定距离后,及时喷射混凝土与二衬基面找平。依次循环拆除至洞口结束。渣土和支撑材料通过 B 台阶运输至洞外。

⑤ B 台阶竖撑拆除

A 台阶支撑拆除完成后,自洞内向洞外拆除 B 台阶竖撑,与 A 导洞剩余横撑连接的竖撑暂不拆除。渣土和支撑材料通过 B 台阶运输至洞外。拆除一定距离后,开始破除 B 台阶横撑混凝土,拆除网片和矩形管等连接材料,与 A 台阶横撑对应,每隔 10 榀横撑保留 2 榀横撑,根据拆除过程中监测数据,实时分析并调整横撑拆除间距。渣土及支撑材料通过 C 台阶运输至洞外,如图 5-64 所示。

图 5-64 拆除 A、B 台阶临时支撑,设立运输通道

⑥ C 台阶竖撑和两侧部分横撑拆除

侧墙与中板施工前,按照侧墙和中板施工节段提前拆除 C 台阶竖撑。破除 C 台阶

横撑的混凝土，拆除网片，矩形管先不拆除，保证横撑连接的稳定和安全。在准备施工的侧墙节段，C台阶两侧横撑下方提前采用扣件式脚手架搭设支撑架，并在横撑上方适当位置安装模板吊装装置（图5-65）。

图5-65 模板吊装装置

⑦侧墙与中板施工

根据侧墙预留施工宽度割除C台阶两侧部分横撑，及时喷射混凝土与二衬基面找平。铺设侧墙防水层，钢筋安装完成后，安装加固侧墙模板，浇筑侧墙混凝土。在第3道横撑之上搭建支架，然后安装中板底模，绑扎中板钢筋，浇筑中板混凝土，并将上层隧道侧墙浇筑至中板倒角以上30cm，完成后进行下一循环侧墙与中板浇筑施工。

⑧拱部衬砌施工

待侧墙与中板完成一定距离后，开始施作拱部衬砌。采用简易工作台架安装防水板和钢筋，安装完成后采用12m钢模整体台车浇筑混凝土。完成后进行下一循环拱部施工。以上各部支撑拆除与结构施工错位循环逐步推进施工，直至暗挖段三衬结构修筑完成。

临时支撑拆除及三衬施工顺序见图5-66。

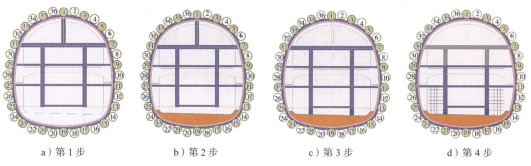

a）第1步　　　b）第2步　　　c）第3步　　　d）第4步

图 5-66

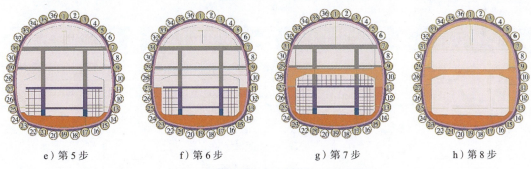

e）第 5 步　　　f）第 6 步　　　g）第 7 步　　　h）第 8 步

图 5-66　临时支撑拆除及三衬施工顺序示意图

（3）施工段落划分

结合三衬施工方案，为减少拆撑施工对第 5 台阶开挖的相互干扰，考虑暗挖段防水要求，尽量减少施工缝。根据暗挖段现场实际情况，对暗挖段临时支撑拆除节段进行划分，保证施工进度以及拆撑、仰拱与开挖平行作业，确保三衬尽快封闭成环。见表 5-25。

暗挖段三衬施工及临时支撑拆除分段划分　　表 5-25

分段序号	里	程			结构	分段长度	备注
1	YK2	387.8	YK2	392.65	内衬	1	施工缝
	YK2		YK2		地连墙	1.2	
	YK2		YK2		素墙	1.2	4.85
2	YK2	392.65	YK2	403.15	暗挖段	10.5	施工缝
3	YK2	403.15	YK2	413.95		10.8	施工缝
4	YK2	413.95	YK2	425.85		11.9	变形缝
5	YK2	425.85	YK2	437.75		11.9	施工缝
6	YK2	437.75	YK2	449.65		11.9	施工缝
7	YK2	449.65	YK2	461.55		11.9	变形缝
8	YK2	461.55	YK2	473.45		11.9	施工缝
9	YK2	473.45	YK2	485.35		11.9	施工缝
10	YK2	485.35	YK2	497.25		11.9	施工缝
11	YK2	497.25	YK2	509.15		11.9	施工缝
12	YK2	509.15	YK2	521.05		11.9	施工缝
13	YK2	521.05	YK2	532.95		11.9	施工缝
14	YK2	532.95	YK2	544.85		11.9	施工缝

续上表

分段序号	里 程				结构		分段长度	备注
15	YK2	544.85	YK2	556.75	暗挖段		11.9	施工缝
16	YK2	556.75	YK2	568.65			11.9	施工缝
17	YK2	568.65	YK2	580.55			11.9	变形缝
18	YK2	580.55	YK2	592.45			11.9	施工缝
19	YK2	592.45	YK2	604.35			11.9	施工缝
20	YK2	604.35	YK2	616.25			11.9	变形缝
21	YK2	616.25	YK2	628.15			11.9	施工缝
22	YK2	628.15	YK2	640.05			11.9	施工缝
23	YK2	640.05	YK2	647.2	素墙	1.2	7.15	施工缝
	YK2		YK2		地连墙	1.2		
	YK2		YK2		内衬	1		

拱部临时支撑混凝土可提前拆除，拆除时机可根据监测数据进行调整，在保证施工安全前提下，组织交叉流水作业，加快施工进度，确保三衬尽快封闭成环。

（4）资源配置

暗挖段单侧工作面人员配置见表5-26。单侧工作面人员配置共投入人员164人，东、西侧相向施工，共投入328人。

单侧工作面人员配置表　　　　表5-26

序 号	名 称	人数（人）	任 务
1	管理人员	16	负责现场组织管理
2	支撑拆除工班	20	负责拆除支撑
3	防水板铺设	20	负责防水材料铺设
4	钢筋工班	60	负责钢筋的制安
5	混凝土工班	24	负责安装模板、混凝土振捣、浇筑和养生
6	机械工班	12	负责混凝土破除、渣土运输
7	其他	12	负责风水电保障工作
	小计	164	

施工机械设备配置见表 5-27。

暗挖段三衬施工机械设备配置表　　　　　　表 5-27

序号	工序及部位名称	机械名称	规格型号	单位	数量
1	三次衬砌	小型破碎锤	PC40、PC60	台	8
2		小型前翻斗车	FCY-30、FC-20	台	6
3		衬砌台车	长度 12m 钢模台车	台	1
4		钢筋切断机	CD40	40mm	2
5		钢筋弯曲机	G6-40B	40mm	3
6		滚丝机	HGS-40	台	4
7		自动爬热焊机	ZPR-III	台	16
8		交流电焊机	BX1-500	5.5kW	12
9		罐车	12m³	台	8
10		输送泵	—	台	2
11		龙门起重机	20t	台	2
12		小自卸车	6m³	台	6
13		通风设备	减噪轴流通风机 L-11	套	8
14		手动葫芦	5t	个	20

(5) 临时支撑拆除工艺及注意事项

①施工工艺

施工采用破碎锤拆除临时支撑混凝土，升降机械配合人工火焰切割拆除临时支撑钢架。每一次拆除的部分均由上至下依次分段拆除。

先用吊带绳索将钢支撑固定至吊点，火焰切割与管幕焊接部分的钢支撑连接板，使临时支撑与管幕结构分离，解除约束；逐节凿除临时钢支撑喷射混凝土层，切割清除连接网片和矩形管；将凿除的渣块和钢筋等及时清理运出施工现场；拆卸连接螺栓，采用吊装设备将钢支撑拆除并分批运至洞外。如图 5-67、图 5-68 所示。

临时钢支撑拆除后应对拆除切割钢支撑部位用同等标号的砂浆抹平或喷射混凝土找平，保证二衬混凝土面平顺以及后续防水层铺装质量。临时支撑拆除施工工艺见图 5-69。

图 5-67 临时支撑拆除

图 5-68 临时支撑切割

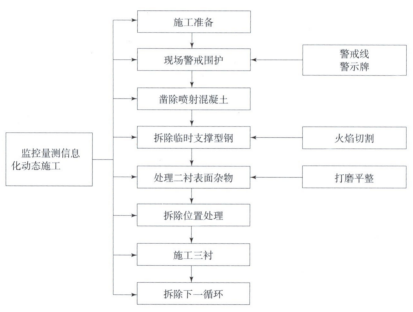

图 5-69 临时支撑拆除施工工艺图

②注意事项

临时支撑拆除施工本着安全第一的原则，现场设有专职安全员负责安全工作，并设安全警示标志。

施工人员佩戴安全帽，高空作业人员佩戴安全绳，拆除现场设置安全网。拆除过程中，设置警戒线，严禁其他施工人员和无关机械通过拆除区域，防止坠物伤人。

拆除过程中严禁挖掘机、装载机等机械以直接破坏方式拆除临时支撑拱架，以防止因机械碰撞造成隧道支护体系变形。拆除严格按照步骤进行，切不可一次拆除距离过长，拆除后及时施工三衬。

钢支撑拆除时要使用绳索等安全措施,严禁以自由落体形式直接下落,以免对临时横撑造成撞击变形,或防止钢支撑自由下落弹起伤人。

拆除临时支撑后及时清除残留在二次衬砌上的短型钢头和短钢筋头,并用同等标号砂浆(同二衬强度)抹平或喷射混凝土找平,为后续铺设防水板施工创造条件。

施工过程中加强监控量测工作,随时监测二衬的稳定性。若发现变形异常,应立即停止拆除工作并报警。采取适当的加固措施,同时告知相关单位进一步分析原因,研究后续工作安排。

按照信息化设计和施工原则,应严密监测拆除施工过程中换撑和拆撑对隧道结构的影响,并根据监测数据反馈指导后续施工。

(6) 仰拱施工

施工工序:二衬面清理→土工布及防水层铺设→绑扎钢筋→安装模板→仰拱混凝土浇筑→换撑→养护→下一循环施工。

土工布铺设前,及时清除二衬表面的浮渣和积冰等杂物,保证基面无积水,平顺,不允许有直角凹凸部位。对凿除积冰和浮渣过程中在二衬表面形成的凸起与凹槽,用砂浆抹平。基面平整度满足 $D/L=1/20$ 后,铺设土工布及防水板,浇筑混凝土保护层,绑扎钢筋,安装模板。

仰拱模板:小侧墙采用钢模板,端头模板为木模。模板表面涂刷脱模剂,模板间接缝采用双面胶填充,模板与旧混凝土接缝采用玻璃胶填充,防止漏浆影响混凝土外观质量。为了有效控制混凝土徐变作用、防止因温度应力引起表面裂缝和贯穿裂缝,根据现场施工情况及要求,采用内置冷水循环水管降温,循环水管采用钢管(规格 $\phi 48mm \times 3.5mm$)。在仰拱中部预埋普通钢管循环水管,水平间距为1500mm,按"U"字形布置;接缝采用丝扣接或者焊接,钢管与10cm工字钢架立支撑固定,见图5-70。

竖向布置测温点按照顶表面温度、中心温度、底表面温度的检测要求进行布设,在仰拱内部横断面上、中、下布置温度监测元件,监测混凝土浇筑前后温度场变化。

仰拱混凝土浇筑采用泵送法按"斜面分层法"进行,即采用"一个坡度、循序推进、一次到顶"的浇筑工艺。抹面采用二次抹压并刻纹处理。

混凝土养护采用土工布覆盖、保温,初期少量洒水,润湿土工布,水管滴灌养护;水管采用有韧性的PVC管,间隔20cm钻孔;4~5d混凝土表面温度与大气温差小于20℃时饱水养护。

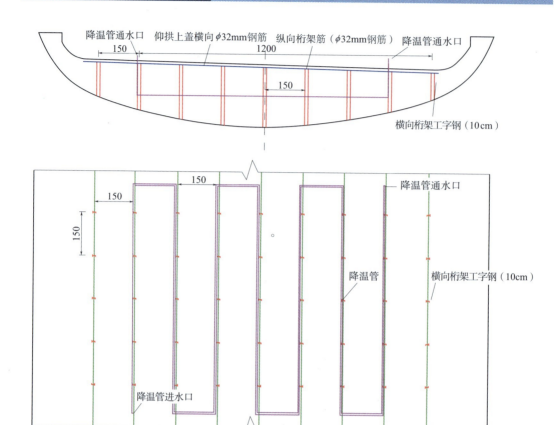

图 5-70 冷水循环管布置示意图（尺寸单位：cm）

在施工安排中，应尽快修筑仰拱，利于衬砌结构的整体受力。

为保证整体工期要求，在第 5 台阶开挖进尺至 60～70m 时，开始施工仰拱。为减少仰拱铺底对施工进度的影响，降低施工干扰，开挖和浇筑混凝土时利用第 4 台阶斜坡道和第 5 台阶洞口进出通道进行作业，保证仰拱施工与开挖作业平行进行。

（7）侧墙、中板施工

侧墙、中板拆除支撑后采用支架法模筑施工，利用隧道内部分临时竖撑支撑模板浇筑侧墙，在第 3 道横撑上施作平台搭设支架模筑中板。

①模板支架体系

侧墙下部钢模板尺寸为 2m×1m，厚度 5mm，4 块；上部钢模板为 0.5m×1m，厚度 5mm，4 块，采用 M25 螺栓连接。中板底模为竹胶板，厚度 2cm。

支架为扣件式脚手架 + 第 3 道、第 4 道横撑 + 第 4 道竖撑 + 仰拱换撑组成的体系，扣件式脚手架钢管直径为 A48，壁厚 3.5mm。

第 3 道横撑以下的支架搭设形式如下：

a. 立杆横距为 90cm，纵距为 60cm。立杆顶部采用顶托加方钢支撑于第 3 道横撑下。横杆层间距为 90cm，模板背后和横撑处采用 10 号工字钢作为背棱，横杆上加顶托顶在方木上。

b. 每根立杆底部设置底座或垫板。

c. 纵向扫地杆采用直角扣件固定在距钢管底端不大于 200mm 处的立杆上。横向扫地杆采用直角扣件固定在紧靠纵向扫地杆下方的立杆上。

d. 剪刀撑的设置：支架四周从底到顶连续设置竖向剪刀撑；中间纵、横向由底到顶连续设置竖向剪刀撑，间距应小于或等于 4.5m，剪刀撑斜杆与地面夹角为 45°～60°。

第 3 道横撑以上的支架搭设形式如下：

a. 立杆横距为 60cm，立杆纵距为 90cm。在第 3 道横撑上布置 10cm 工字钢作纵向分配梁，立杆立于分配梁上。立杆顶部采用顶托+纵向分配梁+横向方木的方式支撑模板。横杆层高为 65cm，模板背后采用 10cm×10cm 方木做背棱，横杆上加顶托顶在方木上。

b. 底座、扫地杆、剪刀撑的设置方式同上。

第 3 道横撑上的搭设方法如下：

a. 第 3 道横撑上部布置分配梁，立杆下部可调底座直接置于分配梁。按施工方案弹线定位，由纵向中心线处画参照线，横向距中心线 30cm 处设头 2 根立杆，定出第 1 排立杆位置后，按横向间距 60cm 设置第 1 排立杆，在间距 90cm 处设置第 2 排立杆。

b. 可调底托和可调托撑丝杆与螺母捏合长度不得少于 4～5 扣，插入立杆内的长度不得小于 150mm。模板支撑架搭设应与模板施工相配合，利用可调底座或可调托撑调整底模高程。

c. 支架高 213cm，立杆采用一次性架立安装，剪刀撑在立杆安装完成后设置。

d. 剪刀撑等设置完毕后设置安全网。

e. 立杆顶托上纵向铺边长 100mm 的工字钢，其上横向铺边长 100mm 的方木，间距 0.35m。

f. 剪刀撑每步应与立杆扣接，扣接点距节点的距离宜≤150mm；当出现不能与立杆扣接的情况时亦可采取与横杆扣接，扣接点应牢固。

g. 立杆的垂直偏差不应大于架高的 1/300。

h. 上下横杆的接长位置应错开，布置在不同的立杆纵距中，与相连立杆的距离不大于纵距的 1/3。

i. 应按立杆、横杆、剪刀撑顺序逐层搭设，底层水平框架的纵向垂直度应 ≤ $L/200$；横杆间水平度应 ≤ $L/400$。

第 3 道横撑下的搭设按施工方案弹线定位，放置可调底座或垫板，按先立杆后横杆再斜杆的搭设顺序进行。架体由纵向中心线处画参照线，横向距中心线 30cm 处设头 2 根立杆，定出第 1 排立杆位置后，按横向间距 60cm 设置第 1 排立杆，在间距 60cm 处设置第 2 排立杆。以此类推，逐排搭设立杆，上横杆。架体形成后，上顶托、方木。其余与第 3 道横撑上的搭设方法相同。如图 5-71 所示。

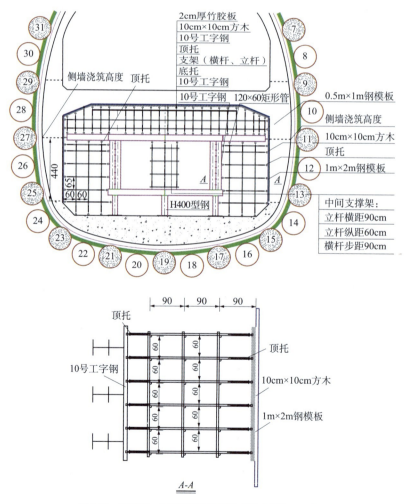

图 5-71　下侧墙、中板模板支架体系（尺寸单位：cm）

②模板安装

侧墙模板安装采用行吊起吊运输，人工配合安装。

模板支撑应牢固、稳定，确保混凝土浇筑过程中不发生松动、跑模、超标准变形下沉等现象。内模支撑安装时，始终保证模板不变形。严格按施工验收规范执行，严防侵入限界。

模板安装前，由测量人员根据设计图纸准确放样，待监理工程师检查无误后方可立模。模板拼装前在模板间贴泡沫双面胶，防止模板拼装不严密而漏浆。

满堂支架搭设时，预压或预留沉降量，以确保模板净空和限界要求。

结构变形缝处的端头模板钉变形缝衬垫板，并使变形缝衬垫板嵌入钢边橡胶止水带，然后用模板固定。变形缝衬垫板应支撑牢固，防止跑缝。

③模板安装注意事项

模板与钢筋安装要配合进行，妨碍绑扎钢筋的部分模板应待钢筋安装完毕后补齐。

模板与脚手架除整体设计外，二者之间应不相联系，以免在脚手架上运存材料和工人操作时引起模板变形。

模板的安装，应考虑防止模板位移和突出。用等同于混凝土中的砂浆材料配比制作水泥支杆，采用水平对支的方法支设固定，用于控制墙体厚度与模板的位置。支撑要牢固有力，注意混凝土浇筑要两侧同步进行。

模板安装完毕后，须经检验合格后，方可浇筑混凝土；检验主要内容包括平面位置、顶部高程、节点联系及稳定性检查。浇筑时，发现模板有超过容许偏差变形值的可能时必须及时予以纠正。

④模板、支架拆卸

混凝土达到设计拆模强度，经监理工程师同意后，方可拆卸模板。

模板拆卸按照后支先拆、先支后拆，先拆非承重模板、后拆承重模板的顺序进行。拆除跨度较大的梁底模时，先从跨中开始，分别向两端对称拆卸。

中板底模在中板混凝土达到强度后方可拆卸。

拆下来的模板及时清理干净，刷油保护，并按规格分类堆放整齐，待用。

脚手架的拆除按照自上而下的顺序依次进行，确保安全。

（8）拱部衬砌施工

上侧墙和拱部混凝土采用一台长 12.0m 的自行式液压整体钢模台车浇筑。中板施工完后，自东向西浇筑拱部衬砌。支撑拆除、防水板及钢筋安装和混凝土浇筑分3个工作面施工，以确保混凝土连续浇筑。

施工工艺流程：工作台架就位→铺设防水板→衬砌钢筋绑扎、焊接→预埋件设置与检查、铺设轨道→模板台车刷脱模剂→模板台车就位→尺寸检查验收→模板台车就位锁定→安设堵头板→泵送灌注混凝土→脱模、养生→下一个循环施工。

①钢筋绑扎和焊接

拱部衬砌结构钢筋安装采用轮式简易工作台架。钢筋在洞外加工下料并弯制成型，汽车运送至洞内，人工绑扎；接头采用机械连接时，搭接长度必须符合设计和施工技术规范的要求。在进行钢筋焊接时，需特别注意对防水板的保护，防止破坏防水板。

②模板台车就位

拱墙衬砌模板台车在钢轨上行走，其定位过程为：测量放线，检查模板台车电器行走系统；清理模板并涂脱模剂，就位调整，固定就位千斤顶，挂在模板台车两侧的侧向千斤顶，基脚支撑固定；中线、水平检查，安装堵头板，混凝土输送泵就位，安装输送管。

上半断面钢模板台车示意图见图5-72。

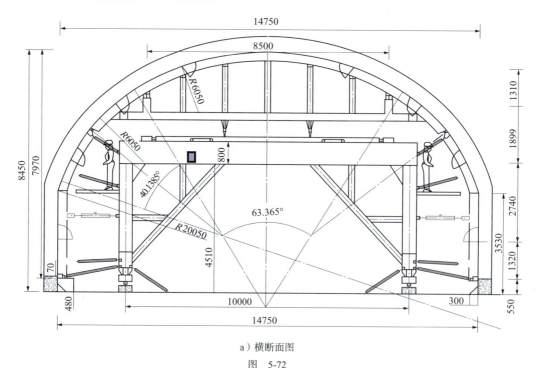

a）横断面图

图 5-72

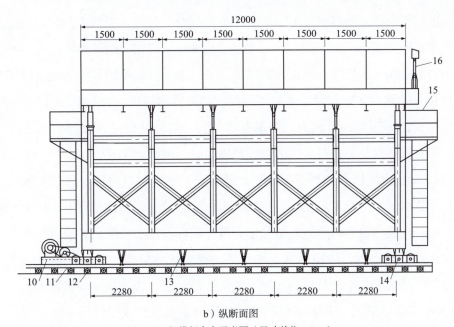

b) 纵断面图

图 5-72 钢模板台车示意图（尺寸单位：mm）

注：10- 自动行走装置；11- 钢轨；12- 垫木；13- 支持腿；14- 行走装置；15、16- 防护栏

③泵送混凝土

衬砌混凝土采用混凝土输送泵泵送入模，两侧交替灌注，且两侧混凝土灌注面高差不得大于 50cm，以免不对称侧压引起台车移位，影响混凝土外观质量和衬砌成型后的净空。

④混凝土振捣

加工模板台车时，在台车内模上预留工作窗，内侧面安设附着式振捣器，灌注过程中，利用插入式振捣器、附着式振捣器以及输送泵泵送压力使灌注混凝土达到密实的要求。

⑤混凝土脱模

根据施工技术规范要求，三衬混凝土的强度达到 2.5MPa 时，方可脱模，脱模时间亦可由工地实验室确定。受围岩压力较小的拱墙，混凝土强度须达到设计强度的 70%；受围岩压力较大的拱墙，混凝土强度必须达到设计强度的 100% 方可脱模。

5.5 本章小结

针对最终开挖设计方案五台阶十四部法，首先通过 ABAQUS 二维数值与 4 种初步开挖方案进行了对比，然后利用 FLAC3D 中流固耦合的计算，分析流固耦合效应对于富水地层浅埋超大隧道开挖的影响，并与实测结果进行了对比，结果表明：

（1）根据 ABAQUS 二维有限元计算结果，五台阶十四部开挖方案的地表沉降要小于其他几种初步设计方案，有利于地表沉降控制。该方案衬砌内力与其他几种方案相仿，且处于可接受的范围内，可认为该方案基本可行。需注意的是，顶部临时支撑轴力较大，在施工时应注意顶部临时支撑的监控量测。

（2）FLAC3D 流固耦合计算结果表明，随着开挖进行，对周围地层产生扰动，开挖面附近超孔隙水压力的积累最明显。超孔隙水压力消散引起渗流的发生，较大的渗流矢量都发生在砂土层，最大的渗流矢量位于管幕外轮廓与砂土层的交界处。施工当中应密切注意该部位的地下水，防止涌水、漏水等工程事故的发生。同时，较大的渗流矢量（地下水流速）可能会影响冻结圈的厚度，影响冻结效果，进一步增加渗漏风险。

（3）拱顶下沉、隧道收敛的数值模拟结果均与实测数据规律较为一致。初衬、二衬关键节点弯矩值的数值模拟结果发展规律与实测数据较为一致。临时支撑内力的分布规律则与实测数据结果完全相反，即数值模拟结果表现为竖撑的轴力普遍大于横撑的轴力，而实测结果则表现为横撑的轴力普遍大于竖撑的轴力。分析原因，决定临时支撑轴力的主要因素应该是现场施工以及冻结因素。

（4）从主要施工方法和施工工艺方面，详细介绍了五台阶十四部施工方案，包括封闭空间内土体加固注浆技术、冻土开挖技术、初支和临时支撑施工技术、二衬施工技术和三衬施工与临时支撑拆除施工技术。

第 6 章
CHAPTER 6
五台阶十四部施工阶段监测数据分析

作为现代隧道施工的重要组成部分，施工监控量测对隧道的安全有序施工有着极为重要的作用。在隧道施工的过程中，为了掌握施工中围岩和支护的力学动态和稳定程度，以及确定合理的施工工序，保证施工安全，进行施工监测是极为必要的。通过对实测数据中包括地表沉降、围岩变形、孔隙水压等数据的分析、处理，及时反映施工中存在的问题，对症下药，对控制地表变形、隧道安全开挖和围岩稳定支护等做出相应的改进措施，以保证隧道安全施工。

6.1 施工监测目的

监控量测的主要目的是：

（1）通过测量地表位移变形值，了解隧道开挖对地表变形的影响范围及程度；

（2）通过对隧道的拱顶下沉和周边位移进行监测，了解隧道开挖对周边围岩变形的影响以及围岩帷幕冻结的效果；

（3）通过对支撑内力、支护衬砌内力、支护衬砌间压力的监测，了解支撑及支护衬砌的受力状态，分析其安全性与可靠度，预防安全问题发生；

（4）通过对隧道管幕范围外侧设置地下水位监测和孔隙水压力监测，了解止水帷幕的效果和施工过程中孔隙水压力的变化规律。

6.2 技术规范与标准

施工监测过程中参考的技术规范和标准如下：

(1)《公路隧道施工监控量测技术规程》(DB 13/T 5153—2019，河北省地方标准)；

(2)《公路隧道施工技术规范》(JTG F60—2009)；

(3)《铁路隧道监控量测技术规程》(TB 10121—2007)；

(4)《建筑变形测量规范》(JGJ 8—2007)；

(5)《工程测量规范》(GB 50026—2007)；

(6)《地铁工程监控量测技术规程》(DB11/490—2007，北京市地方标准)；

(7)《建筑基坑支护技术规程》(JGJ 120—2012)；

(8)《建筑基坑工程监测技术规范》(GB 50497—2009)。

6.3 监测方案设置原则

(1) 可靠性原则

①监测项目为常规监测项，应有效监测结构物及其周边土体的应力应变状态；

②测点的位置和数量应充分有效地监测结构物的稳定安全状况；

③测点的布置应满足一定的通视通行等条件，方便观测，保证观测精度。

(2) 系统性原则

①所有监测项目有机结合，监测数据可相互印证校核，确保所测数据的准确及时；

②在施工过程中进行连续监测，确保数据的连续性；

③利用系统功效减少监测点布设，节约成本。

(3) 与施工相结合原则

①测点的布设应尽量减少对施工的干扰；

②测点的布设应尽量减少对工程质量的影响；

③根据施工进度确定监测频次。

(4) 经济合理原则

①对重点区域关键部位优先布设测点，进行重点监测；

②对地质条件较差、变化较大的位置，进行重点监测；

③对于其他区域和次要部位，可布设些比较经济的监测项目，或适当调整测点间距；

④在确保全面、安全的前提下，合理利用监测点之间联系，减少测点数量，提高工作效率，降低成本。

6.4 拱北隧道暗挖区监控量测内容

6.4.1 监测项目

拱北隧道暗挖区的主要监测项目汇总见表 6-1。

暗挖区风险问题与相关监测项目表 表 6-1

工 序	风险类型	主要影响对象	主要现象	监测项目
顶管	地面位移	地面建筑物	地面沉降或隆起	地表沉降侧向位移
压浆	隆起变形	地面建筑物	地面隆起	地表沉降侧向位移
冷冻	冻胀	地面建筑物	地面隆起	地表沉降侧向位移
解冻	融沉	地面建筑物	地面沉降	地表沉降
开挖	拱顶下沉洞身内移	隧道结构地面建筑物	地面下沉	拱顶沉降周边位移地表沉降
开挖	帷幕渗漏	地面建筑物	地面下沉、地下水位下降	地表沉降地下水位
支撑和内衬	隧道结构破坏	隧道结构地面建筑物	结构坍塌地面沉陷	支撑内力土压力地面沉降

从表 6-1 可见，暗挖施工过程中的顶管、压浆、冷冻、开挖、解冻等工序，都可能引起地面沉降或地面隆起。由于隧道上覆土层厚度只有 4~5m，暗挖施工的相关影响会马上反映到地面上，对地面结构物造成影响。因此，暗挖区的重点监测项目应为地面沉降。

依照《公路隧道施工技术规范》（JTG F60—2009）的规定，应对隧道的拱顶下沉和周边位移进行监测。另外，暗挖段"曲线管幕 + 水平控制冻结"组合施工技术在国内尚无先例，很有研究价值，值得对支护结构的受力状态进行监测，包括支撑内力、支护衬砌内力、支护衬砌间压力等。

此外，还需要在隧道管幕范围外侧设置地下水位监测和孔隙水压力监测，以了解止水帷幕的封水效果和施工过程中孔隙水压力的变化规律；设置深层侧向位移监测，用于协助了解顶管、压浆、开挖时对周边土体的影响程度。隧道施工区域及邻近范围的建筑物也需进行监测，监测项目有建筑物的沉降、水平位移和倾斜等。

6.4.2 暗挖区监测测点布置

暗挖区监测测点布置见图 6-1 ~ 图 6-7。各监测量对应的监测断面数量及测点数汇总见表 6-2。

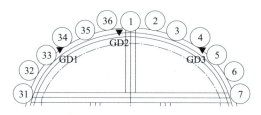

图 6-1 拱顶位移监测布置图

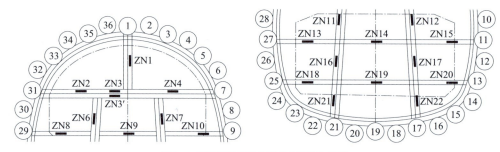

图 6-2 暗挖段洞内钢支撑内力监测布置图

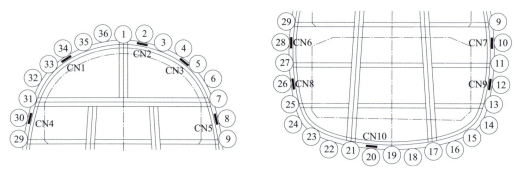

图 6-3 初期支护及临时支护应力监测布置图

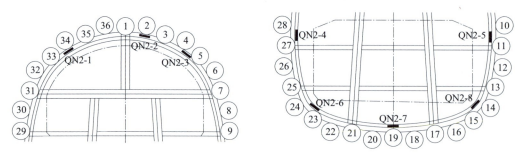

图 6-4 二次衬砌内应力监测布置图

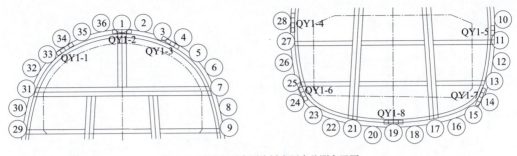

图 6-5 暗挖段洞内围岩衬砌压力监测布置图

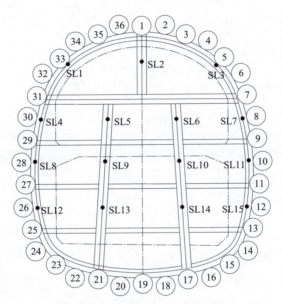

图 6-6 暗挖段洞内周边收敛监测布置图

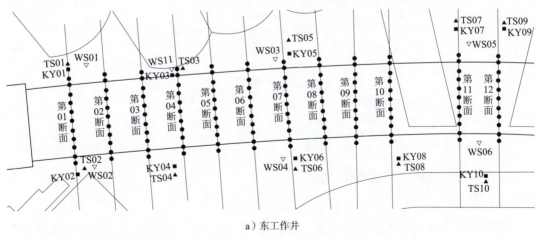

a) 东工作井

图 6-7

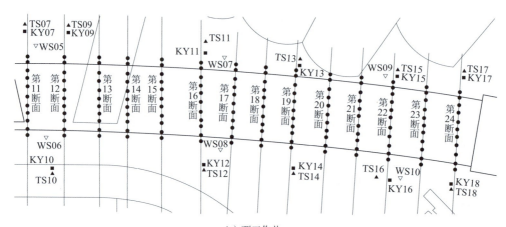

b）西工作井

图 6-7　洞外监测设置平面图

●- 地表竖向位移，CJ；■- 孔隙水压力，KY；▲- 地层深层侧向变开，TS；▽- 水位，WS

暗挖区监测数量汇总表　　　　　　　　　　　　　　　表 6-2

编号	分区	项　　目	单位	数量	测点数	备　　注
1	暗挖段	拱顶下沉	断面	25	75	每断面 3 个测点
2		周边位移	断面	25	400	每断面暂布 16 个测点
3		钢支撑内力	断面	10	160	每断面暂布 16 个测点
4		初期支护衬砌内应力	断面	10	100	每断面 10 个测点
5		二次衬砌内应力	断面	10	80	每断面 8 个测点
6		三次衬砌内应力	断面	10	160	每断面 16 个测点
7		围岩与初期衬砌接触压力	断面	10	80	每断面 8 个测点
8		二次衬砌与三次衬砌接触压力	断面	10	80	每断面 8 个测点
9		地表竖向位移	点	389	389	—
10		地下水位	孔	10	10	—
11		孔隙水压力	组	18	90	每组 5 个测头
12		土体深层侧向变形	管	18	18	管深 35m

6.4.3　监测频次与监控标准

（1）顶管施工阶段

①暗挖区范围内的地表竖向位移、地下管线位移、临近建筑物水平和竖向位移及倾斜，按 4 次 /d 的频率用自动全站仪观测；

②人工复测:在当天顶进的周围,按 1 次 /d 的频率对地表竖向位移进行人工复测;

③地层侧向位移、孔隙水压力和地下水位,按 1 次 /d 的频率进行人工观测。

(2)冻结施工阶段

①暗挖区范围内的地表竖向位移、地下管线位移、临近建筑物水平和竖向位移及倾斜,按 4 次 /d 的频率用自动全站仪观测;

②冻结范围内,按 2 次 /d 的频率对地表竖向位移进行人工复测;

③冻结范围内的地层侧向位移、孔隙水压力和地下水位,按 1 次 /d 的频率进行人工观测。

(3)开挖施工阶段

①暗挖区范围内的地表竖向位移、地下管线位移、临近建筑物水平和竖向位移及倾斜,按 4 次 /d 的频率用自动全站仪观测;

②人工复测:在开挖面 $(0\sim1)B$ 的范围内,按 2 次 /d 的频率对地表竖向位移进行人工复测;

③地层侧向位移、孔隙水压力、地下水位、裂缝等,按表 6-3 的频次观测。

暗挖区施工监测频次表 表 6-3

编号	监测项目	施工进程					
		管幕施工阶段	冻结-冻帷幕形成	开挖阶段			
				$(0\sim1)B$	$(1\sim2)B$	$(2\sim5)B$	$>5B$
1	洞内外巡视	1 次 /d	2 次 /d	2 次 /d	1 次 /d	1 次 /(2~3d)	1 次 /(3~7d)
2	拱顶下沉	—	—	2 次 /d	1 次 /d	1 次 /(2~3d)	1 次 /(3~7d)
3	隧道收敛变形	—	—	2 次 /d	1 次 /d	1 次 /(2~3d)	1 次 /(3~7d)
4	钢支撑内力	—	—	2 次 /d	1 次 /d	1 次 /(2~3d)	1 次 /(3~7d)
5	支护衬砌内力	—	—	2 次 /d	1 次 /d	1 次 /(2~3d)	1 次 /(3~7d)
6	围岩及衬砌间压力	—	—	2 次 /d	1 次 /d	1 次 /(2~3d)	1 次 /(3~7d)
7	地表竖向位移	1 次 /d	2 次 /d	4 次 /d	2 次 /d	1 次 /d	1 次 /2d
8	地层侧向位移	1 次 /d	2 次 /d	4 次 /d	2 次 /d	1 次 /d	1 次 /2d
9	孔隙水压力	1 次 /d	2 次 /d	4 次 /d	2 次 /d	1 次 /d	1 次 /2d
10	地下水位	1 次 /d	2 次 /d	4 次 /d	2 次 /d	1 次 /d	1 次 /2d

注:B——隧道开挖宽度。

(4)解冻施工阶段

①暗挖区范围内的地表竖向位移、地下管线位移、临近建筑物水平和竖向位移及倾斜,按 4 次/d 的频率用自动全站仪观测;

②在管幕范围内的地表竖向位移测点,按 1 次/d 的频率进行人工监测。

以上各阶段的相关监测指标详见表 6-3、表 6-4。

暗挖区测点精度和预警控制值　　　　表 6-4

序号	监测项目	监测精度	预警值
1	地表沉降	0.5mm	累计值:30mm,位移速率:2mm/d
2	地下水位	5.0mm	累计值:1000mm,速率:300mm/d
3	孔隙水压力	0.5/100(F.S)	70% 设计控制值
4	拱顶下沉	0.5mm	累计值:30mm,位移速率:2mm/d
5	周边位移	0.5mm	相对位移累计值:0.30%
6	钢支撑内力	0.5%(F.S)	70% 设计控制值
7	支护衬砌内力	0.5%(F.S)	70% 设计控制值
8	围岩与初期支护接触压力	0.5%(F.S)	70% 设计控制值
9	初期支护与二次衬砌接触压力	0.5%(F.S)	70% 设计控制值

6.5　监测方法原理

为保证所有监测工作的统一,提高监测数据的精度,使监测工作有效指导整个工程施工,监测工作采用整体布设、分级布网的原则。即首先布设统一的监测控制网,再在此基础上布设监测点(孔)。

6.5.1　垂直位移监测高程控制网测量

在远离施工影响范围以外布置 3 个以上稳固高程基准点,与施工用高程控制点联测,沉降变形监测基准网以上述稳固高程基准点作为起算点,组成水准网进行联测。

基准网按照国家Ⅱ等水准测量规范和建筑变形测量规范一级水准测量要求执行,精密水准测量的主要技术参照表 6-5。

沉降监测控制网的主要技术要求　　　　　表 6-5

等级	相邻基准点高差中误差 (mm)	每站高差中误差 (mm)	往返校差、附合或环线闭合差 (mm)	检测已测高差之校差 (mm)	使用仪器、观测方法及主要技术要求
Ⅰ	±0.3	±0.07	$0.15\sqrt{n}$	$0.2\sqrt{n}$	采用 DS05 水准仪，按国家一等水准测量技术要求作业，其观测限差宜按上述规定的 1/2 要求
Ⅱ	±0.5	±0.15	$0.30\sqrt{n}$	$0.5\sqrt{n}$	采用 DS05 水准仪，按国家一等水准测量技术要求作业
Ⅲ	±1.0	±0.30	$0.60\sqrt{n}$	$0.8\sqrt{n}$	采用 DS01 水准仪，按国家二等水准测量技术要求作业

本高程监测基准网使用高精度水准仪及配套因瓦尺，外业观测严格按规范要求的二等精密水准测量的技术要求执行，如表 6-6、表 6-7 所示。为确保观测精度，观测措施制定如下：

（1）作业前编制作业计划表，以确保外业观测有序开展；

（2）观测前对水准仪及配套因瓦尺进行全面检验；

（3）观测方法：往测奇数站"后—前—前—后"，偶数站"前—后—后—前"；返测奇数站"前—后—后—前"，偶数站"后—前—前—后"。往测转为返测时，2 根标尺互换。

测站视线长、视距差、视线高要求　　　　　表 6-6

标尺类型	视线长度		前后视距差（m）	前后视距累计差（m）	视线高度（m）	
	仪器等级	视距（m）			视线长度 20m 以上	视线长度 20m 以下
因瓦尺	DS1	≤ 50	≤ 1.0	≤ 3.0	0.5	0.3

测站观测限差（mm）　　　　　表 6-7

基辅分划读数差	基辅分划所测高差之差	上下丝读数平均值与中丝读数之差	检测间歇点高差之差
0.4	0.6	3.0	1.0

当 2 次观测高差超限时重测，当重测成果与原测成果比较其较差均没超限时，取 3

次成果的平均值。

垂直位移基准网外业测设完成后，对外业记录进行检查，严格控制各水准环闭合差，各项参数合格后方可进行内业平差计算。内业计算采用 EXCEL 进行简易平差计算，高程精确至 0.01mm。

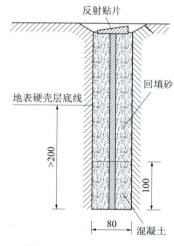

图 6-8 地面位移测点大样图

6.5.2 监测点垂直位移测量

按国家二等水准测量规范要求，历次垂直位移监测是通过工作基点间联测一条二等水准闭合或附合线路，由线路的工作点来测量各监测点的高程，地面位移测点大样图见图 6-8。各监测点高程初始值在监测工程前期 2 次测定（2 次取平均），某监测点本次高程减前次高程的差值为本次垂直位移，本次高程减初始高程的差值为累计垂直位移。

6.5.3 监测点测量水平位移

采用测角前方交会法（图 6-9）：从 2 个（或 3 个）已知点测定已知方向与待定点方向之间的水平夹角，以交会出待定点位置。在远处选定稳固通视基准点 A、B，避开障碍物。全站仪架设于 A 点，定向 B 点，再照准观测点 P 点，测出水平角 α，然后全站仪架设于 B 点，定向 A 点，再照准观测点 P 点，测出水平角 β，其中测水平角均采用盘左盘右两测回。观测点 P 点可采用埋入式照准标志，不便埋设标志的话也可以照准要求的建筑特征部位。通过计算得出观测点 P 点的坐标。则观测点 P 点的坐标 x_P、y_P 计算式分别为：

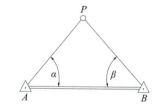

图 6-9 监测点测量水平位移计算示意图

$$x_P = \frac{x_A \tan\alpha + x_B \tan\beta + (y_B - y_A)\tan\alpha\tan\beta}{\tan\alpha + \tan\beta} \quad (6\text{-}1)$$

$$y_P = \frac{y_A \tan\alpha + y_B \tan\beta + (x_A - x_B)\tan\alpha\tan\beta}{\tan\alpha + \tan\beta} \quad (6\text{-}2)$$

6.5.4 水位观测

对于本项目而言，通过外浅层水位的动态观测和分析可了解管幕止水帷幕的隔水性能，地下水位监测孔大样图如图6-10所示。对于水位动态变化的量测，可在基坑降水前测得各水位孔孔口高程及各孔水位深度，孔口高程减水位深度即得水位高程，初始水位为连续2次测试的平均值。每次测得水位高程与初始水位高程的差即为水位累计变化量。

6.5.5 洞内周边位移监测

隧道内周边位移或称收敛变形，是反映地下空间稳定性的可靠信息。洞内周边位移采用收敛计量测，通过隧道壁面2点间距离的变化规律，判断隧道的稳定状态。本项目采用SWJ-IV型收敛计（图6-11），它是一种量测2点间距离或距离变化的仪器，具有重量轻、体积小、精度高、性能稳定等优点，其结构主要由连接、测力、测距三部分组成。

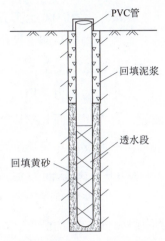

图6-10　地下水位监测孔大样图

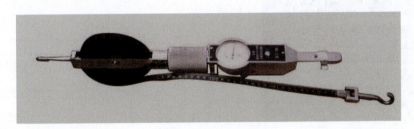

图6-11　收敛计示意图

6.5.6 拱顶下沉监测

拱顶下沉监测的作用同洞内周边位移监测一样，均用于判断隧道开挖后的稳定性。

沉降测点安装在所布断面的顶部拱架上，焊接一段带拉钩钢筋，采用电子水准仪可测得沉降点的高程，不同时间测点高程差值就是拱顶沉降。

6.5.7 支撑内力和衬砌结构内力监测

支撑内力是了解隧道稳定性的一个有效指标。衬砌内力反映在建筑结构下衬砌的受力状态，其监测可为相应的设计计算提供实测依据。

支撑内力和衬砌内力可以采用应变计监测。对于钢管支撑，在钢管的上、下表面各布设一只表面应变计，点焊固定在钢管上；对应混凝土支撑和混凝土衬砌，采用埋入式混凝土应变计。当支撑或衬砌受力时，应变计和支撑或衬砌产生相同的应变；根据实测的应变值，就可推算支撑内力或衬砌内力。

6.5.8 支护间压力监测

监测围岩与初期支护接触压力以及初期支护与二次衬砌接触压力，可监控围岩的稳定性，保证施工安全，并为确定二次衬砌的施工时间等提供依据。

支护间的压力采用压力盒监测。围岩与初期支护间压力盒应在距开挖面1m范围内安设，并在工作面开挖后24h内或下次开挖前测取初读数。2层支护间压力盒应在浇筑混凝土前埋设，并在浇筑后及时测取初读数。

6.5.9 支撑轴力监测

为掌握支撑的设计轴力与实际受力情况的差异，防止围护体的失稳破坏，须对支撑结构中受力较大的断面、应力变幅较大的断面进行监测。支撑钢筋混凝土制作过程中，在被测断面的左、右两侧埋设钢筋应力计，支撑受到外力作用后产生应变。其应变量通过振弦式频率计来测定，测试时，按预先标定的率定曲线，根据应力计频率推算出混凝土支撑钢筋所受的力。

图6-12 钢筋应力感应器安装案例图

6.5.10 结构内力

在水平支撑处、地下连续墙外侧钢筋埋设应力或应变计。按照地下连续最大弯矩的位置布设。埋设方法见图6-12，感应线接头应用防水封套密封，并将感应线引出地面。

6.5.11 监测设备

暗挖区的施工监测所采用的主要监测设备见表6-8。

主要监测设备　　　　　　　　　　表6-8

序号	设备名称	数量	型号规格	制造厂商	用途
1	精密电子水准仪	2台	DL-2007 DL-3003	南方光学仪器厂	沉降观测
2	自动全站仪	3台	SRX	索加	沉降位移观测
3	水位计	1台	JTM-9000	常州金土木	水位监测
4	测斜仪	2台	JMZX-7000 CX-06B	长沙金码航天科工惯性公司	深层水平位移
5	收敛计	1台	SWJ-IV	中铁西南院	周边位移

续上表

序号	设备名称	数量	型号规格	制造厂商	用途
6	综合测试仪	2台	JMZX-3001	长沙金码	支撑内力、结构内力、压力盒
7	游标卡尺	2套	—	—	结构物裂缝

6.5.12 暗挖区开挖监测工作应急预案

（1）潜在的工程问题：拱北隧道与一般隧道一样，开挖过程中会出现拱顶下沉、洞身向内位移等现象；当止水帷幕不能较好止水，可能出现涌水，导致地面下沉。

（2）重点监测项目：管幕范围内的地面沉降、地下水位。

（3）预警值：沉降累计值30mm，位移速率2mm/d；地下水位变化累计值1000mm，地下水位变化速率300mm/d。

（4）进入二级预警后，由监测人员综合分析地面沉降规律和地下水位变化规律，初步判断沉降或水位下降的原因，必要时调整监测频次，并加强对周边建构筑物的沉降观测。

（5）进入一级预警后，立即停止施工，召集警报体系人员商讨处理方案。

6.6 监测结果分析

6.6.1 洞外监测项目

6.6.1.1 地表竖向位移（以冻结前位移量为初值分析）

拱北隧道施工工法复杂，设置条件因素众多。大断面浅埋隧道的开挖一般会引起地表沉降，但拱北隧道采用了"曲线管幕＋水平控制冻结"的预支护形式，从开挖前到开挖过程中，冻结一直在起作用，土层水分凝结成冰，体积变大，从而导致地表隆起。且开挖过程中，整个冻结系统的温度也不是一成不变，需要针对各种细微情况调节冻结参数，甚至由于大雨天气使土层含水率增加，也会导致冻结区域地表隆起。开挖过程中，洞内土体的加固，特别是对于部分冻结薄弱帷幕周围的注浆加固，都将导致地表的隆起。所以，从开挖阶段的实测数据来看，导致地表的累积变形量基本上都表现为隆起，最大的点甚至隆起几百毫米。拱北隧道暗挖段以东西两侧工作井为起点，从两边相向往中间掘进，洞内施工工期9个月，地表竖向位移监测共24个断面，监测频率为1次/d。现以有代表性的测点为主要分析对象进行实测数据分析。地表位移中"+"为隆起，

"-"为沉降。

（1）隧道轴线上方地表单一测点的变形规律

通过图6-13监测数据曲线并结合现场施工情况分析可得：

①经过分析比较隧道轴线上方所有地表测点的位移变化规律，可大致分为2类：一类为图6-13 a)和图6-13 b)反映的线性增长，另一类为图6-13 c)和图6-13 d)反映的抛物线式增长。但随着冻结时间的增加，地表隆起不会一直增加，而是在达到一个极值点后相对趋于稳定，极值点的位移大小与隧道上覆土的含水率等相关。隧道上覆土体含水率越大、孔隙比越小，对应的地表隆起就越大。

②隧道开挖对地表沉降的影响规律：根据洞内实测数据反映的拱顶下沉和底部上抬，隧道开挖确实造成隧道上方的部分地层损失，所以开挖过程会导致地表的沉降。同时管幕冻结持续进行，使土体膨胀从而造成地表的上升。且由于浅埋超大断面隧道的开挖，开挖卸载之后的地层回弹也会引起地表的上升。经过对实测数据的分析可得如下2种情况：

第一种是地表有一定程度的沉降。如图6-13 a)和图6-13 b)所示，在隧道挖掘至3-7测点和16-8测点对应断面位置时，地表发生了一定程度的沉降，与此同时管幕冻结仍在进行中，周围土体继续膨胀，说明此时由于隧道开挖引起的地表沉降量大于冻结膨胀增量和卸载后的地层回弹增量之和。

第二种是隧道开挖几乎未对地表位移产生影响。如图6-13 c)和图6-13 d)所示，此时隧道周围冻土的刚度较第一种情况要大，所以，由于隧道开挖引起的土体沉降较小。并且管幕冻结也仍在进行中，说明此时由于隧道开挖引起的地表沉降量与冻结膨胀增量和卸载后的地层回弹增量之和大致相等。

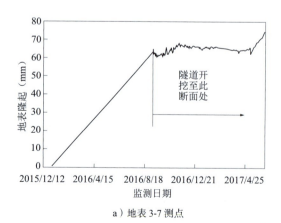

a) 地表3-7测点

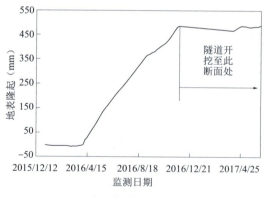

b) 地表16-8测点

图 6-13

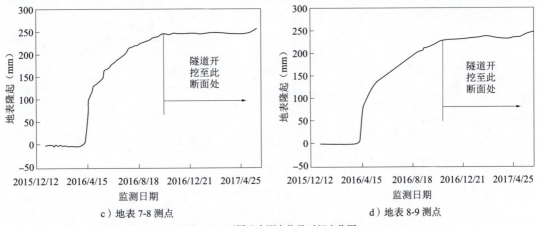

c）地表 7-8 测点　　　　　　　　　d）地表 8-9 测点

图 6-13　不同地表测点位移时间变化图

（2）隧道轴线上方纵向地表变形规律

从图 6-14 a）中可以看出，在管幕冻结前期（冻结开始至2016年7月），隧道轴线上方的纵向地表隆起量显著且较均匀地增加，但纵向不同位置增加量大小各有差异，这主要与隧道上覆土及周围土层含水率、地表周围建筑物及道路路面各处刚度差异有关。从图 6-14 b）中可明显看出，距离东侧工作井越远，即沿隧道纵向越往西，地表隆起越大，如前所述，这是由于隧道东高西低，水不断往西侧积聚所致。

随着冻结时间延续，地表隆起逐渐达到极值点并趋于稳定。从图 6-14 b）中可以看出，地表隆起增加量逐月减小，自 2016 年 12 月开始，地表位移逐渐趋于稳定，不再发生明显隆起或沉降。这正好与单个测点的地表位移变化规律相吻合。

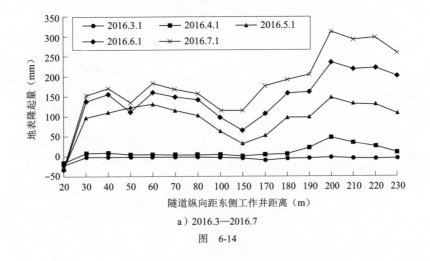

a）2016.3—2016.7

图　6-14

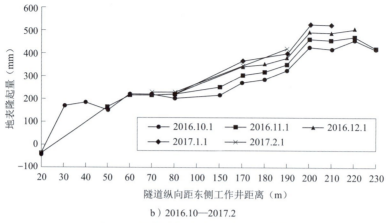

b）2016.10—2017.2

图 6-14 隧道轴线上方纵向地表位移变化图

（3）横向地表位移变化规律

在非冻结法施工的浅埋大断面隧道的开挖过程中，横向地表位移在隧道中心轴线两侧呈对称分布。在管幕冻结法施工的拱北隧道中，可以看出地表的隆起从中心向两侧逐渐减小，两侧也呈现出对称分布规律（图6-15）。但由于地表附近建筑物的约束和地层条件差异的影响，部分对称测点数据差异较大。

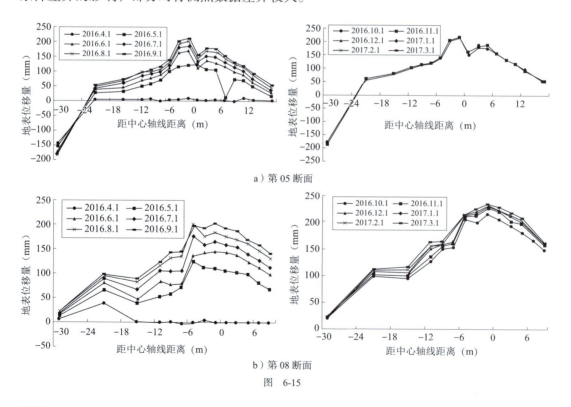

a）第05断面

b）第08断面

图 6-15

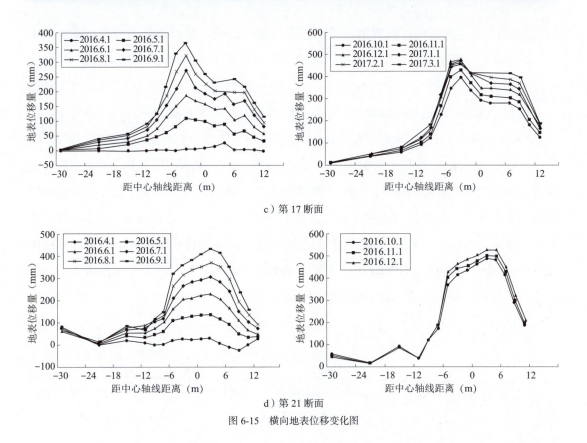

图 6-15 横向地表位移变化图

图 6-15 a）中，距离隧道中心 30m 处，地表出现了沉降，且最大沉降达 192.2mm，说明在管幕冻结施工造成隧道上方地表隆起时，远离隧道轴线位置处地表可能发生明显的沉降现象。

图 6-15 b）和 d）中，距离隧道中心 30m 处，地表的隆起平均值为 37.9mm，最大值达 78.5mm。说明拱北隧道管幕冻结施工对地表位移的影响范围不止隧道轴线两侧各 30m 的区域。这是因为管幕冻结施工过程中在隧道周围形成了 2~3m 的巨大冻结圈，增大了对地层的扰动范围，从而使得地表受扰动的区域增大。

6.6.1.2 地表竖向位移（以冻结后位移量为初值分析）

深入研究数据发现，当各台阶开挖面通过某一断面时，其隆起变形速率一般会明显减小，甚至在该时间段内发生明显沉降。当然，在所有台阶都远离该开挖面后，地表又逐渐恢复隆起的趋势。所以，本节处理数据的原则为：选取 4 个代表性断面，不计之前的位移累计值，仅取每一个台阶开挖面接近或者远离该断面 15m 以内时的地表变形量，作为该断面的地表竖向位移变化量；叠加的位移变化量作为开挖引起的位移值。第 5 台阶（E台阶）通过该断面时没有纳入考虑，因为该台阶通过时对该断面地表沉降贡献不大；同时地表在隆起的影响下，该台阶通过时监测数据主要为隆起。具体数据处理结果见图6-16。

按上述数据处理原则可以发现，每一台阶经过时，该断面都有一定的沉降发生。

YK2+390断面处理结果[图6-16 a)]：越靠近地表隧道中心线的测点沉降增量越大，最大沉降值出现在9号点，为8.2mm；YK2+430断面处理结果[图6-16 b)]：靠近地表隧道中心线的测点沉降增量比两侧大，靠近地表左边缘的测点发生了隆起，这应该跟该区域的冻结加强和局部注浆有关。最大沉降值出现在7号点，为8.9mm；YK2+440断面处理结果[图6-16 c)]：靠近地表隧道中心线的测点沉降增量比两侧大，最大沉降值出现在10号点，为10.1mm；YK2+630断面处理结果[图6-16 d)]：靠近地表隧道中心线的测点沉降增量比两侧大，最大沉降值出现在8号点，为10.3mm。

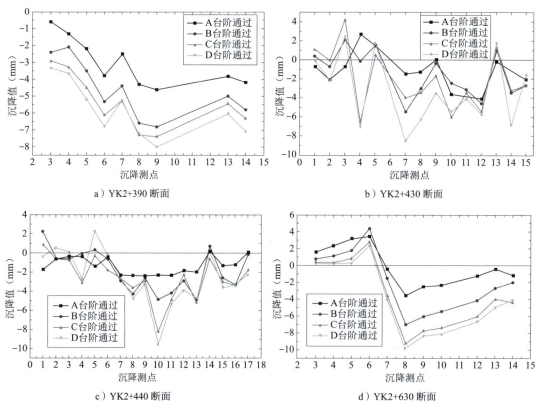

图6-16 开挖引起的典型断面沉降增量曲线

从施工的过程以及上述的数据研究可以发现，地表沉降增量没有考虑对应时间范围内冻结隆起位移值的抵消量,所以,实际开挖引起的沉降显然应该比上述结果更大。

6.6.1.3 孔隙水压力监测

如图 6-17 所示,从 KY1 测线的 2 号、3 号、4 号测点以及 KY14 测线的 4 号、5 号测点可发现,孔隙水压力(简称孔压)在开挖面接近这些测点时有所升高;开挖面通过这些测点之后,孔压则缓慢降低。2 号、3 号、4 号、5 号测点基本位于隧道侧墙外侧,第 2 章中这 4 个测点的模拟结果表现为产生正的超孔压,孔压升高再逐渐降低。这证明开挖过程对于孔压具有扰动作用,变化规律与本书第 4 章考虑流固耦合的模拟结果较为一致。

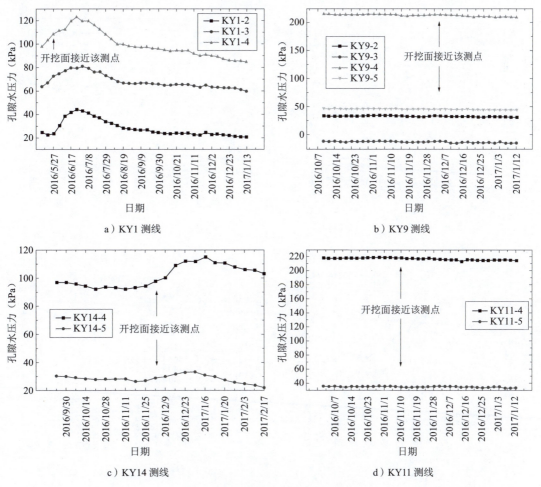

图 6-17 典型孔压测点孔压变化时程曲线

而 KY9 测线的 2 号、3 号、4 号、5 号测点和 KY11 测线的 4 号、5 号测点在开挖面接近这些测点时,孔压依然变化不明显,整个过程孔压保持平稳发展。推测原因为这 2 条测线附近冻结效果较好，冻土刚度很大，导致开挖对于周围地层孔压的扰动不明显。

6.6.2 洞内监测项目

6.6.2.1 拱顶位移

（1）东西侧洞口处 4 个典型断面的拱顶位移变化

由于冻结管幕圈主要对地表的隆起起作用，洞内的拱顶位移能够较好地反映开挖对于隧道变形的影响。典型断面的拱顶位移监测点数据整理结果见图 6-18。

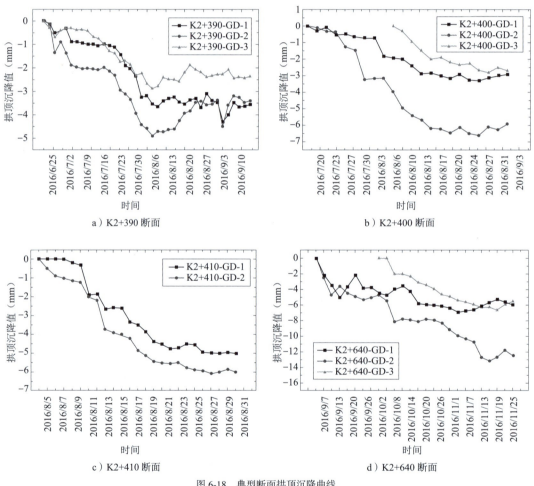

图 6-18 典型断面拱顶沉降曲线

由图 6-18（负值代表下沉）可知，随着开挖面通过各断面，拱顶基本表现为下沉趋势，因开挖后拱顶承担了上覆土压，使得支护结构发生变形，导致拱顶发生下沉。最大的拱顶沉降值位于 K2+640 断面处的 GD-2 测点，为 –13.2mm。

K2+390 断面、K2+400 断面和 K2+410 断面这 3 个断面的拱顶沉降监测点（GD-1、GD-2、GD-3）均发生沉降，且其沉降趋于稳定的时间较为一致，基本在 B 台阶通过各断面时趋于稳定，其中 A 台阶的开挖对于沉降值的贡献最大。

K2+640 断面的 3 个拱顶沉降监测点 GD-1、GD-2、GD-3 也均发生沉降，拱顶监测点 GD-1 在 B 台阶通过该断面时趋于稳定；而 GD-2、GD-3 趋于稳定的时间稍长，当 C 台阶通过时，才逐渐趋于稳定。GD-1 的沉降主要由 A 台阶的开挖引起，而 GD-2、GD-3 的沉降，A 台阶、B 台阶的开挖都有一定程度的贡献。

（2）东西侧洞口及隧道中部的拱顶位移变化对比分析

从图 6-19（负值代表下沉）可看出，东侧洞口拱顶呈现下沉特征。主要分为以下 3 个阶段：①急剧下沉阶段（前 15d）：拱顶下沉速率大，最大下沉速率为 2.8mm/d，拱顶最大下沉量为 –12.0mm。②起伏变化阶段（16～45d）：拱顶位移出现明显的"上下跳跃"现象，起伏较大，不稳定。其原因应该与掌子面的继续向前开挖对后方拱顶位移的扰动影响有关。③相对稳定阶段（45d 之后）：拱顶位移维持稳定，上下变化幅度在 3mm 以内。随着开挖的继续推进，开挖掌子面与距离东侧洞口附近断面越来越远，对其影响越来越小。

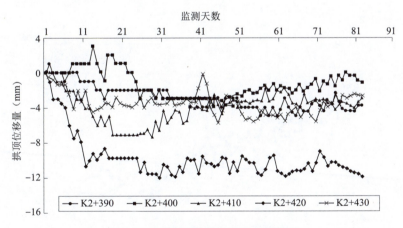

图 6-19　东侧洞口附近隧道拱顶位移变化图

从图 6-20（正值代表上移）可看出，隧道中部拱顶呈现上移特征。主要分为以下 3 个阶段：①缓慢上移阶段（前 15d）：拱顶上移速率较小，且上下起伏，但整体呈现上移趋势；②急剧上移阶段（16～40d）：拱顶上移速率突然变大，最大拱顶上移速率为

2.5mm/d。③相对稳定阶段（40d 之后）：拱顶位移维持稳定，上下变化幅度在 3.5mm 以内，最大拱顶上移量为 12.8mm。

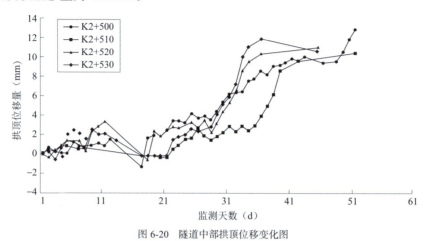

图 6-20　隧道中部拱顶位移变化图

从图 6-21（负值代表下沉）可看出，西侧洞口拱顶呈现下沉特征。主要分为以下 3 个阶段：①急剧下沉阶段（前 20d）：拱顶下沉速率大，最大下沉速率为 4.6mm/d，拱顶最大下沉量为 13.2mm；②缓慢下沉阶段（20～80d）：拱顶下沉速率明显放缓，并出现小幅波动；③相对稳定阶段（80d 之后）：拱顶位移维持稳定，上下变化幅度在 3mm 以内。

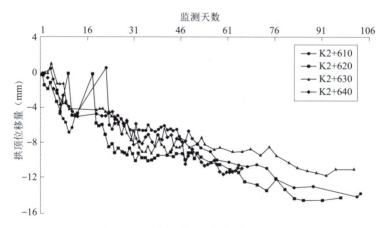

图 6-21　西侧洞口附近隧道拱顶位移变化图

6.6.2.2　初期及二次衬砌内力

自 2016 年 6 月开始开挖起，典型断面初期衬砌内力监测点累积弯矩值汇总如表 6-9 所示。

典型断面初衬内力监测点弯矩值（kN·m）　　　表 6-9

监测点号	K2+390	K2+410	K2+430	K2+600	K2+640
CN1	31.4	6.9	20.2	−4.8	−21.7
CN2	−13.6	11.6	−1.6	69.8	3.7
CN3	10.6	16.7	23.4	20.2	−6.3
CN4	20.1	37.7	30.7	49.9	−36.5
CN5	36.4	18.6	46.9	−14.7	−9.4
CN6	1.3	38.1	−16.5	29.4	18.9
CN7	29.1	7.5	19.2	90	47.1
CN8	2.6	—	2.7	9.1	21.4
CN9	−0.9	−2.6	10.5	−26.2	20.2
CN10	−3.8	−26.2	—	−25.3	52

由表 6-9 可知，初衬拱肩（CN4、CN5）及侧墙（CN6、CN7）弯矩值普遍大于拱顶（CN1、CN2、CN3）及拱脚和拱底（CN8、CN9 和 CN10）弯矩值。除了 K2+600 断面最大弯矩值（90kN·m）出现在侧墙 CN7 号测点，其余断面最大弯矩值都出现在拱肩测点（CN4 或 CN5）。

选取弯矩较大的关键测点，绘制其弯矩时程曲线如图 6-22 所示。由图 6-22 可见，随着开挖的进行，初衬测点的弯矩值主要呈现增大的趋势，这是因为随着开挖范围的增大，应力释放的程度增加，初衬承受了更大的土应力。

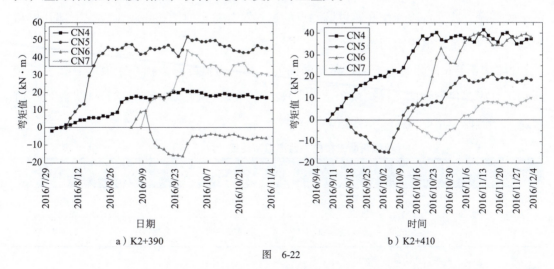

a）K2+390　　　　b）K2+410

图　6-22

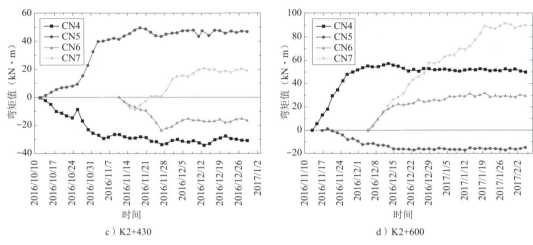

图 6-22 典型断面初衬关键测点弯矩变化时程曲线

对于 K2+390 断面、K2+430 断面、K2+600 断面，拱肩测点 CN4 和 CN5 两者弯矩值趋于稳定的时间较为一致，都几乎在 C 台阶经过各断面时趋于稳定，后续开挖以及下部初衬施作对其内力影响较小。这是由于临时支撑的存在，每个台阶的支护能形成相对封闭的临时受力体系，所以，新的下部台阶开挖以及初衬施作对上部初衬内力影响较小。

而 K2+410 断面拱肩测点 CN4 和 CN5 两者弯矩值在 C 台阶通过同时施作了下部侧墙初衬后，依然保持增大趋势，在 D 台阶经过该断面时才逐渐趋于稳定。

而各断面侧墙测点 CN6 和 CN7 两者弯矩值趋于稳定的时间较为一致，都几乎在 D 台阶经过各断面时趋于稳定。

关键测点所处台阶开挖并通过该测点的过程对其弯矩值增长贡献最大，下部开挖和衬砌施作对其弯矩值影响相对较小。

自 2016 年 6 月开始开挖起，典型断面的二衬内力监测点累积弯矩值汇总如表 6-10 所示。其中，典型断面二衬拱顶（QN1、QN2、QN3）及拱底（QN6、QN7、QN8）弯矩值普遍大于侧墙（QN4、QN5）弯矩值。

典型断面二衬内力监测点弯矩值（kN·m） 表 6-10

监测点号	K2+390	K2+410	K2+430	K2+600	K2+640
QN3-1	−50.3	−53.9	−174.7	3.2	33.5
QN2-2	−50.5	−86.8	−398.5	69.8	−8.1

续上表

监测点号	K2+390	K2+410	K2+430	K2+600	K2+640
QN2-3	−74.2	−38.3	−207.7	−52	−298.1
QN2-4	−37.5	−19.7	−6.9	89	10.1
QN2-5	10.8	−12.7	—	28.2	−45.9
QN2-6	−643.2	67.1	−13.7	89.6	−252.8
QN2-7	−24.4	−246.8	−55.9	−44.9	−41.0
QN2-8	21.0	−6.0	−16.9	−40	−363.5

选取弯矩较大的关键测点，绘制其弯矩时程曲线如图 6-23 所示。由图 6-23 可见，当二衬施作之后，随着开挖的进行，K2+390 断面的 QN2-1、QN2-2 测点弯矩逐渐增大并趋于稳定，QN2-3 测点弯矩先增大后减小，后续继续增大，趋于稳定的时间明显长于 QN2-1、QN2-2 测点。K2+410 断面也有类似的规律，这可能与二衬与初衬之间的复杂相互作用有关，稳定时间更长的测点处衬砌经历了更长时间的应力重分布调整。

K2+430 断面拱顶附近 3 个测点 QN2-1、QN2-2、QN2-3 以及 K2+640 断面拱底附近 3 个测点 QN2-6、QN2-7、QN2-8 随着开挖的进行，弯矩都保持逐渐增大的趋势，并且同一断面的测点趋于稳定的时间都较为一致。

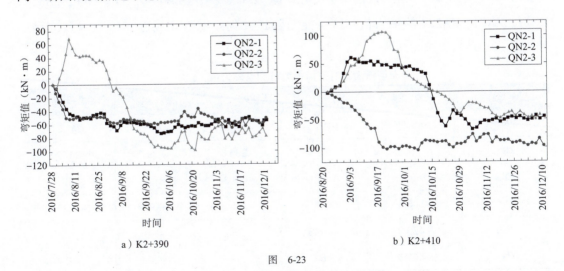

图 6-23

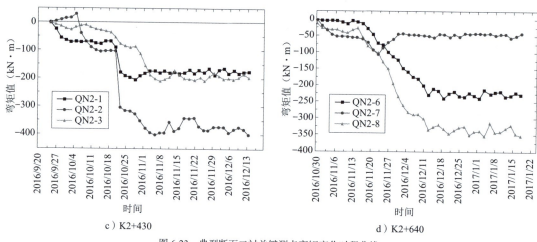

c) K2+430　　　　　　　　　　　d) K2+640

图 6-23　典型断面二衬关键测点弯矩变化时程曲线

K2+390 断面、K2+410 断面和 K2+430 断面二衬拱顶关键测点弯矩值在下部二衬施作前就都已趋于稳定，下部台阶二衬施作对其弯矩影响值不大，其内力值主要是由各测点所处台阶的开挖释放的应力所贡献。由于临时支撑的存在，该台阶能形成相对封闭的临时受力体系，所以，新的下部台阶二衬施作对上部二衬内力影响较小。

6.6.2.3　临时支撑内力

自 2016 年 6 月开始开挖起，典型断面的临时支撑内力监测点累积轴力值汇总如表 6-11 所示，其中"−"为受压，"+"为受拉。由表 6-11 可知，大部分临时支撑处于受压状态。典型断面横撑（ZN2、ZN3、ZN4、ZN8、ZN9、ZN10、ZN13、ZN14、ZN15、ZN18、ZN19、ZN20）的轴力值普遍大于竖撑（ZN1、ZN6、ZN7、ZN11、ZN12、ZN16、ZN17、ZN21、ZN22）的轴力值。这可能与隧道几何形状、现场施工因素以及冻结施工有关。

典型断面临时支撑内力监测点轴力值（kN）　　　表 6-11

监测点号	K2+390	K2+410	K2+430	K2+480	K2+640
ZN1	−485.7	−610.3	−387.9	4.7	47.3
ZN2	−3150.8	−383.4	−866.8	−339.4	−1182.3
ZN3	249.8	−83	−48.3	81.7	−58.7
ZN4	−508.5	−3418.1	−746.3	−807.9	−1556.8
ZN6	−420.9	−126.8	−265	−1.6	−27
ZN7	−551.6	−16.5	−353.8	−420.5	−6.4

续上表

监测点号	K2+390	K2+410	K2+430	K2+480	K2+640
ZN8	1742.6	−1074.3	−696	−654.4	−463
ZN9	−908.4	−780.7	−598.9	−736.4	−7.4
ZN10	−667.2	−1097.6	−976.6	−247.2	−860.7
ZN11	−472.0	−128.3	3.5	−23	−193.4
ZN12	−521.1	109.7	195.6	−113.4	−254.3
ZN13	−1077.0	−1014.6	181.2	−1432.8	−561.7
ZN14	−976.3	−1302.2	−598.1	−397.5	−441.5
ZN15	−497.2	−1290.7	−941.6	−1045.3	−1055.5
ZN16	124.3	−395.6	−275.7	−263.8	−65
ZN17	−402.5	−771	−465.3	−198.2	11.9
ZN18	—	−984.9		−479.3	—
ZN19		−1023.3	−311.9	−391.5	—
ZN20		−926.5	−486.1	−394.8	—
ZN21	772.1	264.4	−3351.5	−6.6	−758.4
ZN22	6.4	−286.6	−1590	76.5	456.2

由于拱北隧道为分台阶分部开挖，5 个超长台阶需要工作区间，每个开挖面的出土以及挖掘机的进出，都将通过横撑，堆土以及器械压力会使得横撑的上半边缘局部变成受压状态。由内力测点布置可以看出，内力测点位于横撑的上檐。所以，出土以及机械的压力会使得横撑的轴力测值变大。

同时，拱北隧道的几何轮廓高跨比较大，所以侧向土压力的释放程度较大，一定程度增大了横撑的内力；而且侧墙高度方向分布的冻结顶管较拱顶拱底多。施工方案中，每根横撑都是与圆形冻结管相连，而冻结管使得周围土体产生冻胀，横撑左右两头的冻结管同时冻胀，可能也会引起横撑的受压，导致整个隧道的侧向挤压增强，竖向挤压减弱。

选取轴力较大的关键测点（各台阶轴力较大的测点），绘制其弯矩时程曲线如图 6-24 所示。由图 6-24 可见，随着开挖的进行，测点的轴力值主要呈现增大的趋势，这是因为随着开挖范围的增大，应力释放的程度增加，临时支撑逐渐承受了更大的卸载作用。其中K2+390断面、K2+410断面、K2+640断面的最大轴力值都位于第1台阶横撑处（ZN2或ZN4），最大值约为-3600kN。而且其轴力在横撑施作之后迅速增加，明显比后续其余横撑处轴力增长速率快，并且趋于稳定所耗时间相对于其他横撑测点明显较短。由于这3处断面位于隧道洞东西侧洞口处，处于开挖的前期，第1台阶横撑内力值发生突变可能是由于支护体系在还没有完全闭合前，横撑就承担较大的土压力，导致其内力值发生了迅速的增长，明显高于后续横撑的轴力。

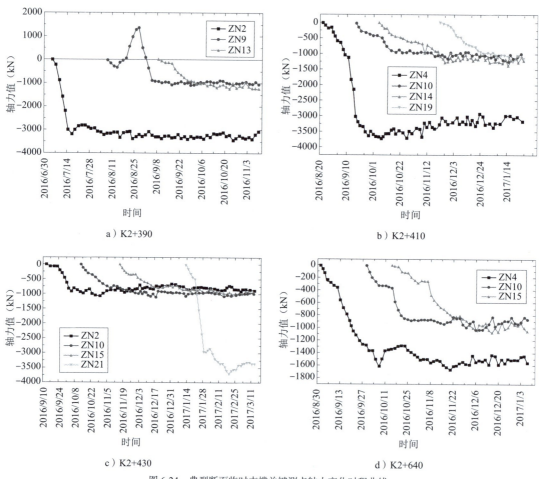

图6-24 典型断面临时支撑关键测点轴力变化时程曲线

从图6-24也可以看到，由于每个台阶横撑施作的时间不一致，各台阶横撑轴力趋于稳定的时间也不一致，越先施作上部台阶，支撑轴力达到稳定的时间也越早。由于台阶分部以及临时支撑的存在，各台阶形成了各自相对封闭的受力体系，所以横撑轴力的增大主要和该横撑所处的开挖台阶有关，后续台阶开挖和结构施作对其轴力值影响相对较小。

6.6.2.4 隧道水平收敛

自 2016 年 6 月开始开挖起，典型断面横向收敛测点的累积收敛值汇总如表 6-12 所示，其中"–"为距离减小，"+"为距离增大。由表 6-12 可知，绝大部分横向收敛测线表现为距离减小（即向内收敛），最大收敛值位于 K2+640 断面的 SL02-SL03 测线，达到了 –9.93mm。与大多数盾构隧道表现的侧向向外挤出的外扩变形不同，这是由于台阶法暗挖施工，在开挖形成临空面以及施作衬砌之前，有一定时间间隔，土体会有向隧道内部净空变形的趋势。

典型断面收敛变形监测线收敛值（mm） 表 6-12

监测号	K2+400	K2+430	K2+630	K2+640
SL01-SL02	–4.32	–3.20	–0.79	–1.6
SL02-SL03	–5.09	1.13	–4.79	–9.93
SL04-SL05	–3.94	–3.06	–1.55	–5.72
SL05-SL06	–2.93	–3.43	–2.91	–3.94
SL06-SL07	–7.14	–2.63	–3.97	–4.14
SL08-SL09	–3.62	–4.10	–2.52	–4.39
SL09-SL10	–2.97	–4.35	–4.83	–3.82
SL10-SL11	–5.52	–3.68	–2.98	–4.01
SL12-SL13	–5.47	–4.54	–0.83	–0.03
SL13-SL14	–2.81	–2.41	–1.05	–0.02
SL14-SL15	–2.39	–3.25	–4.80	–2

选取收敛变形较大的关键测点（各台阶收敛值较大的测点），绘制其收敛变形时程曲线如图 6-25 所示。由图 6-25 可见，随着开挖的进行，收敛变形主要呈现增大的趋势，这是因为随着开挖扰动范围的增大，应力释放的程度增加，土体向内侧移以及对结构的侧向挤压程度增大。

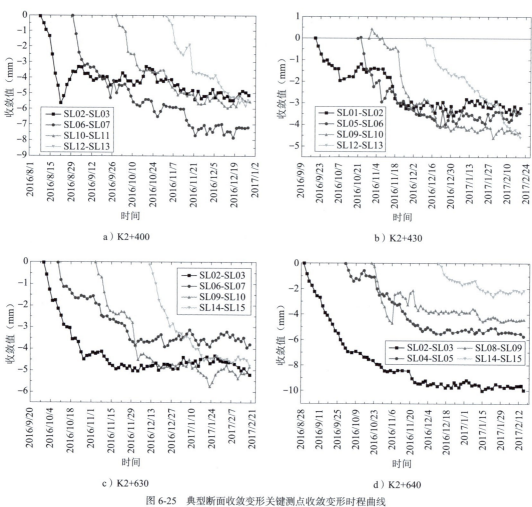

图 6-25 典型断面收敛变形关键测点收敛变形时程曲线

6.7 本章小结

通过拱北隧道暗挖段开挖阶段的实测资料和各监测项目的实测数据，得到如下结论：

（1）管幕冻结使得土体发生膨胀，洞内土体加固注浆和对于冻结薄弱处在开挖阶段的补注浆会使得整个开挖过程里地表都在发生明显的隆起。所以，对于本类工程，冻结以及注浆，是地表变形的控制性因素。由于冻结发挥的影响十分显著，所以水成为了影响地表位移的关键因素。拱北隧道纵向上东高西低，水大量地向西侧聚积，使得西侧土体含水率增加，进而土体冻结膨胀量增大，所以，导致了西侧的地表隆起明显大于东侧。在类似工程中，应多考虑土体含水率对地表位移变化的影响。

（2）通过仅取每一台阶的开挖面接近或者远离测点所在断面15m以内时该断面处的地表变形量，来探究隧道开挖沿隧道纵向方向的影响，其依然符合一般浅埋隧道开挖的规律。在合理地剔除了冻结和注浆造成地表隆起影响的前提下，得到了典型断面的沉降增量曲线。最大的沉降增量值位于K2+630断面的8号测点，为−10.3mm。

（3）通过对比典型测线测点的孔压变化，开挖会使得隧道侧墙外侧土体孔压有一定程度的升高，产生一定的正超孔压，这可能与开挖或者局部注浆的扰动有关。部分断面变化不明显，可能与其冻结的强度很大，地层的扰动对其的影响不明显有关。

（4）东西侧洞口典型断面处的拱顶沉降基本在B台阶通过各断面时趋于稳定，其中A台阶的开挖对于拱顶沉降值的贡献最大。最大的拱顶沉降值位于K2+640断面的GD-2测点，为−13.2mm。

（5）对东西侧洞口处和隧道中部拱顶位移进行分析对比，发现东西两侧洞口处的拱顶是呈现下沉的，而隧道中部处的拱顶是呈现上移的，且最大拱顶上移量达12.8mm。所以，应该注意拱顶位移的多变性，进一步完善拱顶下沉和上移的应对处理措施。

（6）初衬拱肩（CN4、CN5）以及侧墙（CN6、CN7）弯矩值普遍大于拱顶（CN1、CN2、CN3）、拱脚和拱底（CN8、CN9和CN10）弯矩值。除了K2+600断面最大弯矩值出现在侧墙测点CN7号，其余断面最大弯矩值都出现在拱肩测点（CN4或CN5）。随着开挖的进行，初衬的弯矩值主要呈现增大的趋势。断面拱肩测点CN4和CN5两者弯矩值趋于稳定的时间较为一致，都几乎在C台阶经过各断面时趋于稳定。各断面CN6和CN7两者弯矩值趋于稳定的时间也较为一致，都几乎在D台阶经过该断面时趋于稳定。可见，监测断面下部台阶的后续开挖以及下部初衬施作对上部拱肩、侧墙测点内力影响较小。

（7）典型断面二衬拱顶（QN1、QN2、QN3）以及拱底（QN6、QN7、QN8）弯矩值普遍大于侧墙（QN4、QN5）弯矩值。随着开挖的进行，大部分二衬测点的弯矩值主要呈现增大的趋势。K2+390断面、K2+410断面、K2+430断面二衬A台阶拱顶3个测点的弯矩值在下部台阶通过并且施作时就都已趋于稳定，下部台阶的开挖及二衬施作对于其弯矩影响值不大，其内力值主要是由各测点所处A台阶的开挖释放的应力所贡献。由于临时支撑的存在，每个台阶能形成相对封闭的临时受力体系，所以，新的下部台阶二衬施作对上部二衬内力影响较小。

（8）大部分临时支撑处于受压状态。典型断面横撑的轴力值普遍大于竖撑的轴力值，说明隧道的横向受压明显。其中K2+390断面、K2+410断面、K2+640断面的最大轴力值都位于第1台阶横撑处（ZN2或ZN4），最大值约为−3600kN。第1台阶的横撑易发生轴力突变情况，明显高于下部各台阶横撑的轴力值，这可能是因为施作该横撑前，支护体系还没有完全闭合，横撑就承担了较大的土压力。

（9）绝大部分横向收敛测线表现为距离减小（即向内收敛），最大收敛值位于K2+640断面的SL02-SL03测线，达到了−9.93mm。随着开挖的进行，收敛变形主要呈现增大的趋势，这是因为随着开挖扰动范围的增大，应力释放的程度增加，土体向内侧移以及对结构的侧向挤压程度增大。

第 7 章
CHAPTER 7

五台阶十四部工法暗挖定额研究

拱北隧道暗挖段的开挖及支护与《公路工程预算定额》(JTG/T B06-2—2007)中隧道工程相关定额的施工方法和工程内容存在着很大的差异。《公路工程预算定额》中的隧道工程定额是按照一般凿岩机钻爆法施工的开挖方法编制而成。所谓钻爆法施工是通过钻孔、装药、爆破开挖岩石的方法，主要适用于山体隧道的开挖。而拱北隧道暗挖段下穿拱北口岸和澳门关闸口岸之间的狭长地带，隧道管幕工程距结构桩基的距离最近处只有 0.46m，工程环境比较复杂，且多为砂、黏土、淤泥混合土层及杂填土等，在强冷冻下形成特殊的冻土帷幕。在冻土帷幕达到设计的冻结要求后，暗挖段两端进行全断面水平后退式注浆，从东西工作井相向分五层十四部开挖，各导洞相距一定步距，靠近管幕的冻土主要采用人工开挖，其余土体采用小型挖掘机开挖。

对拱北隧道暗挖段的开挖及支护作业，套用《公路工程预算定额》(JTG/T B06-2—2007)中隧道工程相关定额计价明显不合理，施工现场现有的统计测算也表明实际消耗与定额消耗有较大差别。因此，本项目对五台阶十四部工法暗挖定额进行了研究。

《五台阶十四部工法暗挖定额》是按照中华人民共和国交通运输行业推荐性标准《公路工程预算定额》(JTG/T B06-2—2007)的编制规则，依托港珠澳大桥珠海连接线拱北隧道工程施工图设计文件、施工组织方案、建设环境和实施条件，以现场实际施工工法和工效下的资源消耗水平为基础，考虑国内大型工程施工企业的施工装备水平、施工组织和管理水平等编制，是交通运输行业的企业补充定额，与中华人民共和国交通运输行业标准《公路工程基本建设项目概算预算编制办法》(JTG B06—2007)配套使用。

本定额是以人工、材料、机械台班消耗量为表现的工程预算定额。编制造价时，人工费、材料费、机械使用费应按照《公路工程基本建设项目概算预算编制办法》(JTG B06—2007)的规定计算。本定额除潜水工作每工日 6h，暗挖段隧道内部工作每工日 7h 外，其余均按每工日 8h 计算。

7.1 开挖与支护工程定额的编制原则与依据

7.1.1 编制原则

（1）全面贯彻国家政策、法规以及公路工程行业标准、规范、规程等原则。

（2）定额水平平均先进的原则。

（3）定额项目划分简明适用原则。定额项目内容齐全，项目划分粗细适当，以方便定额的使用。

（4）计量单位和计算规则有机统一原则，简洁明了，便于投标报价、工程价款结算以及单位内部核算与管理。

（5）促进工程项目管理工作的科学化、规范化、制度化原则，为类似工程项目建设、管理提供科学依据。

7.1.2 编制依据

（1）国家及政府行业主管部门发布的公路工程建设的相关法律、法规、方针、政策和各项规章制度。

（2）本项目批准的相关施工技术方案、施工组织设计、施工单位积累的造价资料等，如《拱北隧道施工图设计》(201306)、《拱北隧道概况》(20120423)、《工作井暗挖区施工监测方案》(20130730)等。

（3）现行的相关行业的定额、规范、规程和标准，如《广东省市政工程综合定额》(2010)、《广东省建设工程计价依据编制方案》《公路工程预算定额》(JTG/T B06-2—2007)、《公路工程机械台班费用定额》(JTG/T B06-3—2007)、《公路工程施工定额》(2007)、《全国统一施工机械台班费用编制规则》(2001)、《铁路工程施工机械台班费用定额》(2005)、《煤炭建设工程施工机械台班费用定额》(2007)、《冶金施工机械台班费用定额》(2012)、《全国统一安装工程基础定额》(2006)等。

（4）定额及造价的相关文献，如《建筑工程概预算与工程量清单计价》《建设工程定额原理与实务》《公路工程定额编制与管理》《浅谈修订〈公路工程机械台班费定额〉的重要意义》《秦岭终南山特长公路隧道定额研究》等。

7.2 开挖与支护工程定额项目成果

7.2.1 定额项目划分

定额项目是定额结构形式的主要组成部分，合理地划分定额项目关系到拟编定额的科学性与实用性，定额项目划分应注意2个方面的问题：①定额项目应齐全，即施工过程中主要的、常有的施工活动能够反映在工程定额项目中；②定额项目划分粗细恰当。

定额研究小组对暗挖段开挖与支护工程的工作过程进行了详细研究，把暗挖段开挖与支护工程定额划分为以下几个定额项目：

土体注浆加固；洞身开挖；初期支护；临时钢支撑；二次衬砌。

7.2.2 定额研究成果

（1）土体注浆加固

工作内容：①喷射止浆墙：安、拆、移动机具设备，混凝土上料、喷射、养生、找平，冲洗机具，移动喷浆架；②安装孔口管：搭拆脚手架，放样、取孔、安装孔口管；③钻杆后退式注浆：浆液制作，注浆，检查，堵孔。

土体注浆加固的定额研究成果见表 7-1 ~ 表 7-3。

表列单位的劳动、机械定额　　　　　　　　　　　　　　　　　　　　表 7-1

项　　目		喷射止浆墙	安装孔口管	钻杆后退式注浆
		$10m^3$	1 个	$10m^3$
劳动定额		$\dfrac{6.3}{0.159}$	$\dfrac{0.7}{1.429}$	$\dfrac{4.7}{0.212}$
机械定额	生产率 4~6m^3/h 混凝土喷射机	$\dfrac{0.55}{1.818}$	—	—
	1m^3/min 以内电动空压机	$\dfrac{0.55}{1.818}$	—	—
	2t 以内机械翻斗车	$\dfrac{0.15}{6.667}$	—	—
	1.1t 自卸三轮车	$\dfrac{0.21}{4.762}$	—	—
	PRD-150C 钻孔机	—	$\dfrac{0.09}{11.111}$	$\dfrac{0.52}{1.920}$
	电动双液注浆泵	—	—	$\dfrac{0.45}{2.222}$
	400L 以内灰浆搅拌机	—	—	$\dfrac{0.46}{2.174}$

土体注浆加固定额成果　　　　　　　表 7-2

编号	项目	单位	代号	喷射止浆墙 10m³	安装孔口管 个	钻杆后退式注浆 10m³
				1	2	3
1	人工	工日	1	6.9	0.8	5.0
2	C25 喷射混凝土	m³	9271	（11.7）	—	—
3	水	m³	866	21	—	8
4	中（粗）砂	m³	899	7.27	—	—
5	碎石（2cm）	m³	951	6.19	—	—
6	42.5 级水泥	t	833	4.937	—	7.752
7	硅灰	kg	220013	680.2	—	—
8	早强剂	kg	751	114.3	—	—
9	速凝剂	kg	220015	302.6	—	—
10	光圆钢筋	t	111	0.121	—	—
11	钢管	t	191	—	0.012	—
12	镀锌法兰	kg	245	—	2.7	—
13	ϕ100 碟阀	个	220018	—	1	—
14	其他材料	元	996	275.3	15.5	189.4
15	混凝土喷射机	台班	1283	0.81	—	—
16	20m³/min 以内电动空压机	台班	1838	0.70	—	0.60
17	2t 以内机械翻斗车	台班	1410	0.17	—	—
18	1.1t 自卸三轮车	台班	220006	0.24	—	—
19	PRD-150C 钻孔机	台班	220007	—	0.12	0.68
20	电动双液注浆泵	台班	1293	—	—	0.68
21	400L 以内灰浆搅拌机	台班	1281	—	—	0.68
22	小型机具使用费	元	1998	—	—	—
23	基价	元	1999	5919	1369	8965

注：（1）表中每工日/台班以 7h 计。
　　（2）表中人工、机械台班消耗量已将幅度差系数考虑在内，人工幅度差系数取 10%，机械幅度差系数按不同机械取值。
　　（3）适用范围：本定额适用于采用钻注一体机进行注浆加固或类似工法进行加固时使用。

其他材料费明细表　　　　　　　　　　表 7-3

名称	单位	喷射止浆墙	安装孔口管	钻杆后退式注浆
手套	双	—	0.333	—
口罩	个	—	0.383	—
锚固剂	kg	—	1.667	—
螺栓	套	—	0.533	—
聚氨酯	kg	—	0.9	—
倒丝管	根	0.048	—	—
手套	双	—	—	5.634
棉施工线	卷	0.255	—	—
扎丝钩	把	0.452	—	—
自喷漆	瓶	0.194	—	—
吊环	个	0.153	—	—
注浆管	根	0.288	—	—
灌浆嘴	个	0.327	—	—
喷壶	个	0.024	—	—
止水针头	支	115.289	—	—
锚固剂	kg	—	—	33.645
卫生口罩	只	—	—	38.248
棉施工线	卷	—	—	3.018
扎丝钩	把	—	—	5.363
自喷漆	瓶	—	—	2.295
水溶性聚氨酯	kg	—	—	3.493
合计	元	275.3	15.5	189.4

（2）洞身开挖

工作内容：准备工作，炮机破土、找顶、出渣、休整，通风、防尘，一般排水。

洞身开挖的定额研究成果见表 7-4 ~ 表 7-7。

每100m³ 劳动、机械定额 表7-4

项目		冻土区机械开挖运距300m 内	非冻土区机械开挖运距300m 内
劳动定额		20.8 / 0.048	5.1 / 0.196
机械定额	60 炮机	10.37 / 0.096	0.24 / 4.167
	0.3m³ 以内履带式单斗挖掘机	3.48 / 0.287	3.01 / 0.332
	1.1t 自卸三轮车	8.65 / 0.116	8.00 / 0.125
	20m³/min 以内电动空压机	1.54 / 0.649	0.13 / 7.692
	30kW 以内轴流式通风机	15.11 / 0.066	3.43 / 0.292
	φ100mm 电动多级水泵	1.70 / 0.588	1.70 / 0.588

洞身开挖定额成果 单位：100m³ 表7-5

编号	项目	单位	代号	冻土区机械开挖运距300m 内	每增运300m（冻土）	非冻土区机械开挖运距300m 内	每增运300m（非冻土）
				1	2	3	4
1	人工	工日	1	22.9	—	5.7	—
2	炮钎（钢钎）	kg	220014	117.6	—	16.4	—
3	其他材料	元	996	291.3	—	242.8	—
4	60 炮机	台班	220009	12.65	—	0.29	—
5	0.3m³ 以内履带式单斗挖掘机	台班	220005	4.25	—	3.67	—
6	1.1t 自卸三轮车	台班	220006	9.95	2.84	9.2	2.63
7	20m³/min 以内电动空压机	台班	1838	1.95	—	0.17	—
8	30kW 以内轴流式通风机	台班	1932	17.22	—	3.90	—
9	φ100mm 以内电动多级离心水泵	台班	1663	2.21	—	2.21	—
10	小型机具使用费	元	1998	30.7	—	2.5	—

续上表

编号	项 目	单位	代号	冻土区机械开挖运距300m内	每增运300m（冻土）	非冻土区机械开挖运距300m内	每增运300m（非冻土）
				1	2	3	4
11	基价	元	1999	22126	335	4950	311

注：（1）表中每工日/台班以 7h 计。
（2）表中人工、机械台班消耗量已将幅度差系数考虑在内，人工幅度差系数取10%，机械幅度差系数按不同机械取值。
（3）适用范围：本定额适用于土体条件不好的注浆土或围岩等级较低的非爆破小型机械开挖以及相似情况的隧道开挖。

其他材料费明细表 表7-6

名 称	单 位	冻土区机械开挖运距300m内	非冻土区机械开挖运距300m内
PVC 排水管	根	0.016	—
PVC 管卡	个	0.279	—
钢丝管	m	0.411	—
手套	双	0.974	—
锹把	根	4.33	11.829
扫帚	把	0.148	0.406
手电筒	支	0.041	0.112
补胎胶水	支	0.017	0.047
冲击围挡	m^2	0.337	—
插座	个	2.474	4.901
灯管	个	1.713	9.359
老虎钳	把	0.119	0.326
橡胶结合板	片	0.029	0.078
卡子接头	套	0.073	0.201
锯片	片	1.408	0.401
扳手	把	0.752	—
棉施工线	卷	0.522	—
扎丝钩	把	0.927	—
自喷漆	瓶	0.793	—

续上表

名　称	单　位	冻土区机械开挖运距300m内	非冻土区机械开挖运距300m内
扳手	把	0.477	—
防毒口罩	个	0.02	—
水鞋	双	0.254	—
喷砂管	根	0.026	—
碎棉布	kg	—	1.723
棕绳麻绳	m	—	1.608
合计	元	291.3	242.8

小型机具使用费明细表　　　　　　　　　　　　　　　　表7-7

名　称	单　位	冻土区机械开挖运距300m内	非冻土区机械开挖运距300m内
风动手持式凿岩机	台班	2.05	0.17
合计	元	30.7	2.5

（3）初期支护

工作内容：①安装止水钢板和初支拱架及钢筋网：下料、成型、钻孔、焊接、修正、放样、安装就位、紧固螺栓、拆除、整理、搬运、堆放；②喷射混凝土：安、拆、移机具设备，混凝土上料、喷射、找平、养生、冲洗机具、清理回弹料、移动喷射架。

初期支护的定额研究成果见表7-8～表7-11。

表列单位的劳动、机械定额　　　　　　　　　　　　　　表7-8

项　目		安装初支拱架型钢	安装止水钢板	安装初支拱架钢筋网	初期支护喷射混凝土
		1t	1t	1t	10m³
劳动定额		$\dfrac{11.2}{0.089}$	$\dfrac{15.0}{0.067}$	$\dfrac{37.2}{0.027}$	$\dfrac{18.7}{0.053}$
机械定额	钢筋调直机	—	—	$\dfrac{0.35}{2.857}$	—
	90型冷弯机	$\dfrac{0.03}{33.333}$	—	—	—
	厚度100mm半自动切割机	$\dfrac{0.49}{2.041}$	$\dfrac{2.33}{0.429}$	—	—

续上表

项目		安装初支拱架型钢 1t	安装止水钢板 1t	安装初支拱架钢筋网 1t	初期支护喷射混凝土 10m³
机械定额	3t 以内内燃叉车	0.15 / 6.667	0.17 / 5.882	0.51 / 1.961	—
	6t 以内载货汽车	0.02 / 50.000	0.02 / 50.000	0.02 / 50.000	—
	2.0m³ 轮胎式装载机	—	—	—	0.70 / 1.429
	2t 以内机动翻斗车	—	—	—	1.45 / 0.690
	1.1t 自卸三轮车	0.02 / 50.000	—	0.06 / 16.667	—
	5t 跨度 20m 龙门式起重机	0.12 / 8.333	0.77 / 1.299	0.58 / 1.724	—
	20m³/min 以内电动空压机	—	—	—	1.44 / 0.694
	50kV·A 交流电弧焊机	2.44 / 0.410	3.62 / 0.276	5.74 / 0.174	—
	生产率 4~6m³/h 混凝土喷射机	—	—	—	1.44 / 0.694
	电动葫芦	0.11 / 9.091	0.12 / 8.333	0.36 / 2.778	—
	30kW 以内轴流式通风机	0.33 / 3.030	0.37 / 2.703	1.11 / 0.901	0.45 / 2.222

初期支护定额成果　　　　　　　　　　　表 7-9

编号	项目	单位	代号	安装初支拱架型钢 1t	安装初支拱架钢筋网 1t	安装止水钢板 1t	初期支护喷射混凝土 10m³
				1	2	3	4
1	人工	工日	1	12.5	41.0	16.5	20.6
2	光圆钢筋	t	111	—	1.025	—	—
3	带肋钢筋	t	112	0.076	—	—	—
4	型钢	t	182	1.06	—	—	—

续上表

编号	项　目	单位	代号	安装初支拱架型钢 1t	安装初支拱架钢筋网 1t	安装止水钢板 1t	初期支护喷射混凝土 10m³
				1	2	3	4
5	钢板	t	183	—	—	1.060	—
6	电焊条	kg	231	16.1	35.0	26.3	—
7	C25喷射混凝土42.5水泥2cm碎石	m³	9376	—	—	—	(13)
8	水	m³	866	—	—	—	24
9	中（粗）砂	m³	899	—	—	—	8.41
10	碎石（2cm）	m³	951	—	—	—	7.01
11	42.5级水泥	t	833	—	—	—	5.596
12	硅灰	kg	220013	—	—	—	755.8
13	早强剂	kg	751	—	—	—	129.6
14	速凝剂	kg	220015	—	—	—	251.9
15	其他材料	元	996	367.8	509.8	224.3	444.2
16	φ14mm以内钢筋调直切断机	台班	1701	—	0.44	—	—
17	厚度100mm半自动切割机	台班	1740	0.73	—	3.50	—
18	3t以内内燃叉车	台班	1547	0.19	0.62	0.21	—
19	6t以内载货汽车	台班	1374	0.02	0.02	0.02	—
20	2.0m³轮胎式装载机	台班	1050	—	—	—	0.84
21	2t以内机动翻斗车	台班	1410	—	—	—	1.74
22	1.1t自卸三轮车	台班	220006	0.15	0.48	0.16	—
23	5t跨度20m龙门式起重机	台班	1481	0.15	0.75	0.99	0.65
24	20m³/min以内电动空压机	台班	1838	—	—	—	1.83
25	50kV·A交流电弧焊机	台班	1728	3.04	7.06	4.45	—
26	5t以内电动葫芦	台班	1538	0.14	0.44	0.15	—

续上表

编号	项 目	单位	代号	安装初支拱架型钢 1t	安装初支拱架钢筋网 1t	安装止水钢板 1t	初期支护喷射混凝土 10m³
				1	2	3	4
27	生产率 4～6m³/h 混凝土喷射机	台班	1283	—	—	—	2.13
28	30kW 以内轴流式通风机	台班	1932	0.39	1.27	0.42	0.51
29	90 型冷弯机	台班	220016	0.04	—	—	—
30	小型机具使用费	元	1998	11.0		10.0	
31	基价	元	1999	5915	7678	7208	8800

注：（1）表中每工日/台班以 7h 计。
（2）表中人工、机械台班消耗量已将幅度差系数考虑在内，人工幅度差系数取 10%，机械幅度差系数按不同机械取值。
（3）适用范围：本定额的焊接部分在低温条件下进行，适用于进行冻结预加固的隧道支护或相似工况的支护工作。

其他材料费明细表 表 7-10

名 称	单 位	安装初支拱架型钢	安装初支拱架钢筋网	安装止水钢板	初期支护喷射混凝土
氧气、乙炔胶管	m	0.099	—	0.04	—
橡胶垫	个	0.561	—	0.937	—
液氧	瓶	0.053	—	0.073	—
二氧化碳	瓶	0.35	—	0.076	—
混合气体	瓶	0.349	—	0.916	—
滤纸	张	12.654	—	—	—
防腐蚀漆、船舶漆	kg	0.746	—	—	—
油漆	桶	0.168	—	—	—
手套	双	0.244	2.071	0.808	1.496
电焊面罩	个	1.569	1.106	0.431	—
防尘眼镜	付	1.379	2.308	0.9	—
电焊镜片	片	8.197	6.952	2.711	—
洗衣粉	袋	0.097	—	0.32	—
记号笔	支	0.058	—	0.191	—

续上表

名　称	单　位	安装初支拱架型钢	安装初支拱架钢筋网	安装止水钢板	初期支护喷射混凝土
棉施工线	卷	1.843	—	0.606	—
扎丝钩	把	3.092	2.759	1.076	1.994
自喷漆	瓶	1.441	1.181	0.461	0.853
钢丝绳号	m	3.818	—	—	—
卸扣	个	0.154	—	—	—
二氧化碳减压表	个	0.165	—	0.009	—
焊丝	件	0.223	—	0.737	—
焊枪头保护套	个	0.482	1.484	0.579	—
氧气乙炔通针	套	2.725	4.339	1.692	—
锯片	片	0.795	1.107	0.432	—
扳手	把	0.167	1.419	0.553	—
割枪通针	支	0.841	—	—	—
氧气	支	1.663	—	—	—
乙炔	支	1.756	—	—	—
钢丝刷	把	—	4.424	—	—
硬毛刷	把	—	0.580	—	—
铁丝	kg	—	6.625	—	—
扎丝	kg	—	4.094	—	—
钢丝绳卡头	个	—	1.958	—	—
钢筋钳子	把	—	0.463	—	—
焊帽	顶	—	2.612	—	—
卫生口罩	只	—	—	—	3.555
安全带	付	—	—	—	0.093
防毒口罩	个	—	—	—	0.044
水鞋	双	—	—	—	0.547
水溶性聚氨酯	kg	—	—	—	4.24
合计	元	367.8	509.8	224.3	444.2

小型机具使用费明细表 表 7-11

名　称	单　位	安装初支拱架型钢	安装止水钢板
数控切割机	台班	0.09	0.08
合计	元	11.0	10.0

（4）临时钢支撑

工作内容：①临时钢支撑制作安装：型钢钢架制作安装、钢筋网片制作安装、矩形管制作安装成型、钻孔、焊接、修正、安装就位、紧固螺栓；②拆除临时钢支撑：切割、拆除、整理、搬运、堆放；③临时支护喷射混凝土：安、拆、移机具设备，混凝土上料、喷射、找平、养生，冲洗机具，清理回弹料，移动喷射架；④破除临时支护混凝土：炮机、凿岩机钻凿混凝土，清渣，清理现场。

临时钢支撑的定额研究成果见表 7-12～表 7-14。

表列单位的劳动、机械定额 表 7-12

项　目		型钢钢架制作安装	钢筋网片制作安装	矩形管制作安装	拆除临时钢支撑	破除临时支护混凝土	临时支护喷射混凝土
		1t	1t	1t	1t	10m³	10m³
劳动定额		$\frac{6.7}{0.149}$	$\frac{19.2}{0.052}$	$\frac{22.0}{0.045}$	$\frac{6.5}{0.154}$	$\frac{11.0}{0.091}$	$\frac{13.4}{0.075}$
机械定额	50kV·A 交流电弧焊机	$\frac{1.49}{0.671}$	$\frac{2.97}{0.337}$	$\frac{2.06}{0.485}$	—	—	—
	厚度 100mm 半自动切割机	$\frac{0.33}{3.030}$	—	$\frac{0.78}{1.282}$	$\frac{0.97}{1.031}$	—	—
	0.3m³ 以内履带式单斗挖掘机	$\frac{0.13}{7.692}$	$\frac{0.33}{3.030}$	$\frac{0.44}{2.273}$	$\frac{0.49}{2.041}$	$\frac{0.91}{1.099}$	—
	6t 以内载货汽车	$\frac{0.02}{50.000}$	$\frac{0.02}{50.000}$	$\frac{0.02}{50.000}$	—	—	—
	5t 以内电动葫芦	$\frac{0.41}{2.439}$	—	—	—	—	—
	3t 以内内燃叉车	$\frac{0.10}{10.000}$	$\frac{0.27}{3.704}$	$\frac{0.36}{2.778}$	—	—	—
	5t 跨度 20m 龙门式起重机	$\frac{0.15}{6.667}$	$\frac{0.58}{1.724}$	$\frac{0.33}{3.030}$	$\frac{0.04}{25.000}$	—	$\frac{0.11}{9.091}$
	2.0m³ 轮胎式装载机	$\frac{0.13}{7.692}$	—	—	$\frac{0.18}{5.556}$	—	$\frac{0.29}{3.448}$

续上表

	项 目	型钢钢架制作安装	钢筋网片制作安装	矩形管制作安装	拆除临时钢支撑	破除临时支护混凝土	临时支护喷射混凝土
		1t	1t	1t	1t	10m³	10m³
机械定额	电流250A以内CO_2保护焊机	$\frac{0.53}{1.887}$	—	—	—	—	—
	焊接滚轮架	$\frac{0.32}{3.125}$	—	—	—	—	—
	ϕ14mm以内钢筋调直切断机	—	$\frac{0.35}{2.857}$	—	—	—	—
	20m³/min以内电动空压机	—	—	—	$\frac{0.18}{5.556}$	$\frac{0.74}{1.352}$	$\frac{0.98}{1.020}$
	生产率4~6m³/h混凝土喷射机	—	—	—	—	—	$\frac{1.14}{0.877}$
	2t以内机动翻斗车	—	—	—	$\frac{0.19}{5.263}$	$\frac{1.81}{0.553}$	$\frac{0.98}{1.020}$
	30kW以内轴流式通风机	$\frac{0.42}{2.381}$	$\frac{1.11}{0.901}$	$\frac{1.48}{0.676}$	$\frac{0.49}{2.041}$	$\frac{2.17}{0.460}$	$\frac{0.45}{2.222}$
	风动手持式凿岩机	—	—	—	$\frac{0.18}{5.556}$	$\frac{2.22}{0.451}$	—
	8t以内自卸汽车	—	—	—	—	$\frac{0.77}{1.300}$	—
	60炮机	—	—	—	—	$\frac{2.17}{0.460}$	—

临时钢支撑定额成果　　　　单位：1t　　　　表 7-13

编号	项 目	单位	代号	临时钢支撑制作安装			拆除临时钢支撑
				型钢钢架	钢筋网片	矩形管	
				1	2	3	4
1	人工	工日	1	7.3	21.3	24.5	7.1
2	型钢	t	182	1.060	—	—	—
3	钢板	t	183	0.210	—	—	—
4	光圆钢筋	t	111	—	1.025	—	—
5	电焊条	kg	231	22.7	35.0	70.0	—
6	矩形管	kg	220011	—	—	1060	—

续上表

编号	项目	单位	代号	临时钢支撑制作安装			拆除临时钢支撑
				型钢钢架	钢筋网片	矩形管	
				1	2	3	4
7	其他材料	元	996	743.7	486.3	—	—
8	50kV·A 交流电弧焊机	台班	1728	1.83	3.64	2.52	—
9	厚度100mm 半自动切割机	台班	1740	0.49	0.51	1.19	1.46
10	0.3m³ 以内履带式单斗挖掘机	台班	220005	0.02	0.40	0.53	0.59
11	6t 以内载货汽车	台班	1374	0.02	0.02	0.02	—
12	5t 以内电动葫芦	台班	1538	0.51	1.33	1.77	—
13	3t 以内内燃叉车	台班	1547	0.13	0.34	0.45	—
14	5t 跨度20m 龙门式起重机	台班	1481	0.19	0.73	0.41	0.05
15	2.0m³ 轮胎式装载机	台班	1050	0.15	0.39	0.51	0.22
16	电流250A 以内 CO_2 保护焊机	台班	1737	0.67	—	—	—
17	焊接滚轮架	台班	1783	0.40	—	—	—
18	ϕ14mm 以内钢筋调直切断机	台班	1701	—	0.44	—	—
19	20m³/min 以内电动空压机	台班	1838	—	—	—	0.22
20	风动手持式凿岩机	台班	1101	—	—	—	0.23
21	2t 以内机动翻斗车	台班	1410	—	—	—	0.23
22	30kW 以内轴流式通风机	台班	1932	0.48	1.26	1.68	0.55
23	基价	元	1999	6741	6631	7689	1176

单位:10m³

编号	项目	单位	代号	破除临时支护混凝土	临时支护喷射混凝土
				5	6
1	人工	工日	1	—	14.7
2	C25 喷射混凝土42.5 水泥2cm 碎石	m³	9376	—	(11.7)
3	水	m³	866	—	21

续上表

编号	项 目	单位	代号	破除临时支护混凝土	临时支护喷射混凝土
				5	6
4	中（粗）砂	m³	899	—	7.27
5	碎石（2cm）	m³	951	—	6.19
6	42.5级水泥	t	833	—	4.937
7	硅灰	kg	220013	—	680.2
8	早强剂	kg	751	—	114.3
9	速凝剂	kg	220015	—	277.1
10	炮钎	kg	220014	11.8	—
11	其他材料	元	996	—	303.8
12	风动手持式凿岩机	台班	1101	2.95	—
13	0.3m³以内履带式单斗挖掘机	台班	220005	1.11	—
14	8t以内自卸汽车	台班	1385	0.88	—
15	5t 跨度20m 龙门式起重机	台班	1481	—	0.15
16	2.0m³轮胎式装载机	台班	1050	—	0.70
17	20m³/min以内电动空压机	台班	1838	0.94	1.24
18	生产率4~6m³/h混凝土喷射机	台班	1283	—	1.68
19	2t以内机动翻斗车	台班	1410	2.17	1.18
20	30kW以内轴流式通风机	台班	1932	2.48	—
21	60炮机	台班	220009	2.65	—
22	基价	元	1999	5646	7082

注：（1）表中每工日/台班以7h计。
（2）表中人工、机械台班消耗量已将幅度差系数考虑在内，人工幅度差系数取10%，机械幅度差系数按不同机械取值。
（3）由于隧道暗挖段长度只有255m，临时钢支撑不存在回收周转的条件，故本定额不考虑临时钢支撑的周转摊销，计价时应根据临时钢支撑的实际回收率计算回收金额。
（4）适用范围：①本定额适用于安全系数高，临时钢支撑断面特大，工作面狭小，只能采用小型机械施工的临时支护；②钢支撑不存在回收周转的条件。

其他材料费明细表

表 7-14

名　　称	单位	型钢钢架制作安装	钢筋网片制作安装	临时支护喷射混凝土
氧气、乙炔胶管	m	0.077	—	—
橡胶垫	个	1.094	—	—
液氧	瓶	0.061	—	—
二氧化碳	瓶	0.479	—	—
混合气体	瓶	0.058	—	—
钢丝刷	把	4.537	9.245	—
硬毛刷	把	0.75	1.211	—
铁丝	kg	0.649	—	—
滤纸	张	13.516	—	—
防腐蚀漆、船舶漆	kg	1.045	—	—
油漆	桶	0.727	—	—
手套	双	0.773	0	0.253
电焊面罩	个	0.407	2.311	—
防尘眼镜	付	0.817	4.823	—
电焊镜片	片	3.908	14.526	—
半胶手套	双	0.866	—	—
电焊手套	双	0.577	—	—
洗衣粉	袋	0.032	—	—
记号笔	支	0.019	—	—
棉施工线	卷	1.152	3.245	1.975
扎丝钩	把	0.107	5.766	0.601
自喷漆	瓶	1.758	2.468	1.461
钢丝绳 #	m	0.176	—	—
卸扣	个	0.407	—	—
割枪通针	支	1.914	—	—
二氧化碳减压表	个	0.081	—	—
冲击围挡	m^2	0.039	—	—

续上表

名 称	单位	型钢钢架制作安装	钢筋网片制作安装	临时支护喷射混凝土
高强度螺栓	根	19.335	—	—
焊丝	件	0.064	0.388	—
焊帽	顶	0.647	5.458	—
反光贴	卷	0.116	—	—
沥青油	桶	0.023	—	—
氧气管	卷	0.028	—	—
方通	kg	3.484	—	—
焊机焊把	套	0.035	—	—
乙炔管	卷	0.029	—	—
焊枪头保护套	个	0.238	—	—
透明胶带	卷	0.443	—	—
法兰盘	支	0.327	—	—
螺母	个	3.246	—	—
脚手架脚轮	个	0.166	—	—
热熔胶	箱	0.025	—	—
水平尺	把	0.014	—	—
扣件螺栓	个	2.712	—	—
膨胀螺栓	个	4.618	—	—
射钉弹	盒	0.286	—	—
管帽	个	15.111	—	—
氧气	套	28.201	—	—
乙炔	瓶	1.583	—	—
扎丝	kg	—	4.008	—
钢丝绳卡头	个	—	6.136	—
氧气乙炔通针	套	—	9.067	—
锯片	片	—	2.314	—
扳手	把	—	2.075	—

续上表

名　称	单位	型钢钢架制作安装	钢筋网片制作安装	临时支护喷射混凝土
锚固剂	kg	—	—	35.49
水溶性聚氨酯	kg	—	—	3.837
卫生口罩	只	—	—	22.267
安全带	付	—	—	0.204
胶管	m	—	—	0.061
润滑油	kg	—	—	2.386
帆布手套	双	—	—	0.205
防毒口罩	个	—	—	1.364
合计	元	743.7	486.3	303.8

（5）二次衬砌

工作内容：①格栅拱架制作、安装：下料、成型、钻孔、焊接、修正，放样，安装就位，紧固螺栓，立模板，拆除、整理、搬运、堆放；②钢筋网制作、安装：制作，挂网，绑扎，点焊，加固；③喷射混凝土：安、拆、移机具设备，混凝土上料、喷射、找平、养生，冲洗机具，清理回弹料，移动喷射架；④模筑混凝土：清理基底，模架安装、拆除、移动，模板安装、拆除、修理、涂脱模剂、堆放，混凝土上料、浇筑、捣固及养生。

二次衬砌的定额成果见表 7-15 ～ 表 7-17。

表列单位的劳动、机械定额　　　　表 7-15

项　目		格栅拱架制作、安装	钢筋网制作、安装	二次衬砌喷射混凝土	模筑混凝土
		1t	1t	10m³	10m³
劳动定额		$\dfrac{14.7}{0.068}$	$\dfrac{32.7}{0.031}$	$\dfrac{7.3}{0.137}$	$\dfrac{13.3}{0.075}$
机械定额	6t 以内载货汽车	$\dfrac{0.02}{50.000}$	$\dfrac{0.02}{50.000}$	—	—
	5t 跨度 20m 龙门式起重机	$\dfrac{0.22}{4.545}$	$\dfrac{0.71}{1.408}$	$\dfrac{0.54}{1.852}$	$\dfrac{0.11}{9.091}$
	50kV·A 交流电弧焊机	$\dfrac{6.69}{0.149}$	$\dfrac{5.42}{0.185}$	—	—
	3t 以内内燃叉车	$\dfrac{0.19}{5.263}$	$\dfrac{0.57}{1.754}$		

续上表

项目		格栅拱架制作、安装 1t	钢筋网制作、安装 1t	二次衬砌喷射混凝土 10m³	模筑混凝土 10m³
机械定额	5t 以内电动葫芦	0.26 / 3.846	0.79 / 1.266	—	—
	φ14mm 钢筋调直切断机	—	0.35 / 2.857	—	—
	φ40mm 以内钢筋切断机	1.14 / 0.877	0.45 / 2.222	—	—
	钢筋弯箍机	1.09 / 0.917	—	—	—
	φ40mm 以内钢筋弯曲机	0.54 / 1.852	—	—	—
	压人字筋机	0.55 / 1.818	—	—	—
	20m³/min 以内电动空压机	—	—	0.66 / 1.515	—
	生产率 4~6m³/h 混凝土喷射机	—	—	0.91 / 1.099	—
	2t 以内机械翻斗车	—	—	1.10 / 0.909	1.07 / 0.935
	插入式混凝土振捣器	—	—	—	0.68 / 1.471
	厚度 100mm 半自动切割机	0.06 / 16.667	—	—	—
	30kW 以内轴流式通风机	0.37 / 2.703	1.11 / 0.901	0.45 / 2.222	0.45 / 2.222

二次衬砌定额成果　　　　　　表 7-16

编号	项目	单位	代号	格栅拱架制作、安装 1t 1	钢筋网制作、安装 1t 3	二次衬砌喷射混凝土 10m³ 4	模筑混凝土 10m³ 2
1	人工	工日	1	16.1	35.8	8.1	14.7
2	型钢	t	182	0.114	—	—	0.010
3	钢模板	t	271	—	—	—	0.028

续上表

编号	项 目	单位	代号	格栅拱架制作、安装 1t	钢筋网制作、安装 1t	二次衬砌喷射混凝土 10m³	模筑混凝土 10m³
				1	3	4	2
4	带肋钢筋	t	112	1.025	—	—	—
5	光圆钢筋	t	111	—	1.025	—	—
6	电焊条	kg	231	34.1	26.3	—	—
7	C35号喷射混凝土42.5水泥2cm碎石	m³	220011	—	—	(13.7)	(10.78)
8	水	m³	866	—	—	25	11
9	中（粗）砂	m³	899	—	—	8.52	5.80
10	碎石（2cm）	m³	951	—	—	7.24	7.70
11	42.5级水泥	kg	833	—	—	5.7	3.0
12	硅灰	kg	220013	—	—	796.5	—
13	早强剂	kg	751	—	—	133.9	—
14	粉煤灰	m³	945	—	—	—	1.11
15	缓凝剂	kg	753	—	—	—	45.4
16	速凝剂	kg	220015	—	—	260.3	—
17	原木	m³	101	—	—	—	0.012
18	锯材	m³	102	—	—	—	0.024
19	铁件	kg	651	—	—	—	8.0
20	铁钉	kg	653	—	—	—	0.1
21	8~12号铁丝	kg	655	—	—	—	1.8
22	其他材料费	元	996	463.4	486.6	598.7	330.5
23	6t以内载货汽车	台班	1374	0.02	0.02	—	—
24	5t跨度20m龙门式起重机	台班	1481	0.28	0.91	0.7	0.14
25	50kV·A交流电弧焊机	台班	1728	8.23	6.67	—	—
26	3t以内内燃叉车	台班	1547	0.23	0.70	—	—

续上表

编号	项目	单位	代号	格栅拱架制作、安装 1t	钢筋网制作、安装 1t	二次衬砌喷射混凝土 10m³	模筑混凝土 10m³
				1	3	4	2
27	5t 以内电动葫芦	台班	1538	0.32	0.97	—	—
28	φ14mm 以内钢筋调直切断机	台班	1701	—	0.44	—	—
29	φ40mm 以内钢筋切断机	台班	1702	1.45	0.57	—	—
30	钢筋弯箍机	台班	220017	1.39	—	—	—
31	φ40mm 以内钢筋弯曲机	台班	1703	0.69	—	—	—
32	压人字筋机	台班	220008	0.69	—	—	—
33	20m³/min 以内电动空压机	台班	1838	—	—	0.84	—
34	生产率 4~6m³/h 混凝土喷射机	台班	1283	—	—	1.34	—
35	2t 以内机械翻斗车	台班	1410	—	—	1.27	1.23
36	插入式混凝土振捣器	台班	1335	—	—	—	0.91
37	厚度 100mm 半自动切割机	台班	1740	0.09	—	—	—
38	30kW 以内轴流式通风机	台班	1932	0.42	1.26	0.51	0.51
39	基价	元	1999	7341	7350	6837	4154

注：（1）表中每工日/台班以 7h 计。
（2）表中人工、机械台班消耗量已将幅度差系数考虑在内，人工幅度差系数取 10%，机械幅度差系数按不同机械取值。
（3）适用范围：本定额的焊接部分在低温条件下进行，适用于进行冻结预加固的隧道衬砌或相似工况的衬砌工作。

其他材料费明细表 表 7-17

名 称	单 位	格栅拱架制作、安装	钢筋网制作、安装	模筑混凝土	二次衬砌喷射混凝土
手套	双	0.15	—	0.402	1.31
电焊面罩	个	0.898	2.113	—	—
防尘眼镜	片	1.191	4.506	—	—
电焊镜片	瓶	0.888	5.62	—	—

续上表

名　称	单　位	格栅拱架制作、安装	钢筋网制作、安装	模筑混凝土	二次衬砌喷射混凝土
半胶手套	双	0.464	—	—	—
电焊手套	双	0.246	—	—	—
钢丝刷	把	6.498	8.388	—	—
硬毛刷	把	9.838	2.22	—	—
铁丝	kg	4.658	13.645	—	—
棉施工线	卷	0.24	—	0.645	2.106
扎丝钩	把	0.427	13.879	1.147	3.741
自喷漆	瓶	0.183	—	0.491	1.601
镦粗套筒	个	28.292	—	—	—
焊丝	件	0.256	0.933	—	—
打磨片	片	4.666	—	—	—
焊枪头保护套	个	0.575	—	—	—
氧气乙炔通针	套	1.796	—	—	—
锯片	片	0.124	—	—	—
扳手	把	0.325	—	—	—
钢筋钳子	把	0.362	2.326	—	—
切割片	片	1.224	—	—	—
扎丝	kg	—	5.711	2.129	—
焊帽	顶	—	2.118	—	—
锚固剂	kg	—	—	—	61.665
卫生口罩	只	—	—	—	26.684
水溶性聚氨酯	kg	—	—	—	4.774
密封胶	m²	—	—	—	—
砖	千块	—	—	7.129	—
滤纸	张	—	—	33.483	—
防腐漆、船舶漆	kg	—	—	1.249	—

续上表

名　称	单　位	格栅拱架制作、安装	钢筋网制作、安装	模筑混凝土	二次衬砌喷射混凝土
模板漆	kg	—	—	1.121	—
洗衣粉	袋	—	—	0.341	—
记号笔	支	—	—	0.203	—
天那水	桶	—	—	0.683	—
木螺栓	盒	—	—	0.593	—
钢丝绳卡头	个	—	—	6.382	—
螺母	个	—	—	68.429	—
螺栓	套	—	—	1.638	—
扣件螺栓	个	—	—	16.97	—
膨胀螺栓	个	—	—	24.765	—
法兰垫	块	—	—	0.174	—
蝴蝶扣	个	—	—	9.033	—
拉杆器	个	—	—	5.638	—
透明胶带	卷	—	—	4.757	—
法兰盘	支	—	—	1.276	—
合计	元	463.4	486.6	330.5	598.7

参 考 文 献

[1] 翟世鸿. 穿越上海苏州河的三维曲线顶管施工 [J]. 河港工程，1996，3 (2)：26-31.

[2] 毛柏清. 海域超长距离大口径曲线顶管技术深圳市污水排海海洋放流管工程 [J]. 土木工程学报，2001，34 (1)：100-105.

[3] 胡昕. 顶管施工对土层及相邻平行顶管的影响分析 [D]. 上海：同济大学，2000.

[4] 金文航，龚福鑫，贺志宏，等. 长距离曲线顶管在杭州河坊街工程中的应用 [J]. 特种结构，2002，19 (4)：62-65.

[5] 刘培荣. 长距离曲线顶管技术的应用 [J]. 福建建设科技，2003，10 (3)：38-39.

[6] 斯宇航，褚金雷. 钢管双曲线顶管在宁波供水环网工程中的应用 [J]. 给水排水，2011，37 (2)：101-104.

[7] 王荣富，陈涌彪，陈思甜. 超浅层小半径曲线顶管地面扰动控制技术 [J]. 建筑科学，2010，26 (5)：72-75.

[8] NORRIS P. The Behaviour of Jacked Concrete Pipes During Site Installation [D]. Oxford: University of Oxford, 1992.

[9] MILLIGAN G, NORRIS P. Site-based Research in Pipe Jacking—Objectives, Procedures and a Case History [J]. Tunnelling and Underground Space Technology, 1996, 11 (z1): 3-24.

[10] MILLIGAN G E, NORRIS P. Pipe - soil Interaction During Pipe Jacking [J]. Proceedings of the ICE-Geotechnical Engineering, 1999, 137 (1): 27-44.

[11] SOFIANOS A, LOUKAS P, CHANTZAKOS C. Pipe Jacking a Sewer under Athens [J]. Tunnelling and Underground Space Technology, 2004, 19 (2): 193-203.

[12] BARLA M, CAMUSSO M. A Method to Design Microtunnelling Installations in the Torino Randomly Cemented Alluvial Soil [J]. Tunnelling and Underground Space Technology, 2013, 33 (1): 73-81.

[13] 魏纲，吴华君，陈春来. 顶管施工中土体损失引起的沉降预测 [J]. 岩土力学，2007，28 (2)：359-363.

[14] 魏纲，陈春来，余剑英. 顶管施工引起的土体垂直变形计算方法研究 [J]. 岩土力学，2007，28 (3)：619-624.

[15] 黄吉龙，陈锦剑，王建华，等. 大口径顶管顶进过程的数值模拟分析 [J]. 地下空间与工程学报，2008，4 (3)：489-493.

[16] CHAPMAN D, ROGERS C, BURD H, et al. Research Needs for New Construction Using Trenchless Technologies [J]. Tunnelling and Underground Space Technology, 2007, 22 (5): 491-502.

[17] 李向阳. 大断面管幕-箱涵推进工法中管幕力学作用与开挖面稳定性研究 [D]. 上海：同济大学，2006.

[18] 王占生，张顶立. 浅埋暗挖隧道近距下穿既有地铁的关键技术 [J]. 岩石力学与工程学报，2007，26 (z2)：4208-4214.

[19] 于晓东. 新管幕法在地铁车站施工中的安全控制措施 [J]. 现代城市轨道交通，2013，5 (5)：63-65.

[20] YOSHIAKI G, AKIHIKO Y, YUKINORI T. Field Observation of Load Distribution by Joint in Pipe Beam Roof[C]. Doboku Gakkai Ronbunshu. Tokyo: JSCE, 1984.

[21] MURAKI Y. The Umbrella Method in Tunnelling [D]. Cambriclge: Massachusetts Institute of Technology, 1997.

[22] CARRIERI G, FIOROTTO R, GRASSO P, et al. Twenty Years of Experience in the Use of the Umbrella-arch Method of Support for Tunneling [C].4th International Workshop on Micropiles Venice. Italy: 2002.

[23] YOO C. Finite-element Analysis of Tunnel Face Reinforced by Longitudinal Pipes [J]. Computers and Geotechnics, 2002, 29 (1)：73-94.

[24] YOO C, SHIN H-K. Deformation Behaviour of Tunnel Face Reinforced with Longitudinal Pipes—Laboratory and Numerical Investigation [J]. Tunnelling and Underground Space Technology, 2003, 18 (4)：303-319.

[25] NG C, LEE G. A Three-dimensional Parametric Study of the Use of Soil Nails for Stabilising Tunnel Faces [J]. Computers and Geotechnics, 2002, 29 (8)：673-697.

[26] TAN W, RANJITH P. Numerical Analysis of Pipe Roof Reinforcement in Soft Ground Tunneling[C].Proc of the 16th International Conference on Engineering Mechanics. Seattle, USA: ASCE, 2003.

[27] KAMATA H, MASHIMO H. Centrifuge Model Test of Tunnel Face Reinforcement by Bolting [J]. Tunnelling and Underground Space Technology, 2003, 18 (2)：205-212.

[28] HISATAKE M, OHNO S. Effects of Pipe Roof Supports and the Excavation Method on the

Displacements Above a Tunnel Face [J]. Tunnelling and Underground Space Technology, 2008, 23 (2): 120-127.

[29] OCAK I. Control of Surface Settlements with Umbrella Arch method in Second Stage Excavations of Istanbul Metro [J]. Tunnelling and Underground Space Technology, 2008, 23 (6): 674-681.

[30] YEO C, HEGDE A, LEE F, et al. Centrifuge Modelling of Steel Pipe Umbrella Arch for Tunnelling in Clay[C]. Proceedings of the 7th International Conference on Physical Modelling in Geotechnics. Zurich, Switzerland: 2010.

[31] 姚大钧，吴志宏，张郁慧. 软弱黏土中管幕工法之设计与分析 [J]. 岩石力学与工程学报，2004，23 (4)：999-995.

[32] 陆明，朱祖熹，陈鸿. 管幕法箱涵顶进施工工艺的防水设计探讨 [J]. 中国建筑防水，2006，14 (9)：39-42.

[33] 阎石，金春福，钮鹏. 新管幕工法大直径钢顶管施工力学特性数值模拟分析 [J]. 施工技术，2009，38 (12)：376-380.

[34] PECK R. Deep Excavations and Tunnelling in Soft Ground [R] .7th International Conference on Soil Mechanics and Foundation Engineering. 1969.

[35] ATTEWELL P, WOODMAN J. Predicting the Dynamics of Ground Settlement and Its Derivitives Caused by Tunnelling in Soil [J]. Ground Engineering, 1982, 15 (8)：13.

[36] O'REILLY M, NEW B. Settlements above Tunnels in the United Kingdom-their Magnitude and Prediction [M]. London: Institution of Mining & Metallurgy, 1982.

[37] MAIR R J, TAYLOR R N, BRACEGIRDLE A. Subsubface Settlement Profiles above Tunnels in Clays [J]. Geotechnique, 1993, 43 (2)：315-320.

[38] VERRUIJT A, BOOKER J R. Surface Settlements Due to Deformation of a Tunnel in an Elastic Half Plane [J]. Geotechnique, 1996, 46 (4)：753-756.

[39] LOGANATHAN N, POULOS H G. Analytical Prediction for Tunneling-induced Ground Movements in Clays [J]. Journal of Geotechnical and Geoenvironmental Engineering, 1998, 124 (9)：846-856.

[40] ADDENBROOKE T I, POTTS D M, PUZRIN A M. The Influence of Pre-failure Soil Stiffness on the Numerical Analysis of Tunnel Construction [J]. Geotechnique, 1997, 47 (3)：693-712.

[41] DING W Q, YUE Z Q, THAM L G, et al. Analysis of Shield Tunnel [J]. International

Journal for Numerical and Analytical Methods in Geomechanics, 2004, 28 (1): 57-91.

[42] BERNAT S, CAMBOU B, DUBOIS P. Assessing a Soft Soil Tunnelling Numerical Model Using Field Data [J]. Geotechnique, 1999, 49 (4): 427-452.

[43] M LLER S C, VERMEER P A. On Numerical Simulation of Tunnel Installation [J]. Tunnelling and Underground Space Technology, 2008, 23 (4): 461-475.

[44] GRANT R J, TAYLOR R N. Centrifuge Modelling of Ground Movements Due to Tunnelling in Layered Ground [J]. Ground Engineering, 1996.

[45] HAGIWARA T, GRANT R J, CALVELLO M, et al. The Effect of Overlying Strata on the Distribution of Ground Movements Induced by Tunnelling in Clay [J]. Soils and Foundations, 1999, 39 (3): 63-73.

[46] NG C W, BOONYARAK T, MAŠ N D. Three-dimensional Centrifuge and Numerical Modeling of the Interaction Between Perpendicularly Crossing Tunnels [J]. Canadian Geotechnical Journal, 2013, 50 (9): 935-946.

[47] 张冬梅. 盾构推进与相邻基坑开挖的相互影响分析 [D]. 上海：同济大学，2000.

[48] 姚海波. 大断面隧道浅埋暗挖法下穿既有地铁构筑物施工技术研究 [D]. 北京：北京交通大学，2005.

[49] 孙钧，虞兴福，孙旻，等. 超大型"管幕-箱涵"顶进施工土体变形的分析与预测 [J]. 岩土力学，2006，27 (7): 1021-1027.

[50] 张印涛，陶连金，张飞劲，等. 矿山法开挖近距离下穿越既有线隧道的三维数值模拟 [J]. 北京工业大学学报，2008，33 (12): 1273-1277.

[51] 宗翔. 新建隧道近距离穿越对临近已建隧道的影响 [D]. 上海：同济大学，2014.

[52] SKEMPTON A W, MACDONALD D H. The Allowable Settlements of Buildings [C]. ICE Proceedings: Engineering Divisions. Thomas Telford: 1956.

[53] POLSHIN D, TOKAR R. Maximum Allowable Non-uniform Settlement of Structures [C]. Proceedings Fourth International Conference on Soil Mechanics and Foundation Engineering: 1957.

[54] BURLAND J B, WROTH C. Settlement of Buildings and Associated Damage [R]. 1975.

[55] BOSCARDIN M D, CORDING E J. Building Response to Excavation- induced Settlement [J]. Journal of Geotechnical Engineering, 1989, 115 (1): 1-21.

[56] BURLAND J. Assessment of Risk of Damage to Buildings Due to Tunnelling and Excavation [M]. Imperial College of Science, Technology and Medicine, 1995.

[57] SCHUSTER M J, ROSOWSKY D V, JUANG C H, et al. Reliability Analysis of Building Serviceability Problems Caused by Excavation [J]. Geotechnique, 2008, 58 (9): 743-749.

[58] 陈龙. 软土地区盾构隧道施工期风险分析与评价研究 [D]. 上海: 同济大学, 2004.

[59] POTTS D, ADDENBROOKE T. A Structure's Influence on Tunnelling-Induced Ground Movements [J]. Proceedings of the ICE-Geotechnical Engineering, 1997, 125 (2): 109-125.

[60] FRANZIUS J N, POTTS D M, BURLAND J B. The Response of Surface Structures to Tunnel Construction [J]. Proceedings of the Institution of Civil Engineers-Geotechnical Engineering, 2006, 159 (1): 3-17.

[61] SON M, CORDING E J. Estimation of Building Damage Due to Excavation-induced Ground Movements [J]. Journal of Geotechnical and Geoenvironmental Engineering, 2005, 131 (2): 162-177.

[62] 韩煊, 李宁, STANDINGJR. 隧道施工引起建筑物变形预测的刚度修正法 [J]. 岩土工程学报, 2009, 31 (4): 539-545.

[63] 龚勋. 盾构隧道开挖对周边建筑物影响可靠度分析 [D]. 上海: 同济大学, 2013.